El líder del futuro

El líder del futuro

Frances Hesselbein
Marshall Goldsmith
Richard Beckhard

DEUSTO

© 1996 Jossey-Bass Inc., Publishers
© 2006 Ediciones Deusto
   Planeta DeAgostini Profesional y Formación, S.L.
   Av. Diagonal, 662 - 2.a planta
   Barcelona

Traducción: Gloria Hillers
Diseño de las tapas: paco•pepe comunicació
Composición: Fotocomposición Ipar, S.C.L.
Particular de Zurbaran, 2-4, 48007 Bilbao

ISBN colección: 84-234-2393-X
ISBN obra: 84-234-2378-6

Editorial Planeta Colombiana S. A.
Calle 73 Nº 7-60, Bogotá, D.C.

ISBN O.C.: 958-42-1364-4
ISBN V.: 958-42-1367-9

Primera reimpresión (Colombia): enero de 2006
Impresión y encuadernación: Quebecor World Bogotá S. A.
Impreso en Colombia - Printed in Colombia

Este libro está dedicado a los voluntarios.

A los millones de personas que donan su tiempo y esfuerzo para ayudar a que se hagan realidad los sueños de otros.

A nuestros autores que han donado su tiempo y esfuerzo para contribuir a que este sueño se haga realidad.

Índice

Introducción

No murieron bastantes generales

He trabajado con organizaciones de todas clases durante cincuenta años o más: como profesor y administrador en la Universidad, como asesor de empresas, como miembro de consejos de administración y como voluntario. A lo largo de los años he cambiado impresiones con docenas —quizá incluso centenares— de líderes, de sus misiones, sus objetivos y su actuación. He trabajado con los gigantes de la industria y con empresas minúsculas, con organizaciones que se extienden por todo el mundo y con otras organizaciones que trabajan con niños minusválidos en una pequeña población. También he trabajado con algunos ejecutivos sumamente brillantes y con unos cuantos hombres de paja, con personas que hablan mucho de liderazgo y con otras que al parecer nunca se consideran líderes y que rara vez, por no decir nunca, hablan de liderazgo.

Las lecciones que se desprenden de todo esto no son ambiguas. La primera es que puede haber «líderes natos», pero seguramente son demasiado pocos para contar con ellos. El liderazgo debe aprenderse y puede aprenderse, y con ese objeto, por supuesto, se escribió este libro y es para lo que debe utilizarse. La segunda lección importante es que no existe la «personalidad para el liderazgo», ni el «estilo de liderazgo», ni los «rasgos de liderazgo». Entre los líderes más eficientes que he encontrado y con los que he trabajado durante medio siglo, unos se encerraban en su oficina y otros eran excesivamente gregarios. Unos, aunque no muchos, eran personas agradables y otros, severos ordenancistas. Unos eran rápidos e impulsivos, otros estudiaban y volvían a estudiar y tardaban una eternidad en tomar una decisión. Unos eran afectuosos y simpatizaban con rapidez, otros se mostraban reservados incluso tras años de colaborar estrechamente con otros, no solamente con extraños como yo sino con las personas de sus propias organizaciones. Algunos hablaban inmediatamente de su familia, otros no mencionaban nada aparte de la tarea que tenían entre manos. Algunos líderes eran extremadamente superficiales y sin embargo esto no influyó en su actuación (como su vanidad espectacular no afectó a la actuación del general Douglas MacArthur hasta el mismísimo final de su carrera). Algunos pecaban de modestos y esto tampoco afectó a su actuación como líderes (como en el caso de la actuación del general George Marshall o de Harry Truman). Unos eran tan austeros en su vida privada como los ermitaños en el desierto, otros eran ostentosos y amantes del placer y se divertían ruidosamente a la menor oportunidad. Algunos eran buenos oyentes, pero entre los líderes más eficaces con los que he trabajado también había unos cuantos solitarios que sólo escuchaban su propia voz interior. El único *rasgo de personalidad* que compartían los líderes eficientes con que me he encontrado era algo que no tenían: tenían poco o ningún «carisma» y les servía de muy poco esa palabra o lo que ella significa.

Todos los líderes eficaces con que me he encontrado —tanto aquéllos con los que he trabajado como los que meramente he observado— *sabían* cuatro cosas sencillas:

1. La única definición de un *líder* es alguien que tiene *seguidores*. Unos individuos son pensadores; otros profetas. Ambos papeles son importantes y muy necesarios. Pero sin seguidores no puede haber líderes.
2. Un líder eficaz no es alguien a quien se le quiera o admire. Es alguien cuyos seguidores hacen lo que es debido. La popularidad no es liderazgo. Los *resultados sí lo son*.
3. Los líderes son muy visibles. Por consiguiente, establecen *ejemplos*.
4. El liderazgo no es rango, privilegios, títulos o dinero: es *responsabilidad*.

Independientemente de su casi ilimitada diversidad con respecto a la personalidad, el estilo, las aptitudes e intereses, los líderes eficaces que yo he conocido, con los que he trabajado y a los que he observado *se comportaban además de modo muy parecido*:

1. Ellos no empezaban con la pregunta «¿Qué es lo que quiero?» Empezaban preguntando «*¿Qué es necesario hacer?*»
2. Luego se preguntaban «*¿Qué puedo y debo hacer para cambiar la situación?*» Esto tiene que ser algo que a la vez se necesite hacer y que corresponda a las fuerzas del líder y al modo en que él es más eficaz.
3. Preguntaban constantemente «¿Cuáles son la *misión* y los *objetivos* de la organización? ¿Qué es lo que constituye la *actuación* y los *resultados* en esta organización?»
4. Eran extremadamente tolerantes con la diversidad de las personas y no buscaban copias al carbón de sí mismos. Rara vez se les ocurría preguntar «¿Me gusta o me disgusta esta persona?» Pero eran totalmente —terriblemente— intolerantes cuando se trataba de la *actuación, criterios y valores*.
5. No temían *la fuerza* en sus asociados. Se enorgullecían de ella. Lo hubieran oído o no, su lema era el que Andrew Carnegie quería haber puesto en su lápida sepulcral: «Aquí yace un hombre que atrajo a su servicio personas mejores que él mismo».
6. De un modo u otro, ellos se sometían a la «*prueba del espejo*», es decir, se aseguraban de que la persona que veían en el espejo por la mañana era la clase de persona que querían ser, respetar y en la que creer. De ese modo se fortalecían contra las mayores tentaciones del líder: hacer lo que goza de la aprobación general en lugar de lo que es correcto y hacer cosas insignificantes, mezquinas y ruines.

Por último, estos líderes eficaces no predicaban: *hacían*. A mediados de los años veinte, cuando yo estaba en mis últimos cursos del Instituto, apareció de pronto un torrente de libros en inglés, francés y alemán sobre la Primera Guerra Mundial y sobre sus campañas. Para nuestro trabajo trimestral, nuestro excelente profesor de historia —un veterano de guerra que había sido gravemente herido— nos dijo que cogiéramos varios de estos libros, los leyéramos cuidadosamente y escribiéramos el ensayo de dicho trimestre basándonos en las selecciones de las lecturas. Cuando luego debatimos en clase estos ensayos, uno de mis compañeros dijo «Todos estos libros dicen que la Primera Guerra Mundial fue una guerra de total incompetencia militar. *¿Por qué?*» Nuestro profesor no dudó ni un segundo en contestar: «Porque no murieron bastantes generales. Permanecieron muy lejos de la vanguardia y dejaron que los demás lucharan y murieran».

Los líderes eficaces delegan muchas cosas; tienen que hacerlo o de lo contrario se ahogarían en trivialidades. Pero no delegan lo que sólo ellos pueden hacer con excelencia, lo que hará que cambien las circunstancias, lo que fijará normas, aquello por lo que quieren ser recordados: *lo hacen.*

No importa en qué clase de organización se trabaje. Siempre se encontrarán oportunidades para aprender acerca del liderazgo en todas las organizaciones: públicas, privadas y no lucrativas. Muchas personas no se dan cuenta de ello, pero el mayor número de puestos de liderazgo en los Estados Unidos está en el sector social no lucrativo. Casi un millón de organizaciones no lucrativas son activas hoy en este país, y proporcionan excelentes oportunidades para aprender acerca del liderazgo. El sector no lucrativo es y ha sido el verdadero sector de crecimiento en la sociedad y economía norteamericanas. Será cada vez más importante durante los próximos años, a medida que un número cada vez mayor de tareas que se esperaba que el Estado realizara durante los últimos treinta o cuarenta años tenga que ser asumido por las organizaciones comunitarias, es decir, por organizaciones no lucrativas.

El líder del futuro es un libro para líderes de todos los sectores: el empresarial, el no lucrativo y el de la Administración pública. Está escrito por personas que son líderes con probados historiales de buen desempeño de sus funciones. Puede —y debe— leerse como el texto definitivo sobre el tema. Informa y estimula.

En la primera parte de este libro se considera el futuro de las organizaciones y se examina el papel de los líderes en la sociedad que emerge de las organizaciones. En la segunda parte se ofrecen vigorosos relatos de líderes en acción, de hoy y de mañana. Luego se consideran las estrategias de perfeccionamiento del liderazgo y se concluye con algunas declaraciones personales, convincentes, de líderes eficaces.

Este es un libro que trata del futuro. Pero confío en que también se leerá como una llamada a la acción. Espero que en primer lugar rete a cada lector a preguntarse «¿Qué podría hacer en mi organización que cambiara verdaderamente la situación? ¿Cómo puedo dar verdaderamente un ejemplo?» Y confío en que luego motivará a los lectores a *hacerlo*.

PETER F. DRUCKER
Claremont, California

Prólogo

Este es un libro acerca del futuro —la calidad futura de nuestras vidas, de nuestras empresas, nuestras organizaciones y nuestra sociedad— y del liderazgo que se requiere para trasladarnos al apasionante mundo de lo desconocido. Cada día que pasa, se acerca el comienzo del próximo siglo. Algunos de nosotros entraremos en el siglo XXI con cautela, aferrándonos lo más posible al pasado. Otros entrarán en el futuro mirando hacia atrás con agitación. Algunos entrarán confiadamente en el futuro con una caja de herramientas llena de planes, diagramas y planos sólo para encontrarse con que las herramientas que han estado preparando no satisfacen del todo las necesidades de un nuevo destino. Algunos de los que asumen riesgos entre nosotros darán un vigoroso salto hacia lo desconocido y decidirán tomar parte en lo que quiera que el destino les depare. Los líderes que por último tendrán éxito en la conformación del futuro ya están explorando mucho más allá del horizonte. Este libro es para ellos.

Para mirar más allá de lo conocido, se requieren nuevas actitudes, nuevos ojos y nuevos oídos. Para ayudar a los ejecutivos y directivos actuales a penetrar en el futuro del liderazgo, hemos reunido las mejores ideas de una asombrosa serie de los mejores autores, profesionales, asesores, teóricos y filósofos. Cada autor ofrece una perspectiva especial del liderazgo y un modo singular de vislumbrar el futuro. Algunos construyen sobre las lecciones aprendidas ayer, otros advierten las tendencias y proyectan el mañana. Juntos, representan un tesoro de intelección y conocimientos. Confiamos en que a medida que usted lea este libro, las visiones de sus autores enriquecerán y ampliarán su visión del futuro.

Hemos dividido nuestra exploración del líder del futuro en cuatro partes: «El liderazgo de la organización del futuro», «Los líderes futuros en acción», «Aprender a liderar para mañana» y «Los ejecutivos opinan sobre el futuro del liderazgo». Estas cuatro partes han sido elegidas de un modo algo arbitrario. Deliberadamente dimos libertad a los autores y sólo hemos realizado revisiones sin importancia. Todos los autores son expertos por derecho propio y nosotros quisimos oír sus opiniones sin interponer ningún filtro.

No es este un libro que haya que leerlo desde el principio hasta el fin. Puede leerse por capítulos, empezando en cualquier parte del libro. Sugerimos al lector que empiece con los autores que más le interesen (que pueden muy bien ser la razón por la que haya comprado este libro) y luego se ramifique hacia los autores a los que quizá no haya conocido el lector en el pasado o que describan opiniones que el lector nunca ha considerado.

Peter F. Drucker, al que se reconoce como el padre de la moderna dirección, abre el libro con su introducción «No murieron suficientes generales». La introducción es un producto de destilación de los años de observación de Peter sobre el liderazgo y termina con un reto para el lector. Advierte que «el liderazgo debe aprenderse y puede aprenderse» y, con ese objeto, por supuesto, es para lo que se escribió este libro y es para lo que debe utilizarse.

En la parte I, «El liderazgo de la organización del futuro», se examinan las cualidades singulares que se necesitan para liderar una clase diferente de organización: la organización del mañana. Podemos saber con qué rapidez la tecnología, la competencia de ámbito mundial y los cambios demográficos están creando nuevos tipos de organizaciones que ni siquiera eran imaginables hace unos cuantos años. Los capítulos de esta parte muestran cómo las organizaciones cambiantes requerirán un liderazgo distinto.

Los autores de la parte II representan la combinación de pensadores que ayudan a crear las organizaciones del mañana. Charles Handy es uno de los mayores filósofos revolucionarios de este campo. William Bridges se ha adelantado varios años a su época al predecir la organización «sin puestos de trabajo». Sally Helgesen ha realizado una labor precursora en el campo de las nuevas estructuras organizacionales. Gifford Pinchot inventó la palabra *intrapreneur** y es un destacado pensador del campo de la innovación. Peter Senge es el pensador clave en lo que se refiere a la organización del aprendizaje y está coordinando los esfuerzos de penetración para reinventar las organizaciones. Edgar Schein es desde hace tiempo una autoridad en cultura y mejora organizacional. John Work es un experto en el campo de la diversidad del personal, cuestión esta que ha de convertirse en un tema todavía más crítico en el próximo siglo, y Ken Blanchard ha traducido eficazmente los requisitos para un liderazgo eficaz al lenguaje que ha ejercido un efecto positivo sobre millones de personas.

En la parte II, «Los líderes futuros en acción», se describen las actividades, destrezas y estrategias que los líderes necesitarán para mantener una ventaja competitiva en el rápidamente cambiante mundo del mañana. Entre los autores figuran educadores y asesores que han trabajado con muchos de los actuales líderes del mundo y que ayudan a capacitar a los líderes futuros.

Rosabeth Moss Kanter es una innovadora en la descripción de las transiciones que se requieren para hacer una realidad práctica de las exitosas organizaciones de la nueva era. James Kouzes y Barry Posner han realizado labores de vanguardia al analizar historias de éxito de las que ocurren «sólo una vez en la vida». James Heskett y Leonard Schlesinger son líderes del pensamiento en la Escuela de Administración de Empresas de Harvard que desarrollan actividades de creación de culturas de alto rendimiento. A Frances Hesselbein (antigua jefe de las Girl Scouts de los Estados Unidos) se la considera generalmente una de las principales líderes de Estados Unidos. Richard Beckhard es una autoridad en la dirección de la mejora y cambio de las organizaciones y está ayudando a efectuar cambios para tener éxito en el futuro tanto en organizaciones importantes como en empresas familiares. Judith Bardwick ha marchado invariablemente

---

* Empleado de una gran empresa que goza de libertad y apoyo económico para crear nuevos productos, servicios, sistemas, etc. (*N. del T.*)

por delante de su tiempo al estudiar los cambios que han conformado las actuales organizaciones y predecir las que conformarán el futuro, y David Noer ha analizado tanto los costes como las ventajas de la vida en un mundo rediseñado totalmente ambiguo.

La parte III, «Aprender a liderar para mañana», se centra específicamente en el campo del perfeccionamiento del liderazgo. Los autores de esta parte describen alguna de las maneras para conseguir que los líderes vayan desde donde *están* hasta donde *necesitarán estar*. Estos autores son personas que no solamente han hablado acerca del perfeccionamiento sino que realmente han contribuido a perfeccionar los líderes en centenares de organizaciones importantes.

Stephen Covey ha aplicado con éxito lo aprendido de los conceptos antiguos de una forma que puede influir positivamente en el futuro las vidas de las personas. James Bolt diseña las actividades de perfeccionamiento de los ejecutivos para muchas de las organizaciones de ideas más avanzadas del mundo. Caela Farren y Beverly Kaye son innovadores en los campos de la planificación de las carreras profesionales y de los itinerarios de carrera laboral no usuales, orientados al futuro. Richard Leider está desarrollando en la actualidad los nuevos enfoques para la planificación de la vida y el autoliderazgo que se diseñan para adaptarse al mundo «virtual» del futuro. Douglas Smith es un respetado pensador sobre el trabajo en equipo que posee una gran visión del liderazgo desde el «lado» y desde el «fondo» así como en la cumbre. Dave Ulrich es una autoridad mundial en el diseño de sistemas de recursos humanos para el futuro. Warren Wilhelm está encargado actualmente de la mejora del liderazgo de una de las empresas más admiradas de los Estados Unidos y ha dirigido las actividades de perfeccionamiento en otras y Marshall Goldsmith es un experto internacional en el diseño de sistemas de retroinformación, capacitación y perfeccionamiento adaptados a los clientes y que contribuyen a que las organizaciones creen futuros líderes.

En la parte final del libro, «Los ejecutivos opinan sobre el futuro del liderazgo», los ejecutivos del «mundo real» comparten sus reflexiones y opiniones personales sobre el liderazgo para el futuro. Entre los ejecutivos seleccionados para esta parte figuran representantes de una muestra característica de las organizaciones.

Alex Mandl y Deepak Sethi (de AT&T) están trabajando para cambiar una *enorme* cultura organizacional que está realizando la transición desde los enfoques que dieron buen resultado ayer a un proceso que asegurará el éxito mañana. Alfred DeCrane, Jr., (de Texaco) está dirigiendo un cambio cultural en una organización que ha superado los viejos modos e increíbles obstáculos para lograr el éxito y crear valor. William Steere (de Pfizer) se enfrenta con el reto de conducir una de las organizaciones de mayor éxito de los Estados Unidos hacia el futuro en un campo, el de la atención sanitaria, en el que la única certidumbre es el cambio radical. William Plamondon (de Budget Rent a Car) conduce un cambio cultural de vanguardia en una organización de tamaño medio que está estableciendo una nueva identidad. C. William Pollard (de ServiceMaster) y Steven Bornstein (de ESPN) son dos líderes imaginativos que han ayudado a desarrollar importantes empresas partiendo de ideas por haber sido capaces de interpretar con éxito las tendencias futuras. Anthony Smith es un asesor que no sólo trabaja con Steven Bornstein y ESPN sino con McKinsey & Co. y otras organizaciones que establecen tendencias. Sara Meléndez (del sector independiente) y George Weber (de la Cruz Roja Internacional y de la Media Luna Roja), dos de los más brillantes ejecutivos del sector social, están contribuyendo a satisfacer las necesidades sociales en una época en que el Estado es cada vez menos capaz de ayudar.

Un reto que nosotros, los autores de la edición, planteamos a usted, nuestro lector, es el de estar abierto a nuevas ideas. Tome lo mejor de cada artículo y aplique a su vida lo que ha aprendido. Pondere las opiniones de los autores frente a sus propias ideas acerca del futuro. Cuestione sus suposiciones y decida qué cambio necesita hacer para liderar eficazmente en el futuro.

Nosotros nos hemos esforzado en proporcionarle las ideas más recientes de muchas de las mentes más privilegiadas de este campo. El reto para usted, lector, consiste en aplicar lo que ha aprendido para cambiar de un modo positivo la situación de las organizaciones y de las personas en las que usted influye. Nuestro objetivo es que usted se convierta en uno de los líderes eficaces del futuro y sirva de modelo para los demás.

La historia de este proyecto

El líder del futuro es verdaderamente una tarea muy grata. La idea original la concibió Marshall Goldsmith, un miembro del consejo de la Fundación Drucker. Tras revisar una lista de destacados asesores en el campo del perfeccionamiento de los ejecutivos, Marshall llamó a Frances Hesselbein y le dijo: «¿No sería estupendo que llamáramos a nuestros amigos y asociados y les pidiéramos que escribieran un breve ensayo sobre el líder del futuro?» A Marshall y Frances les resultó atractivo ese concepto por varias razones:

1. El mundo cambia con tanta rapidez que incluso las ideas ofrecidas en el pasado reciente parecen anticuadas.
2. Muchos líderes del pensamiento han escrito libros, pero no artículos concisos que representen sus últimas ideas.
3. Muchos de los principales pensadores son ejecutivos o asesores cuyas ideas son compartidas por las grandes organizaciones, pero no por el público en general.
4. Nunca había sido escrito un libro en el que se reunieran artículos originales sobre este tema por tantos líderes del pensamiento.

El proyecto presentaba muchas dificultades. Los líderes clave del pensamiento en el campo del liderazgo están extraordinariamente ocupados y tienen un éxito increíble. ¿Por qué habían de dedicar su valioso tiempo a ser «uno de los muchos» cuando cada uno de ellos es un «astro» por su propio derecho? ¿Cómo podrían retribuirse sus servicios cuando el importe de la retribución, para casi todos, carecería de trascendencia en comparación con lo que ganan como asesores, autores o ejecutivos?

Resultó que casi todos los líderes del pensamiento en este campo tienen una cualidad positiva que incluso puede ser más importante que ser extremadamente inteligente: la de ser extremadamente generosos. La solución fue sencilla: dejar que los escritores y los autores de la edición *donaran* sus esfuerzos (y los ingresos producidos por este libro) a una causa loable. De este modo, el nivel de conocimientos sobre el liderazgo podría comunicarse a una amplia gama de lectores y al mismo tiempo muchas organizaciones meritorias de servicios humanitarios podrían beneficiarse del esfuerzo.

Frances Hesselbein es actualmente la presidenta de la Fundación Drucker, y se dedica a suministrar las ideas más recientes sobre liderazgo, gestión e innovación a los líderes de las organizaciones del sector social no lucrativo, del sector privado y del sector público. Frances, Peter Drucker y el patronato de la Fundación Drucker así como el consejo asesor estaban ya donando su tiempo para ayudar a las organizaciones del sector social a recibir las mejores oportunidades y recursos educativos posibles para el liderazgo y la gestión.

Frances aceptó entusiasmada ser coautora de la edición del libro y sugirió que Dick Beckhard fuera el tercer coautor de la edición. Dick es miembro del consejo asesor y ha actuado como coautor de edición en una serie de libros muy aclamada sobre mejora de la organización. Sugirió que el proyecto se ampliara a algo más que un *libro* para convertirse en una *serie de libros* sobre temas importantes relacionados con el futuro, tales como la organización del futuro y la comunidad del futuro. La serie se denominaría «Serie del Futuro» de la Fundación Drucker.

Los tres autores de la edición empezaron a visitar a sus amigos y el resultado fue asombroso. Casi todos a los que se les pidió que escribieran un artículo *lo hicieron*. En realidad, la mayoría de los autores expresaron su gratitud por habérseles dado la oportunidad de participar. Los pocos líderes del pensamiento que no pudieron participar tuvieron razones muy válidas para no intervenir y expresaron su deseo de participar en los futuros libros de la serie.

Las respuestas increíblemente positivas de Charles Handy y Rosabeth Moss Kanter fueron sintomáticas de la reacción del grupo ante el proyecto. Charles dijo: «Será un placer. ¿Para cuándo lo quieren?» El comentario de Rosabeth fue: «¡No pueden ustedes publicar ese libro sin mí!».

El primer artículo terminado fue el de Jim Heskett y Len Schlesinger de la Escuela de Administración de Empresas de Harvard. El segundo artículo lo presentó poco después ese mismo día Bill Pollard, presidente de ServiceMaster. La calidad de estos dos esfuerzos nos dio esperanzas de que los demás artículos serían soberbios.

Peter Senge habló en nombre de muchos de los autores cuando advirtió que sólo un pequeño porcentaje de las personas que compran libros sobre liderazgo los *leen*. Subrayó que muchos libros sobre la materia son simplemente demasiado largos para que los atareados ejecutivos los lean y reflexionen sobre ellos. Le gustó el concepto de presentar las ideas en un formato conciso para que la gente pudiera leer un poco cada vez y subrayó que este formato podría tener una gran repercusión en un gran número de lectores.

Las dificultades con las que se enfrentó Judy Bardwick fueron representativas de aquéllas con las que se tienen que enfrentar la mayoría de los escritores. ¿Cómo podría intercalar esta tarea en un calendario ya reservado con exceso a la asesoría, las conferencias, los escritos y los viajes? Judy realizó esta hazaña escribiendo por la noche y los fines de semana. Su dedicación al servicio voluntario es representativa de los que han aportado capítulos a *El líder del futuro*.

Reconocimiento

A los autores que han contribuido a este proyecto, la Fundación Drucker (y las organizaciones del sector social voluntario a las que sirve) sólo pueden decir: ¡*gracias*! Agradecemos la donación de tiempo y esfuerzo que ustedes han hecho para poner a disposición de los líderes las mejores ideas de los tres sectores y para contribuir a hacer de este mundo un lugar mejor.

Quisiéramos también dar las gracias a los autores que han presentado artículos y que no se incluyeron en este volumen. Muchos de estos artículos serán adiciones valiosas a los futuros volúmenes de la serie.

Saul Bass, de Bass Yager & Associates, principal diseñador de logotipos organizacionales de Estados Unidos, se ha ganado un agradecimiento especial. Aportó el diseño del logo de la Serie del Futuro. La letra «D» con una curva elíptica y dinámica evoca el interés y la aventura que encontramos en el futuro.

Rob Johnston, vicepresidente de la Fundación Drucker, proporcionó la orientación editorial y operativa de este proyecto.

Revisó los originales, se comunicó con los escritores y con los autores de la edición y condujo el libro hasta su terminación. Pat Rose, de Keilty Goldsmith, se puso en contacto con los colaboradores y con posibles colaboradores, cuidó del «tráfico» de los originales y fue la persona de contacto en la Costa Oeste para los autores de la edición. Alan Shrader y el equipo de la editorial Jossey-Bass merecen una mención especial. Fueron increíblemente pacientes para trabajar en torno a los calendarios de los atareados autores. Han sido también muy útiles en la edición y en la organización de las aportaciones de muchas fuentes a un solo libro.

Por último, nos gustaría darle las gracias a usted, lector. Todos los ingresos procedentes de este esfuerzo irán dirigidos a ayudar a las organizaciones del sector social voluntario así como a cambiar de un modo positivo la situación de las comunidades de todo el mundo. Al comprar este libro, usted puede ayudar a nuestro mundo de dos maneras: (1) convirtiéndose en un líder más eficaz que pueda ayudar a su organización a hacer frente a las dificultades del futuro y (2) ayudando a las organizaciones voluntarias a construir una comunidad y una sociedad mejor para todos nosotros.

La «Serie del Futuro» de la Fundación Drucker: ¿a dónde vamos desde aquí?

Al editar *El líder del futuro*, hemos solicitado, y recibido, algunas sugerencias muy valiosas. En este libro se incluyen muchas de las ideas que hemos recibido. Otras se reflejarán en volúmenes futuros. Al DeCrane, director general de Texaco, al recibir la lista original de los autores nos retó diciendo: «éste es un gran grupo de *gente que piensa*. ¿Dónde está la *gente que hace?*» Su información nos hizo cambiar la combinación de autores y añadir varios profesionales y ejecutivos... ¡Incluyéndole *a él!* Deepak Sethi, de AT&T, dijo: «Antes he oído hablar de toda esta gente. ¿Dónde están los nuevos jóvenes innovadores que crearán las ideas del mañana?» Esta manifestación nos motivó para iniciar un nuevo volumen de la serie en el que se incluirán artículos escritos por los innovadores. George Weber, que nos telefoneó desde Ginebra, subrayó que *El líder del futuro* concedía demasiada importancia a los norteamericanos. Esta información hizo que nos aseguráramos de que los próximos volúmenes representen una muestra más amplia de los pensadores de fuera de los Estados Unidos.

Nuestro objetivo para la Serie del Futuro de la Fundación Drucker será proporcionarle a usted, nuestro lector, el pensamiento mejor y más reciente del mundo sobre el futuro del liderazgo, de la organización, del cambio y de la innovación. Haremos todo lo posible por practicar lo que predicamos dando continuidad a la innovación y la mejora de cada volumen. Nos comprometemos también a seguir utilizando los ingresos que proporcionen los volúmenes a ayudar a las organizaciones voluntarias al reto cada vez más amplio de las necesidades humanas.

FRANCES HESSELBEIN
Easton, Pensilvania
MARSHALL GOLDSMITH
Rancho Santa Fe, California
RICHARD BECKHARD
Nueva York

Una nota personal

La Fundación Drucker debe a Marshall Goldmsith, el principal autor de edición de este libro, su más profunda gratitud por los más de cinco años de apoyo económico, intelectual y emocional. Ha sido un colaborador sistemático en nuestras conferencias, y moderador y líder de sesiones en las mismas. Es miembro de nuestro Patronato y a él le corresponde la paternidad de *El líder del futuro* y de la Serie del Futuro de la Fundación Drucker.

No utilizo a la ligera la palabra *paternidad*. Marshall originó la idea de *El líder del futuro* y con su manera entusiasta, cabal y eficaz proporcionó su esfuerzo continuo para asegurar que se convirtiera en un éxito. A lo largo de su trabajo en este libro, Marshall ejemplificó lo mejor de los líderes actuales y futuros. Tuvo la visión de un importante proyecto para la labor de la Fundación y para los líderes de todos los sectores.

Creó un pequeño equipo y comunicó sus ideas a sus miembros. Él y su equipo abordaron con energía a sus clientes, asociados y amigos para atraer importantes colaboradores. A través de su ejemplo y entusiasmo dirigió un trabajo difícil.

Como un buen padre, Marshall no sólo originó el libro sino que lo sustentó, lo nutrió y lo orientó desde el principio al fin de su desarrollo. A través de éste y de los próximos libros de la Serie del Futuro de la Fundación Drucker, Marshall proporciona a la Fundación notables oportunidades. Los libros promueven la misión de la Fundación al servir como modelo de voluntarismo eficaz, demostrando el valor de los ejemplos de gestión y liderazgo de los tres sectores y proporcionando una útil intelección e instrucción a los líderes. Además, la serie genera ingresos para la Fundación de manera que pueda desarrollar oportunidades educativas y recursos para los líderes de organizaciones voluntarias.

Peter Drucker habla del voluntarismo como un medio para que los trabajadores del conocimiento pasen del «éxito a la trascendencia». Estamos profundamente agradecidos por el extraordinario ejemplo de Marshall Goldsmith y la trascendencia de sus realizaciones.

FRANCES HESSELBEIN
Presidenta de la Fundación Drucker

Parte I

El liderazgo de la organización del futuro

Capítulo 1

El nuevo lenguaje de la labor de organización y sus consecuencias para los líderes

Charles Handy

Charles Handy fue durante muchos años profesor de la Escuela de Administración de Empresas de Londres. Ahora es autor independiente y educador. Colabora con una amplia variedad de organizaciones empresariales, estatales, sanitarias y educacionales. Su libro The Age of Paradox *es una continuación de* The Age of Unreason, *que fue designado por las revistas* Fortune *y* Business Week *como uno de los diez mejores libros de temas empresariales de 1994.*

Me encontré recientemente con un alto directivo alemán. «En Alemania —me dijo— nuestras organizaciones están dirigidas en su mayor parte por ingenieros. Esas personas piensan en la organización como si fuera una máquina, como algo que puede ser diseñado, medido y controlado, en una palabra: gestionado. Eso dio buen resultado en el pasado, cuando nuestras organizaciones solían producir máquinas eficaces de todas clases. En el futuro, sin embargo, podemos ver que las organizaciones serán muy diferentes, serán mucho más parecidas a redes que a máquinas. Nuestros cerebros nos dicen esto —siguió—, pero nuestros corazones están todavía con las máquinas. A menos que podamos cambiar nuestro modo de pensar y de hablar de las organizaciones, tropezaremos y caeremos».

Lo que dijo era verdad no solamente de las organizaciones alemanas sino también de las de otros muchos países. Nuestros modelos de organizaciones, y el modo en que hablamos de ellas, apenas ha cambiado desde hace un siglo. Se consideraban piezas de maquinaria, piezas defectuosas quizás, pero capaces de perfectibilidad, de precisión, de plena eficacia. La misma palabra *management*, que tiene su origen en la administración de la casa, o como dicen algunos, de los convoyes de mulas del ejército, implica el control respaldado por el poder y la autoridad, lo cual quizá sea el motivo de que dicha palabra desagrade mucho a los grupos de profesionales y voluntarios que tienen en gran estima la autonomía.

El lenguaje de la política

El reciente lenguaje de las organizaciones es muy distinto. Hoy se habla de «adhocracia», de federalismo, de alianzas, de equipos, de delegación de facultades y de espacio para la iniciativa. Las palabras clave son *opciones*, no *planes*, lo *posible*, en vez de lo *perfecto*, y *compromiso* en lugar de *obediencia*. Éste es el lenguaje de los políticos, no de la ingeniería; del liderazgo, no del *management*. Por consiguiente, es interesante observar cómo las organizaciones están abandonando el título de «manager» y sustituyéndolo por expresiones tales como *líder de equipo, coordinador de proyecto, socio pautador, facilitador*, o *moderador*. Pronto veremos cómo la teoría política ocupará un lugar adecuado en un curso troncal de nuestras escuelas de administración de empresas. Será un reconocimiento, por fin, de que las organizaciones son comunidades de individuos y no conjuntos de recursos humanos.

SUBSIDIARIEDAD

Cuando la teoría política, llegue a nuestras escuelas, los estudiantes se enfrentarán con una serie de conceptos que son extraños al mundo de las organizaciones que solían conocer. El primer concepto y, en ciertos aspectos, el más importante, es el de la *subsidiariedad*. La *subsidiariedad* es una vieja palabra de la teoría política, que la Iglesia Católica tomó prestada hace mucho tiempo para explicar una idea moral y que recientemente ha resucitado en los argumentos sobre el equilibrio de poder en una Europa federal. Según el principio de la subsidiariedad, un organismo de orden superior no debe asumir las responsabilidades que puede y debe ejercer un organismo de orden inferior. El Estado, por ejemplo, no debe tratar de usurpar el papel de la familia, porque el hacerlo así es degradar el lugar que ocupa la familia en la sociedad. Dicho de un modo más sencillo, este principio significa que es erróneo hurtar las responsabilidades de las personas porque en el fondo con ello se elimina la necesidad de que las personas posean destrezas, criterios o iniciativas. Sin embargo, con arreglo al viejo lenguaje de las organizaciones, dicho hurto era completamente normal y estaba justificado para que la organización evitara cometer errores.

En realidad, las organizaciones solían ser diseñadas de manera que se asegurara que nunca se cometerían equivocaciones. Esto resultó ser muy costoso desde el punto de vista de los controles: muy inhibidor y poco creativo. No cometer equivocaciones también significaba no realizar experimentos. En las condiciones de subsidiariedad, el control llega después del acontecimiento. Ha de confiarse en lo que pueden hacer los individuos o los grupos mientras no esté claro que no pueden hacerlo. La tarea del líder es asegurarse de que los individuos o los grupos son competentes para ejercer la responsabilidad que se les asigna, para comprender los objetivos de la organización y para que se comprometan con ellos.

LA AUTORIDAD MERECIDA

El segundo concepto es el de la *autoridad merecida*. En las organizaciones de tipo máquina, el poder emana de un cargo. En las organizaciones políticas, el poder lo conceden las personas a quien lo ha de ejercer. Los líderes políticos los eligen sus conciudadanos, excepto en las dictaduras, donde el poder deriva de la fuerza. En las nuevas organizaciones, los títulos y las misiones tienen poca autoridad hasta que los líderes demuestran su competencia. Toda autoridad ha de merecerse antes de que se ejerza.

Desde el punto de vista organizacional práctico, esto significa que a los líderes debe concedérseles tiempo y espacio para demostrar su valía. Los líderes crecen, no se hacen. Me gusta la idea japonesa de lo que yo denomino la vía rápida horizontal. Preguntado acerca de si no existía una vía rápida hacia la responsabilidad para los mejores y más brillantes en el tradicional desarrollo de «combustión lenta» del Japón, un directivo japonés replicó que había una vía rápida, pero que en todo caso era horizontal: «Nosotros preferimos trasladar a las personas de un lado a otro de la organización con la mayor rapidez que podamos, en sus primeros años, exponiéndoles a diferentes campos, diferentes grupos y diferentes responsabilidades. Esto les concede la oportunidad de descubrirse a sí mismos y de demostrar sus fuerzas».

A medida que las organizaciones se rediseñan a sí mismas cada vez más para convertirse en lo que son, en efecto, conjuntos de proyectos y equipos especiales, existen más oportunidades para que surjan los líderes en medio de la organización en lugar de surgir simplemente en la cumbre. Ahora, la carrera laboral no es tanto una escalera de misiones como una creciente reputación para hacer que las cosas sucedan. La influencia, no la autoridad, es lo que impulsa la organización política de hoy en todas las organizaciones.

VIRTUALIDAD

El tercer concepto es el de la *virtualidad*. Las nuevas organizaciones están dispersas. Los trabajadores se emplean en oficinas y emplazamientos muy diferentes, ocupan distintos cargos y no deben necesariamente toda su lealtad a una sola organización. Esto siempre ha sido así en la comunidad política. Ahora también lo es en la organización laboral. Ahora todo el mundo no tiene que estar en el mismo sitio a la misma hora para realizar el trabajo. Ni siquiera se necesita estar en la nómina. La organización actual es característicamente un lugar 20/80 en el que sólo el 20 por ciento de la gente está implicada a tiempo completo en la organización. Los demás son proveedores o contratistas, trabajadores a tiempo parcial o profesionales autónomos. Cada vez más, la organización es una «caja de contratos» más que un hogar de por vida para toda su gente. Una organización virtual es aquella que no se ve necesariamente, por supuesto, no todos juntos en un lugar, pero que no obstante produce los bienes.

Un liderazgo distribuido

Virtualidad significa manejar personas que no pueden verse y que no pueden controlarse pormenorizadamente. Esta clase de gestión por control remoto sólo puede dar resultado cuando la confianza circula en ambas direcciones. La confianza, lo mismo que la autoridad, ha de merecerse, probarse y, si es necesario, retirarse. ¿Cuántas personas conoce el lector lo bastante bien y durante el tiempo suficiente como para confiar en ellas y para que ellas tengan confianza en uno? Algunos dicen que 20 y otros que 50. Algunos advierten que a través de las distintas épocas, las comunidades se han establecido en configuraciones de no más de 150 personas. En respuesta a las necesidades de confianza, las organizaciones están empezando a reagruparse en equipos especiales semipermanentes en los que los miembros se conocen bien.

El liderazgo de esos grupos no es el del tipo anticuado de «sígame». Se le puede denominar un liderazgo distribuido. De manera inadvertida vislumbré lo que esto podría parecer cuando chistosamente comparé a un equipo inglés con lo que hace un equipo de remo en el río: «Ocho personas yendo hacia atrás lo más rápidamente posible sin hablar entre sí, guiados por una persona que no sabe remar». Consideré aquello bastante gracioso, pero un remero del auditorio me corrigió: «¿Cómo cree usted —dijo él— que podríamos ir hacia atrás tan deprisa sin comunicarnos si no confiáramos en nuestra mutua competencia, si no estuviéramos comprometidos con el mismo objetivo y si no estuviéramos decididos a hacerlo lo mejor posible para alcanzarlo? Es la prescripción perfecta para un equipo». Tuve que conceder que tenía razón. Pero luego pregunté: «¿Quién es el líder de ese equipo?» «Bueno, —dijo él— eso depende. En la carrera, en el puesto de trabajo, la persona que está en la parte de atrás de la embarcación, el que no sabe remar es el responsable. Él, o a menudo ella, es el líder de la tareas. Pero está también el golpe de remo, que fija el ritmo y la pauta que todos han de seguir. Fuera del río, sin embargo, el líder es el capitán de la embarcación. Él o ella es responsable de elegir la tripulación, de nuestra disciplina y de la disposición de ánimo y la motivación del grupo; pero en el río el capitán es simplemente un miembro de la tripulación. Por último, está el entrenador, que es responsable de nuestro entrenamiento y perfeccionamiento. No hay duda de quién es el líder cuando se trata de entrenarse. No elegimos a cualquiera para líder —terminó— ni le damos a cualquiera ese título. La misión va de un lado a otro según la fase en que nos encontremos.»

Lo mismo ocurre, cada vez más, en todas nuestras organizaciones. El liderazgo en medio de la organización es una función distribuida que a menudo recibe otros nombres. En la cumbre de la organización, sin embargo, tiene que ser muy diferente. Aquí el liderazgo tiene que personalizarse, porque a este nivel, la tarea consiste en proporcionar el aglutinante suave que une esta comunidad virtual. El aglutinante se compone de un sentido de la identidad común, ligado a un propósito común y alimentado con una energía y una perentoriedad contagiosas. Las meras palabras no pueden crear este aglutinante: hay que vivirla. Esta energía contagiosa tiene que empezar con un individuo o, muy rara vez, con un grupo minúsculo en el centro, que viva lo que ellos creen.

Las palabras utilizadas por estos líderes destacados son sintomáticas: «Yo soy un misionero —dijo el director general de una multinacional—. No paro de dar la vuelta al mundo explicando a nuestra gente lo que tienen que hacer y por qué tienen que hacerlo.» «Yo soy un maestro —dijo otro—. Mi trabajo consiste en informar y educar a nuestros ejecutivos clave de manera que posean la información y la perspectiva suficiente para realizar su trabajo sin tener que recibir instrucciones desde arriba.» «Tengo que estar a la altura de lo que digo que somos —dijo otro—. Si no me comporto como digo que hay que hacerlo, no puedo esperar que los demás lo hagan.»

Los atributos necesarios

Dirigir una comunidad de individuos donde la autoridad debe merecerse es una ardua tarea. Pocas personas lo hacen con éxito porque es algo que exige una combinación inusitada de atributos:

— *Creer en uno mismo* es la única cosa que le da a un individuo la confianza en sí mismo para entrar en lo desconocido y persuadir a otros para que vayan donde nadie ha ido antes; pero esto tiene que estar combinado con *una duda considerable*, con la humildad para aceptar que a veces uno puede estar equivocado, que otros también tienen ideas, y que escuchar es tan importante como hablar.

— *La pasión por el trabajo* proporciona la energía y el enfoque que impulsan la organización y que sirven de ejemplo para otros; pero esto también tiene que combinarse con lo opuesto, *con la conciencia de que existen otros mundos*, porque el enfoque puede convertirse en anteojeras, en incapacidad para pensar más allá del estrecho terreno en que uno se desenvuelve. Los grandes líderes encuentran tiempo para leer, para reunirse con personas que no pertenecen a su círculo, para ir al teatro o para ver películas, es decir, para entrar en otros mundos.

— El líder debe *amar a las personas*, porque en una comunidad de individuos, aquéllos a quienes los individuos les resultan una lata y una molestia pueden ser respetados o temidos, pero no serán seguidos de buena gana. Sin embargo, este atributo requiere también su opuesto, *la capacidad para la soledad*, porque los líderes tienen que ser sinceros. No siempre es posible compartir las propias preocupaciones con alguna otra persona. Pocos darán las gracias al líder cuando las cosas van bien, pero muchos lo culparán si las cosas van mal. Los grandes líderes tienen que marchar solos de vez en cuando. Tienen que vivir también a través de otros, derivando su satisfacción de los éxitos de los demás y dando a esos otros el reconocimiento que ellos mismos suelen negarse.

Para vivir con esas paradojas, se requiere una gran fuerza de carácter. También se requiere tener fe en lo que uno está haciendo. El dinero solo no basta para proporcionar el motivo para aceptar estas contradicciones. Incluso la afición al poder es insuficiente porque el poder suprime las contradicciones en lugar de mantenerlas en equilibrio. Los grandes líderes son producto de las grandes causas, pero los líderes, en el mejor de los casos, también generan grandes causas. Tristemente, por carecer de una causa, nosotros también solemos crear una crisis, y no es lo mismo en absoluto. A menos que una empresa cree una causa más amplia y más importante que el enriquecimiento de los accionistas, tendrá pocos grandes líderes. Es más probable que los encontremos en el campo de lo no lucrativo. Si eso es así, entonces ese sector puede sin embargo convertirse en el campo de entrenamiento para los negocios y quizá incluso para la política.

Capítulo 2

El liderazgo de la organización sin puestos de trabajo

William Bridges

William Bridges es un conferenciante, autor y capacitador en el campo de la mejora organizacional. Es autor de JobShift: How to Prosper in a Workplace Without Jobs, Transitions: Making Sense of Life's Changes, Surviving Corporate Transition. *También fue presidente de la Asociación para la Psicología Humanística.* The Wall Street Journal *lo citó como uno de los diez principales presentadores independientes del país en el campo del perfeccionamiento de los ejecutivos*

Lo que la gente cree acerca del liderazgo refleja los valores y las preocupaciones más generales de su época. Cada generación se rebela no solamente contra unos determinados líderes sino contra el mismo estilo de liderazgo al que éstos se adhirieron. En nuestro tiempo, estamos reaccionando ante el estilo «patriarcal» de liderazgo que permitió a la gente —y no fue coincidencia que fuera gente del sexo *masculino*— acaudillar las grandes organizaciones militares de la Segunda Guerra Mundial y, a partir de entonces, dirigir las grandes organizaciones industriales que llegaron a dominar el período de la Guerra Fría.

El ejecutivo de estilo militar no solamente dominó esa época sino que era apropiado para ella. Está claro que tal líder no es apropiado hoy, aunque el motivo de que eso no sea así no es tan evidente como cabría imaginar. ¿Tiene algo que ver con la «feminización» del lugar de trabajo porque el porcentaje de las mujeres que trabajan ha aumentado constantemente de un modo notable? ¿Procede, más bien, de la elevación al poder de la generación en cuya actitud influyó el movimiento del potencial humano, el movimiento contra la guerra así como los movimientos étnicos de liberación de los años sesenta y del comienzo de los setenta? ¿O procede, en cambio, del populismo que alimenta las demandas de actuación judicial de los consumidores y una tendencia a creer que quienquiera que esté en el poder en Washington —o en la sede central de una empresa— es probable que nos mienta?

Hubo una época en que en las metáforas sobre el liderazgo se prefería lo fisiológico, con el líder como la cabeza y la organización como el cuerpo. En la actualidad, leemos cosas tales como contradecir la naturaleza. La naturaleza, según esta opinión, no es jerárquica. La sabiduría se distribuye por todas partes: todas las células repelen al invasor, todos los peces del banco se desvían bruscamente como si fuera uno solo, todos los patos de la formación en V se relevan en la punta y luego se quedan atrás para recuperarse en la corriente de aire de las alas de los demás. En realidad, algunas personas dan a entender que hasta nuestros días la dinámica organizacional fue maquinal y artificial y que sólo ahora se vuelve a lo orgánico, lo integrado, lo holístico y natural.

Cuando en una época cambian las metáforas sobre el liderazgo, ello constituye un acontecimiento importante. Pero es un resultado, no una causa. La causa radica en otra parte, en (me avergüenza utilizar una frase tan anticuada) «los medios de producción». Pues el viejo (y, sí, patriarcal) Carlos Marx tenía razón, y no tenemos que aceptar su teoría política para reconocer la fuerza de su intuición: que la manera en que una sociedad consigue realizar su trabajo conforma la mayor parte de las demás cosas en las que la sociedad cree y hace.

Deseo sugerir que son tres las cosas que caracterizan el modo en que nosotros conseguimos cada vez más que se haga el trabajo, y que juntas conforman la clase de liderazgo que necesitamos. La primera es que trabajamos en organizaciones, industrias y sociedades que cambian rápidamente y con frecuencia. La segunda es que cualquiera que sea el negocio o la profesión en que estemos, la mayor parte de nosotros dedica mucho más tiempo a manejar la información acerca de las cosas que a manejar las propias cosas. Y la tercera es que las actividades de producción y apoyo que solían estar integradas en una sola organización están ahora, cada vez con mayor frecuencia, más dispersas y parceladas entre las distintas organizaciones. Consideremos estas cosas una por una.

La velocidad del cambio

Todo el mundo se sorprende de la velocidad del cambio y constantemente repetimos estadísticas acerca del porcentaje de los conocimientos totales del mundo que se han descubierto desde el último martes. Todo eso es verdad, pero los «cambios» importantes son aquellos que nos obligan a reconfigurar la organización con el fin de sacar partido de ellos o incluso de sobrevivirles. Estos cambios suelen estar relacionados con los progresos tecnológicos, y la tecnología es importante para ellos de tres modos diferentes:

1. Obliga a la gente a aprender maneras completamente nuevas de hacer las cosas o de comunicarse entre sí.
2. Los cambios hacen posible las rápidas modificaciones en los productos y servicios e incluso obligan a las organizaciones a mantenerse a la altura de las mismas.
3. Mejor comunicación significa que los cambios que en otro tiempo eran sólo visibles localmente ahora se experimentan en todas partes al mismo tiempo.

Los dos primeros factores aumentan el cambio de un modo absoluto, mientras que el tercero lo aumenta en relación con las personas particulares o con las orientaciones exponiéndolas a una proporción mucho mayor de los cambios que se estén produciendo en un momento determinado.

El cambio, que es tan frecuente, nos obliga a crear nuevas formas y modos de proceder organizacionales. Cada libro sobre la calidad y sobre el servicio al cliente nos recuerda lo importantes que son el grado de respuesta y la flexibilidad, y la mayoría de las organizaciones están tratando de verdad de aumentar estas cualidades. Pero no hemos estudiado con mucha seriedad las consecuencias de lo que Peter Drucker advirtió recientemente: que «todas las organizaciones tienen que incorporar la gestión del cambio a su estructura» (*Harvard Business Review*, septiembre - octubre 1992, p. 97). Muchas organizaciones están tratando de convertirse en flexibles y sensibles desde el punto de vista del comportamiento sin reconocer cuánta inflexibilidad y falta de sensibilidad están incorporadas a su estructura y sistemas.

Veamos, por ejemplo, los puestos de trabajo. No son muy flexibles. Debido a ello, forman parte del problema, no de la solución. Tal como dijo recientemente un director adjunto de explotación de una gran empresa de informática: «Yo simplemente no puedo trasladar las casillas del diagrama organizacional con la suficiente rapidez para mantenerme a la altura de nuestros nuevos productos y nuevas estrategias». Un ejecutivo de Condé Nast expuso un argumento similar, con diferentes palabras, cuando dijo: «Los empleados que tratan de aferrarse a su puesto de trabajo no ven lo esencial y no consiguen comprender la razón por la que fueron contratados: contribuir a la actividad molecular en la revista».

Los puestos de trabajo hacen que la organización tenga dificultades para responder al cambio de una manera eficaz. El mercado cambia, pero la gente sigue haciendo su trabajo en lugar de desplazar su atención a lo que es más necesario hacer. ¿Por qué no lo hacen? Fueron contratados para realizar un trabajo. Son evaluados y ascendidos basándose en el modo en que realizan su trabajo. Se les paga para hacer su trabajo. La misión del supervisor consiste en ver si lo están realizando.

Sin embargo, en un ambiente rápidamente cambiante, las empresas pueden quebrar, aunque todos sus empleados estén haciendo su trabajo a la perfección. De hecho, el moderno juego organizacional no se juega con eficacia por las personas que realizan su trabajo, sino por la manera de pensar captada por un director general de este modo: «Me imagino a mi empresa como un equipo de balonvolea. Hace falta golpear tres veces el balón para que pase por encima de la red y no importa quién lo golpee».

El trabajo basado en los conocimientos

El segundo factor que hace hoy disfuncionales los puestos de trabajo es el de que, cada vez más, el trabajo en lugar de ser industrial se basa en los conocimientos. (Incluso el nuevo trabajo industrial se basa en los conocimientos: el modelo más reciente de automóvil tiene más potencia de cálculo incorporada que algunos de los satélites de la primera generación.) Cuando el trabajo era fundamentalmente físico, era fácil dividirlo en tareas separadas, cada una con una descripción diferente. Las tareas, a su vez, se agrupaban en departamentos separados, cada uno de ellos con una misión distinta.

Pero el trabajo experto es más difícil de dividir de ese modo. En lugar de estar compuesto de acciones reiterativas, consiste en un diálogo entre el individuo y los datos. Las descripciones de los puestos de trabajo, la base de la organización industrial, se hizo tan general como para poner en cuestión las categorías de trabajo y los tramos de retribución. Esa es una razón por la que el trabajo experto lo realizan a menudo equipos transfuncionales. En dichos equipos, es corriente capacitar a la gente para que se haga experta en diferentes tareas, lo que erosiona todavía más el esquema del puesto de trabajo.

Además, tales equipos son, por su propia naturaleza, inconstantes en cuanto a su forma. El liderazgo pasa hacia atrás y hacia adelante de persona a persona a medida que las fases del proyecto se suceden unas a otras y las diferentes destrezas resultan críticas. Los recursos necesarios para terminar el proyecto también cambian, por lo que las personas van y vienen con cada nueva necesidad. Y con cada cambio de personal, las responsabilidades se reconfiguran sutilmente a sí mismas.

La dispersión de la organización

El factor final que rompe los contornos familiares del puesto de trabajo es el descubrimiento por estas organizaciones proteicas de que es antieconómico emplear todos los trabajadores que necesitan para hacer todo el trabajo que es necesario hacer. Por el contrario, contratan a las personas por no más tiempo del necesario, sacando algunas de las agencias de trabajo temporal y otras de los «pools» informales de asesores y profesionales.

Otros trabajadores son «contratados» en bloques, adquiriendo tareas, funciones o compromisos completos a firmas especializadas en dicho tipo de trabajo. La organización dispersa sus actividades, dependiendo de sus propios trabajadores a tiempo completo solamente para parte de sus necesidades. Para el resto, se abastece en el exterior o emplea subcontratistas. En algunos casos, sencillamente cede trabajo a los propios clientes, como ocurre con los bancos a través de los cajeros automáticos, como hace IKEA Inc. con el montaje final de su mobiliario, o como el Hospital Shouldice de Toronto hace con la preparación de los pacientes para la cirugía herniaria.

Líderes para la organización sin puestos de trabajo

Ahora bien, la gran pregunta es: ¿qué exige de sus líderes esta clase de organización sin puestos de trabajo? ¿Qué hace falta para liderar un grupo de personas que se desplazan constantemente, algunas de las cuales trabajan para nuestra organización en un sentido tradicional y otras no? ¿Qué necesita para liderar una organización que no está dispuesta como las pirámides humanas del circo? ¿Qué hace falta para liderar una organización en la que las personas olvidan su trabajo y hacen, en cambio, el trabajo que es preciso hacer? La respuesta es que se necesita una nueva clase de liderazgo: no porque dicho liderazgo sea transformacional ni porque no dé resultado el liderazgo patriarcal. Se requiere un nuevo liderazgo porque la organización sin puestos de trabajo plantea nuevos retos al liderazgo. Decimos «liderazgo», pero el liderazgo requerido por esta clase de organización proteica realmente adopta tres formas diferentes:

1. El liderazgo formal responsable de integrar, dotar de recursos y orquestar las actividades de los varios conjuntos de proyectos.

2. El liderazgo adecuado requerido dentro de cada uno de esos conjuntos de proyectos.
3. El liderazgo en cada miembro de cada equipo de proyecto que encarna la iniciativa, la capacidad de autogestión, la prontitud para tomar decisiones difíciles, la incorporación de los valores organizacionales y el sentido de responsabilidad empresarial que en la organización tradicional se limitaba a las personas de categoría superior.

El liderazgo que necesita la organización sin puestos de trabajo no tiene nada que ver con lo de decir a la gente que haga las cosas o señalar la cima de la colina y gritar: «¡Al ataque!» O más bien no es el «trabajo» de ningún líder particular o clase de líder dar órdenes en ese sentido militar. Una organización llena de tales líderes es como una corriente en la que la configuración del flujo la produce una dinámica interna en lugar de una fuerza externa.

La organización usual se apoya en un sistema estructural de líderes basados en el cargo. Las organizaciones sin puestos de trabajo, por otra parte, están diseñadas como un campo de energía, y los líderes funcionan como nodos de energía en torno a los cuales se agrupa la actividad. Estos líderes especiales tienden a ser autoseleccionados mucho más a menudo de lo que lo serían en una organización usual. Surgen en el curso natural del negocio. Lo mismo que cualquier otra cosa, liderazgo es lo que las personas hacen donde quiera y cuando quiera que sea necesario.

Dondequiera que existan, los líderes de la organización sin puestos de trabajo son responsables de generar y proporcionar los recursos necesarios para las unidades de trabajo de la organización. La útil metáfora de Robert Greenleaf del «líder como servidor» encaja bien en la organización sin puestos de trabajo. Es importante comprender que no hay nada inherentemente «mejor» o «superior» en esta clase de liderazgo. Con harta frecuencia, en la literatura sobre el tema se adopta un tono moralista y se deja a la gente con la impresión de que la participación es algo próximo a la santidad, cuando en realidad es simplemente un instrumento distinto para una tarea distinta. Si se tiene una organización llena de titulares de puestos de trabajo y un marco jerárquico para mantenerlos en su sitio, el líder patriarcal usual da buen resultado. O lo da mientras la organización no esté expuesta a un ambiente que cambia de un modo constante y radical.

Debido a que el liderazgo que se requiere en la organización sin puestos de trabajo es «más blando» y más difuso que el que necesita la organización usual, algunas veces parece como si dicha organización careciera de líder. Pero no es así. La organización sin puestos de trabajo va a necesitar más líderes y líderes con destrezas más avanzadas, no lo contrario. Para reforzar las destrezas de esos líderes, en los próximos años va a tener lugar una importante tarea de capacitación y perfeccionamiento.

Dado el grado de supresión de puestos de trabajo que va a producirse en la organización actual, sospecho que la mayor parte de esa capacitación va a proceder de los contratistas individuales y organizacionales. Por consiguiente, supongo que la única cosa que la organización sin puestos de trabajo va a necesitar tanto como necesita toda una lista de tales líderes es gente que sepa cómo crearlos partiendo de la materia prima más usual que ya trabaja para la organización.

El hecho desafortunado es que las organizaciones jóvenes y emprendedoras han atraído una gran proporción de personas cuyos temperamentos y valores personales hacen de ellas esta clase de líderes por naturaleza. De aquí en adelante, será la educación la que cree la mayor parte de los líderes que necesitarán las organizaciones sin puestos de trabajo. Si yo tuviera que elaborar un plan personal para el futuro, introduciría en él una buena dosis de esa clase de perfeccionamiento del liderazgo. Si fuera el responsable del liderazgo de una organización corriente, me aseguraría de que a medida que prescindiera de puestos de trabajo, introduciría también esta clase de liderazgo en sus competencias esenciales con la mayor rapidez posible. Si fuera responsable de la capacitación del personal, crearía servicios y productos relacionados con esa tarea.

Es posible que el modo más sencillo de hablar de lo que los líderes necesitan mediante la organización sin puestos de trabajo es decir que el propio liderazgo tiene que carecer de puestos de trabajo. En la organización usual, decimos que todo lo que es necesario hacer es tarea de alguien. (Si no lo es, crearemos un nuevo puesto de trabajo y contrataremos a alguien para que lo ocupe.) Como cualquier otra cosa, el liderazgo fue encasillado en los puestos de trabajo que se agrupaban cerca del vértice de la pirámide. La tarea consiste ahora en olvidarse de los puestos de trabajo e ir en la dirección del trabajo que es necesario hacer. El liderazgo necesita acción ¿A qué esperamos?

Capítulo 3

Liderar desde la base

Sally Helgesen

Sally Helgesen es autora, muy recientemente, de The Web of Inclusion: A New Architecture for Building Great Organizations, *obra en la que explora cómo hacen uso las organizaciones innovadoras de los talentos y de las ideas de su gente, aprendiendo al mismo tiempo lecciones de transformación. Es también autora de* The Female Advantage: Women's Ways of Leadership. *En el ámbito nacional, pronuncia conferencias sobre temas relacionados con las organizaciones y el futuro.*

Los dos últimos decenios se han caracterizado por una gran renovación, casi urgente, del interés por el tema del liderazgo. Los libros eruditos y populares en los que se identifica a los líderes fuertes y se intenta analizar la naturaleza de su éxito han encontrado un público amplio y deseoso. Las universidades han iniciado cursos o incluso departamentos para estudiar, enseñar y alentar el liderazgo. Organizaciones que buscan adaptarse a un grado y ritmo de cambio que pueden parecer terribles y que *son* impredecibles han financiado incontables coloquios y seminarios para inculcar destrezas de liderazgo. Aquellos de nosotros que contribuimos a este libro hemos desempeñado un papel en ese renacimiento: hemos observado a diversos líderes en su trabajo, e intentado definir y clasificar de manera exacta qué es lo que hacen, y hemos exhortado a nuestros auditorios y lectores a crear su propia capacidad de liderazgo.

Este renacimiento ha aportado mucho valor, no obstante resultar evidente sus limitaciones, especialmente dada la forma evolutiva de nuestras organizaciones. Pues la mayoría de los estudios de los últimos años sobre el liderazgo han procedido de la presunción implícita de que los *líderes lo son en virtud de su cargo*. Y por tanto, si queremos estudiar el liderazgo en la General Electric, dirigimos la mirada a Jack Welch. Si queremos comprender el papel del liderazgo en el cambio súbito de IBM, escudriñamos a Louis Gerstner. Los eruditos sientan las bases, y los medios de difusión que gozan de la aceptación del público ayudan y refuerzan este enfoque. Las revistas *Fortune* y *Business Week* publican artículos sobre los ejecutivos más admirados de Estados Unidos y «sus» empresas, equiparando prácticamente la calidad del liderazgo de una organización a su director general.

La ecuación es comprensible, pero yo indicaría también que es al mismo tiempo desmoralizadora y cada vez más anticuada. Es desmoralizadora porque el ensalzamiento implacable de los que están en la cumbre hace que las organizaciones caigan víctimas de un síndrome de héroes y holgazanes, ensalzando el valor de los que están en cargos importantes mientras de manera implícita reducen las aportaciones de quienes no consiguen alcanzar un alto rango. Esta actitud, aunque negada oficialmente con palabras a menudo piadosas y condescendientes («Nuestra gente son nuestro activo más importante»), es no obstante evidente en varios de los lemas que han disfrutado de gran aceptación durante el último decenio tales como «Lidere, siga o apártese» o incluso menos sugestivos: «A menos que usted sea el caballo que va delante, la perspectiva nunca cambia». El hecho es, por supuesto, que la mayoría de las personas nunca llegarán a ser el «caballo que va delante» en su organización: el número de puestos de trabajo en la cumbre es sencillamente demasiado pequeño. Por consiguiente, la ecuación de las destrezas del liderazgo con el cargo debe por su naturaleza generar frustración y cinismo entre las personas corrientes, a quienes se les niega el sentimiento de propiedad en la empresa en la que están comprometidos y se les desalienta su participación entusiasta.

La ecuación del liderazgo con el poder del cargo también revela suposiciones acerca de la naturaleza y forma de nuestras organizaciones que se están quedando rápidamente anticuadas. Desde luego, tal vinculación no refleja la estructura descentralizada y orgánica de lo que Peter Drucker ha denominado la organización basada en los conocimientos, que es *la* forma dominante en nuestra emergente era postcapitalista. Drucker advierte que «los conocimientos» que en las organizaciones actuales existen para hacerlas productivas están por definición ampliamente distribuidos. Han de encontrarse no sólo entre aquellos que están en la cumbre, los «caballos que van delante», sino también entre quienes constituyen lo que en la era industrial denominábamos la gente corriente. Por supuesto, la gente corriente ya no son números intercambiables que realizan tareas reiterativas sencillas. En la organización basada en los conocimientos, todos son trabajadores expertos. Cada uno de ellos posee conjuntos específicos de destrezas y diversas pericias, todo lo cual está sujeto a una mejora continua.

Además, la gente corriente dispone de poderosas tecnologías que les dan acceso a una amplitud y variedad de información que antes estaba limitada a los que se hallaban en la cumbre, así como los medios para aplicar esa información directamente a su trabajo. La tecnología es aquí la clave, pues al diseminar rápidamente toda clase de información especializada por toda la organización, las sofisticadas redes actuales borran las viejas distinciones de la era industrial entre quienes toman las decisiones y los que las ejecutan, entre quienes conciben las tareas y quienes las llevan a cabo. Al hacerlo así, la tecnología interconectada arrebata el poder a la *cabeza* de una organización y lo distribuye entre quienes constituyen las *manos*. El poder se concede de ese modo en cada nivel de las organizaciones actuales. Eso es lo que las hace flexibles y enjutas.

El desplazamiento en la distribución del poder se manifiesta de forma clara en el creciente hincapié en el papel de los equipos. Un equipo no es simplemente una «task force», es decir, una agrupación temporal de personas con una misión específica, pues los miembros de las «task forces» son designados por sus superiores, los cuales definen su misión y fijan los criterios para juzgar su ejecución. Un verdadero equipo, por el contrario, define sus objetivos y encuentra maneras de alcanzarlos integrando la concepción de las tareas con su ejecución. Dado que en la organización basada en los conocimientos, los equipos fijan sus propios objetivos, también están en libertad de utilizar cualquier nueva información que se les presente para refinar sus métodos y objetivos a medida que realizan su trabajo. De ese modo, los equipos autónomos permiten a la gente corriente organizarse de manera que puedan utilizar en tiempo real la tecnología de la información.

La importancia de la gente corriente aumenta debido a que están en el punto de intersección entre una organización y sus clientes. De esa manera, una organización no puede responder verdaderamente a las necesidades de aquellos a quienes tiene que servir a menos que la gente de primera línea goce de autonomía y apoyo. Esta es la verdadera razón de que el estilo jerárquico de liderazgo, de arriba abajo, se perciba por lo general como destinado al fracaso, incluso por aquellos que no están seguros de por qué esto tiene que se ser así. Los líderes de estilo jerárquico, al negar el poder a la gente de abajo, les priva de la posibilidad de utilizar la pericia y la información que se les ha cedido para responder de manera directa y con rapidez a los intereses de los clientes.

Las organizaciones basadas en los conocimientos resisten y florecen *ahora*, no en un distante futuro. Reflejan la forma de la tecnología que determina cómo hemos de hacer nuestro trabajo. Sin embargo, a pesar de esto, la mayoría de nosotros persistimos en considerar el liderazgo como sinónimo de un alto cargo y por supuesto únicamente derivado de él. Quizá la idea del liderazgo desde abajo nos choca por su efecto contradictorio. Confrontados con una aparente paradoja, nuestra imaginación falla. O quizá los líderes que lideran desde abajo son demasiado difíciles de identificar. Después de todo, si los líderes tienen que encontrarse entre la gente corriente, aquéllos de nosotros que tratamos de estudiarlos no podemos ya detenernos simplemente en los títulos de un organigrama para encontrar nuestros temas. Cualquiera que sea la razón, nuestro continuo hábito de vincular el liderazgo al cargo indica nuestra incapacidad para captar la manera en que las organizaciones están cambiando.

Creo que, en el futuro, nuestras ideas acerca de la naturaleza del liderazgo sufrirán una transformación radical. Cuando el uso eficaz de los conocimientos siga redefiniendo la naturaleza y el propósito de las organizaciones, empezaremos a fijar la mira para el liderazgo en los que están en primera línea. Esto ha empezado ya a suceder en el coso político, donde los ciudadanos encuentran la manera de utilizar el poder de un modo más directo. Y a medida que el liderazgo desde la base empiece a ser más corriente, empezaremos a reconocer como bien lideradas las organizaciones más expertas en nutrir el liderazgo independiente del rango o estatus oficial.

¿A qué se parecerá esta clase de liderazgo? y ¿qué es lo que caracterizará a las organizaciones que permitan que florezca? Yo comprendí esto durante una conversación con alguien que ejemplifica el liderazgo que no depende del cargo que se ocupa: Ted Jenkins, un ingeniero superior de Intel Corporation. Aunque Jenkins se enorgullece de haber sido la sexta persona contratada por la empresa, no se sienta en su comité ejecutivo ni su título parece cualificarle como sujeto de un estudio del liderazgo de Intel. No obstante, es la clase de líder que yo creo que va a desempeñar un papel cada vez más importante en los próximos años. Posee un profundo conocimiento de su empresa; sus ideas acerca de ella son de naturaleza filosófica, y él influye en quienes le rodean para trabajar de una manera más eficaz e innovadora. Debido a que ha tenido una experiencia laboral directa con tantas personas de la empresa a lo largo de los años, conoce sus aptitudes y utiliza este conocimiento para dirigir los recursos hacia donde se necesitan. Es un facilitador de poder que ayuda a determinar cómo se consigue realmente que el trabajo se haga.

Jenkins está firmemente convencido de que uno de los puntos fuertes de la empresa radica en esta voluntad para reconocer y valorar el poder que no emana del cargo que se ocupa. Advierte que en muchas organizaciones, se considera que las personas que asumen papeles de liderazgo que no corresponden a su rango invaden el terreno que por derecho pertenece a otros. En tales organizaciones, los recursos sólo pueden fluir hacia los que están en situación de apropiarse de ellos. Tal como Jenkins observa «El resultado habitual es que unas cuantas personas poderosas disponen de mayores recursos de los que realmente necesitan, mientras que todos los demás tienen que conformarse con menos. Eso es estático, irracional e ineficaz».

El cargo es un modo tosco de medir el poder. No refleja las sutilezas de la verdadera alineación. Para que una organización opere con flexibilidad, el poder debe derivarse de algo más que del rango. Jenkins describe tres posibilidades: de una parte, el poder de la pericia, del conocimiento especializado o de las destrezas; de otra, el poder de las relaciones y conexiones personales; y por último, el poder de ese gran intangible que es la autoridad personal o carisma. La organización que permite a la gente manifestar y desarrollar esta clase de poder sin considerar su estatus oficial gozará de una ventaja de salida para nutrir el liderazgo la gente de abajo.

En la actualidad, estamos comprometidos en lo que Margaret Wheatley, en *Leadership and the New Science* (1992, p. 17), describe como «nada menos que la búsqueda de nuevas fuentes de orden en nuestro mundo». Tal orden debe reflejar de manera exacta nuestra comprensión de cómo funciona el universo. En los últimos años, nuestra comprensión ha llegado a abarcar una visión de la vida como una gran red interconectada: una visión que ha erosionado las viejas suposiciones jerárquicas. A medida que llegamos a reconocer la conexión dinámica de las distintas partes dentro de un todo, las estructuras dirigidas desde arriba empiezan a parecer menos un reflejo de un orden natural y más un modo de disponer nuestro mundo humano de manera que refleje unas percepciones anticuadas. El énfasis en el poder ejercido desde arriba continúa pues erosionándose. La tecnología interconectada refleja y acelera esta tendencia. A medida que las organizaciones se adapten a las nuevas concepciones, el liderazgo empezará a florecer en unos lugares y de unos modos que difícilmente podemos imaginar.

Capítulo 4

Creación de organizaciones con muchos líderes
Gifford Pinchot

> *Gifford Pinchot es autor, conferenciante y asesor de gestión de la innovación.* Su libro de mayor venta Intrapreneuring: Why You Don't Have to Leave the Corporation to Become an Entrepreneur *definió las reglas fundamentales para un nuevo campo de la actividad emprendedora: la búsqueda valiente de nuevas ideas en las organizaciones ya consolidadas. Su segundo libro, que tiene como coautora a Elizabeth Pinchot,* The End of Bureaucracy and the Rise of the Intelligent Organization, *amplía la visión para construir un modo revolucionario de organizar todo el trabajo desde el más innovador hasta el más trivial.*

El mejor líder apenas es conocido por los hombres.
Luego está el líder que ellos conocen y aman.
Luego el líder al que temen.
Luego el líder al que desprecian.
El líder que no confía lo suficiente no gozará de la confianza de los demás.
Cuando la labor se realiza sin palabras innecesarias la gente dice: «Lo hicimos nosotros».

Lao Tsu

Los líderes hacen cambiar de opinión a las personas y las impulsan desde las preocupaciones egoístas hacia el servicio al bien común. Esto requiere clarividencia y la aptitud para orientar a las personas hacia ese servicio. Los líderes pueden cambiar el enfoque de la energía de las personas con intervenciones directas o hacerlo de manera indirecta ajustándose a los sistemas de manera que las personas graviten de un modo natural hacia lo que es necesario hacer.

Los métodos de liderazgo más directos incluyen las órdenes, las decisiones acerca de los recursos y ascensos y la orientación personal de los individuos y de los equipos. Cuando las organizaciones se hacen más grandes y más complejas, las intervenciones directas por los líderes de categoría superior pueden tener una menor influencia. El liderazgo menos directo centra su atención en comunicar una visión y en inspirar valores, en escuchar y atender a los seguidores y en liderar mediante el ejemplo personal. Las formas más indirectas y potencialmente invisibles de liderazgo se centran en la creación de las condiciones de libertad que, como la «mano invisible» de Adam Smith, orientan a las personas de forma inmediata para servir al bien común.

Cuando el liderazgo indirecto alcanza su mayor eficacia, la gente dice: «Lo hicimos nosotros». Cuanto más indirecto es el método de liderazgo, más espacio hay para los otros líderes dentro de la organización.

Tres modos de abordar la delegación de facultades en muchos líderes

Diferentes modelos de organización originan diferentes modos de abordar la concesión de facultades a la gente y de producir muchos líderes. Consideremos tres sistemas de aumentar las oportunidades de liderazgo: delegar dentro de una jerarquía clásica, crear una comunidad con propósitos comunes y valores compartidos y establecer un sistema de mercado libre.

DELEGAR DENTRO DE UNA JERARQUÍA CLÁSICA

En una jerarquía, la delegación es el instrumento fundamental para crear la oportunidad de que surjan más líderes. Los líderes subordinados aceptan el ámbito de su mando y utilizan el liderazgo para llevar a cabo las tareas que se les han asignado. Si la delegación es la norma, cada líder puede crear líderes subordinados.

Dadas las reglas de la burocracia, los líderes subordinados tienen un campo limitado para el conjunto de la situación o para el pensamiento transfuncional. Como consecuencia, las personas que están en la cumbre tienen demasiadas cosas que hacer y todos los demás están «esperando órdenes». La delegación es un buen primer paso para crear espacio para que surja el liderazgo, pero no satisface completamente las necesidades de las organizaciones de la era de la información.

CREACIÓN DE LA COMUNIDAD

Muchos grandes líderes empresariales tales como Max DePree, de Herman Miller, y Ben Cohen, de Ben and Jerry's, ven sus organizaciones como comunidades. Crean espacio para más líderes con objetivos alentadores y confían en que los empleados guiados por el espíritu comunitario usarán por lo general su libertad para hacer el bien en lugar de para hacer el mal. En la época de Frances Hesselbein, las Girl Scouts de los Estados Unidos buscaron y encontraron una misión que expresaron de manera sucinta: «Ayudar a cada muchacha a alcanzar sus máximas posibilidades». Viendo la necesidad de incluir a las personas pertenecientes a grupos minoritarios en su objetivo, los líderes se fijaron la meta de triplicar la participación de las minorías. Pero ¿cómo podían imponer este objetivo a los muchos líderes voluntarios locales sobre los cuales no ejercían ningún control? Lo lograron creando una comunidad en la que los líderes locales optaron por esforzarse con el fin de lograr este objetivo valioso.

Si las personas se sienten parte de la comunidad empresarial, si se sienten seguras y atendidas, si se apasionan por la misión y por los valores y creen que los demás viven de acuerdo con esas cosas, darán por lo general buen servicio al conjunto. Si son miembros entusiastas de la comunidad, será más seguro confiar en ellos para crear sus propias misiones de liderazgo más allá de los límites organizacionales. Como miembros de la comunidad, se preocuparán menos de defender su terreno, confiando en que si cuidan de la organización, ésta cuidará de ellos.

Hoy, los líderes eficaces utilizan los instrumentos de la comunidad construyendo para crear un ambiente en el que puedan surgir muchos líderes. Contribuyen inspirando descripciones de una visión compartida para coordinar las energías de todos. Cuidan y protegen a sus empleados. Escuchan y hacen todo lo posible por aceptar las aportaciones y las ideas divergentes de los empleados como esfuerzos sinceros por ayudar. Dan gracias por las ideas ofrecidas, el valor y el liderazgo autoelegido que los empleados aportan a la comunidad. Rechazan la maledicencia y la política. Hacen todo lo posible por tratar a cada miembro de la organización como un igual en el aspecto intelectual y merecedor de respeto. Comparten la información de manera que todo el mundo pueda ver cómo funciona el conjunto de la organización y cómo se hace. Celebran públicamente los éxitos de la comunidad. En ocasiones trágicas, se afligen con sus pérdidas. Yo he visto a Jack Ward Thomas, jefe del Servicio Forestal de los Estados Unidos, llorar en público ante la muerte de hombres que luchaban contra el fuego.

La comunidad es un fenómeno que se produce con mayor facilidad cuando las personas libres con cierto sentido de la igualdad de valor se unen voluntariamente para una empresa común. Los grandes líderes crean una sensación de libertad, voluntariedad y valor común, y esto lo hacen con gran facilidad en las pequeñas organizaciones que permiten una gran cantidad de contactos cara a cara. Cuando las organizaciones se hacen más grandes, más complejas y están más distribuidas geográficamente, resulta más difícil crear la suficiente visión común y el suficiente espíritu comunitario para orientar la labor sin aumentar la dependencia de la estructura jerárquica. Cuando las personas están separadas por la distancia, por vastas diferencias de poder y riqueza, y por el conflicto sobre los recursos y ascensos, la lucha política sustituye a menudo a la comunidad.

Cuanto mayor es el papel de la estructura jerárquica del sistema, más se anula la igualdad y libertad necesarias para la comunidad. Esto produce un peligroso circuito de retroalimentación. Cuando el poder del espíritu comunitario se debilita, la estructura jerárquica llena el vacío producido, y la sensación de comunidad declina aún más.

LIBERACIÓN DEL ESPÍRITU DE EMPRESA

Al sustituir cada vez más las máquinas al trabajo rutinario y al aumentar el porcentaje de trabajadores intelectuales, se necesitan más líderes en la organización. El trabajo que queda para los seres humanos implica innovación, ver las cosas de modos nuevos y responder a los clientes cambiando la manera en que se hacen las cosas. Estamos llegando a una época en la que todos los empleados se turnarán en el liderazgo, en la que ellos ven que deben influir en los demás con el fin de hacer realidad lo que han imaginado. Para crear espacio para que todo el mundo pueda liderar cuando sus conocimientos especiales proporcionen la clave para la actuación correcta, debemos trascender los conceptos usuales de jerarquía. Empequeñecerse y hacerse más humilde no es suficiente. En los tiempos que se aproximan, los líderes deben encontrar la manera de reemplazar la jerarquía por los métodos indirectos de liderazgo que permiten una mayor libertad, originan una más exacta asimilación de los recursos y proporcionan una mayor fuerza para centrarse en el bien común. ¿Dónde encontramos los modelos para esta nueva forma de liderazgo?

Las organizaciones que primero chocaron contra el muro de la complejidad y, por consiguiente, fueron las primeras que tuvieron que inventar las instituciones para distribuir el liderazgo y el poder fueron las mayores organizaciones que conocemos: sociedades enteras y naciones enteras. Por ese motivo, los líderes de las empresas, de las organizaciones no lucrativas e incluso de los organismos públicos tienen mucho que aprender de los métodos de liderazgo y control utilizados por las naciones que tuvieron éxito.

Hace siglos, muchas naciones alcanzaron los límites del liderazgo directo. Incluso con la ayuda de un brillante equipo de ministros, la diversidad de esfuerzos que había que hacer dentro de una gran nación era simplemente demasiado grande para que cualquier rey o dictador los llevara a cabo de manera eficaz. Las naciones occidentales europeas hace ya mucho tiempo que conceden al mercado libre una misión importante en su economía. Las naciones del Pacto de Varsovia, que hasta hace poco persistían en dirigir sus economías con ministerios controlados desde el centro, se quedaron atrasadas tanto en lo que se refiere a riqueza como en lo que se refiere a la felicidad humana. Al liberar el espíritu empresarial de su nación del poder monopolístico del partido comunista, los líderes de China han logrado un crecimiento económico que se expresa con dos dígitos. Después de introducir mercados más libres, Corea del Sur, Chile, Singapur, Perú y Taiwán han logrado un asombroso crecimiento económico. ¿Puede el mismo nivel de crecimiento explosivo de la productividad y de la innovación estar a disposición de los líderes de las empresas y de las organizaciones no lucrativas que crean instituciones que liberan las energías empresariales de su gente?

En las economías nacionales, el mercado libre parece ser una institución indispensable para crear la productividad y la prosperidad. Según Adam Smith, el mercado libre actúa como una «mano invisible» para guiar a los emprendedores que persiguen sus propios objetivos egoístas a satisfacer las necesidades de sus clientes y de ese modo servir al bien común. En la medida en que esto es cierto, esta acción automática del mercado es análoga a la labor de los líderes y, por consiguiente, la hace más fácil. Cuando los líderes nacionales establecen un sistema eficaz de mercado, surgen muchos líderes emprendedores para ayudarles a satisfacer las necesidades de la gente. La labor del liderazgo nacional eficaz va desde lo imposible a lo meramente muy difícil.

Las instituciones del mercado proporcionan una retroinformación y un control más exacto, detallado y localmente apropiado de lo que cualquier líder podría esperar proporcionar directamente. Utilizando instituciones que crean un sistema autoorganizador, el líder motiva *indirectamente* e inspira a sus seguidores a encontrar los modos más eficaces para servir a la comunidad mayor o al grupo.

Los mercados interiores

Al comienzo de la época del SIDA, el Banco de Sangre de Nueva York pidió ayuda al departamento de productos farmacéuticos de DuPont para hacer el seguimiento de la historia de cada litro de sangre que distribuía. Necesitaban desarrollar en noventa días una enorme base de datos. Normalmente, el departamento de productos farmacéuticos suministraba al Banco de Sangre analizadores de sangre, no *software* de ordenador. Pero el Banco de Sangre era un buen cliente y necesitaba con urgencia impedir infecciones innecesarias por el VIH. Por consiguiente, el personal de productos farmacéuticos buscó ayuda en su departamento y en el de tecnología de la información de la empresa. Ni uno ni otro podría entregar el producto dentro del plazo de noventa días.

De acuerdo con las reglas de la burocracia, el ejecutivo de cuentas del departamento de productos farmacéuticos había hecho todo lo que podía por su cliente. Pero había oído hablar de un pequeño grupo de tecnología de la información, muy especial, dentro de la enorme actividad de fibras artificiales de DuPont. El departamento de fibras fabricaba fibras para productos textiles, para alfombras y para usos industriales tales como los hilos para neumáticos. Dentro de él, se había formado recientemente el grupo Information Engineering Associates (IEA) para explotar herramientas de ingeniería de *software* asistida por ordenador, una nueva tecnología para crear *software* con mayor rapidez. Previamente habían resuelto un problema muy similar al del Banco de Sangre de Nueva York creando una base de datos para hacer el seguimiento de la historia y calidad de cada una de las bobinas de fibra kevlar según circulaba a través de su fábrica de Richmond, en Virginia.

De nuevo, de acuerdo con las reglas de la burocracia, no está previsto que un grupo de *staff* de una división realice trabajos importantes para otras divisiones. Pero éste era un caso de urgencia, por lo que el trabajo se le asignó a IEA. Entregaron la base de datos para el seguimiento de la sangre dentro del plazo de noventa días y el departamento de productos farmacéuticos prestó un servicio que excedía con mucho las expectativas de un cliente importante. Al infringir las reglas de la burocracia ¡salvaron vidas! Tal como puede verse en la figura 4.1, los usuarios de los productos farmacéuticos obtuvieron un mejor servicio porque dispusieron de más posibilidades de los proveedores internos. Cuando la fama de IEA se extendió por todo DuPont, se encontraron creando una base de datos sobre agua freática para rastrear la radiación del agua freática en los pozos de sondeo alrededor del lugar de producción de los materiales nucleares de DuPont en Savannah River, en Carolina del Sur. Cuando de nuevo lo lograron en noventa días, todos los grupos de DuPont empezaron a requerir sus servicios.

Pero el éxito de IEA no tardó en empezar a ser un problema. El departamento de fibras pagaba sus salarios mientras otros departamentos eran los que utilizaban sus servicios, y la dirección del departamento de fibras empezó a quejarse. Un líder creativo del departamento de finanzas de la empresa vio la oportunidad de ejercer un liderazgo indirecto y creó un sistema que hacía fácil que otros pagaran por los servios que recibían. Tal como él lo expresó: «la tradición de la empresa no permitiría a un grupo de *staff* como ustedes ser un centro de beneficios, pero he dispuesto lo necesario para que ustedes sean un "centro de costes negativos"». De ser un grupo de *staff* que supuestamente servía

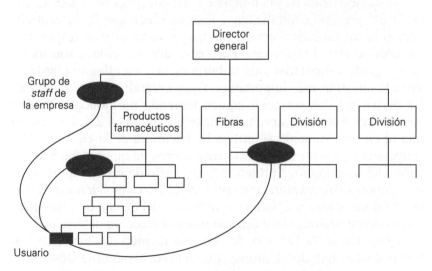

FIGURA 4.1. **IEA como tercera elección de la tecnología de la información**

sólo al departamento de fibras, IEA pasó a ser una *intraempresa* (abreviatura de empresa intracompañía), con clientes en todo Dupont. Como consecuencia de que un líder hubiera cambiado las reglas, todas las actividades de DuPont empezaron a obtener mejor servicio del departamento de tecnología de la información. Mientras los demás grupos de tecnología de la información de DuPont reducían su tamaño, IEA llegó a tener 120 empleados. La nueva tecnología se difundió con toda rapidez más allá de los límites organizacionales. Se salvaron vidas, y los clientes quedaron asombrados. Unos problemas graves de seguridad habían quedado bajo control. Esto fue resultado del liderazgo: el liderazgo intraempresarial directo del equipo IEA y el liderazgo indirecto del departamento de finanzas, que creó las condiciones para que IEA pudiera llevar sus talentos dondequiera que fueran más valiosos y ser pagada por sus servicios.

De los servicios monopolísticos de «staff» al «insourcing» de mercado libre

Se ha desencadenado un debate entre los proponentes de la eficacia del servicio centralizado y los que creen que la descentralización de las funciones creará una mayor capacidad de respuesta a las necesidades divisionales. Pero esas dos soluciones son meramente gustos alternativos de la burocracia y en ellas se pierde de vista la cuestión más importante. Ya se centralicen o se alojen en las divisiones, los servicios siguen teniendo un monopolio sobre los clientes a los que sirven. (Véanse las figuras 4.2 y 4.3.) Ni en una ni en otra solución se utiliza la disciplina de la elección. Sus proponentes argumentan meramente acerca de quién debe hacerse cargo del monopolio. Aprendiendo del éxito de los ejemplos de libre empresa y de exploración como el de IEA, los líderes de la era de la información cambiarán los términos del debate de centralización a descentralización y de monopolio a elección del usuario.

Considérese la función de servicio técnico del Servicio Forestal de los Estados Unidos, que estuvo disponible desde dos centros de servicio técnico, cada uno con un monopolio en su propio territorio. Los clientes de los 127 bosques nacionales se

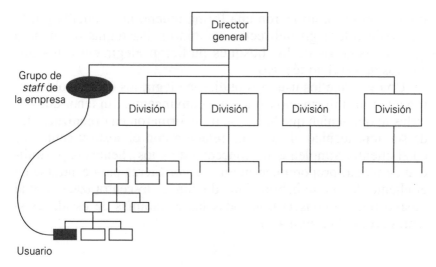

FIGURA 4.2. **Servicio centralizado de** *staff*

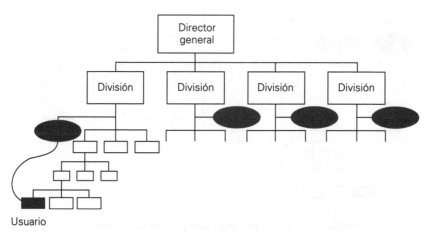

FIGURA 4.3. **Servicio descentralizado de** *staff*

quejaban del servicio. Los líderes de mayor categoría podrían haber intervenido directamente definiendo las normas aceptables del servicio o cambiando los líderes de los centros de servicios técnicos. Podrían haber dividido los centros y situado pequeñas unidades de servicio en cada región o incluso en cada bosque.

Por el contrario, utilizaron una forma mucho más sencilla y más eficaz de liderazgo indirecto: cambiaron las reglas de manera que los usuarios de los bosques pudieran elegir entre los dos centros de servicio técnico.

Una vez que los usuarios pudieron elegir, los centros obtuvieron una retroinformación sincera y convincente. Sin tener que decirles lo que tenían que hacer, se transformaron en organizaciones de servicio técnico eficaces en relación con el coste y centradas en el cliente. Simplemente, concediendo a los clientes la posibilidad de elegir, proporcionaron una mayor fuerza para centrarse en el cliente de lo que habría ocurrido con la descentralización, y al mismo tiempo conservaron todas las economías de escala existentes (véase la figura 4.4).

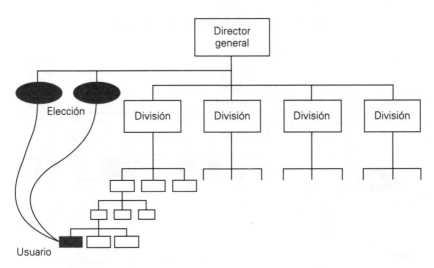

FIGURA 4.4. **Elección entre dos proveedores internos**

El sistema de libre-intraempresa se basa en la libre elección entre proveedores alternativos internos. Una organización avanzada de intraempresa-libre posee una estructura muy parecida a la de una organización virtual. Ambas tienen una pequeña jerarquía responsable ante los líderes superiores para cumplir la misión. Los principales negocios en ambas clases de organizaciones adquieren de los proveedores la mayor parte de los componentes y servicios y crean gran valor para sus clientes. La diferencia es ésta: en la organización virtual, aquellos proveedores son firmas externas y en una organización de intraempresa libre muchas son intraempresas internas, controladas por el mercado libre interior, pero siguen formando parte de la firma.

James Brian Quinn señala que lo que casi todo el mundo hace en el trabajo es prestar un servicio. Tanto si el servicio es investigación de mercado como si es de mantenimiento, o de diseño técnico, o de trabajo administrativo, pueden definirse y comprarse y venderse. Quinn sugiere que esto indica el valor de la adquisición en el exterior (*outsourcing*) de estos servicios. La mayor ventaja de este sistema de adquisición en el exterior es que los recursos se negocian a través de un mercado, utilizando la elección en lugar de las estructuras monopolísticas de una escala jerárquica. Esta misma ventaja puede conseguirse sin despedir empleados ni entregar destrezas y competencias claves a firmas exteriores que también sirven a competidores.

En las organizaciones del futuro, la mayoría de los empleados trabajarán en intraempresas que proporcionarán servicios a las actividades básicas. Éstas correrán a cargo de pequeños grupos de directivos de producción que comprarán buena parte del valor que añaden a intraempresas internas. La figura 4.5 muestra una

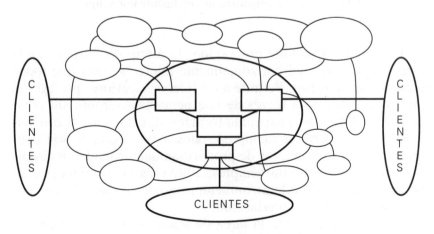

FIGURA 4.5. **La organización virtual**

organización virtual. Las organizaciones de líneas rectangulares compran a las empresas representadas por los óvalos, todas las cuales están fuera de los límites de la organización. En la organización de intraempresa libre (figura 4.6), las organizaciones de líneas rectangulares compran a intraempresas del interior de la firma (óvalos oscuros) y a firmas exteriores (óvalos blancos).

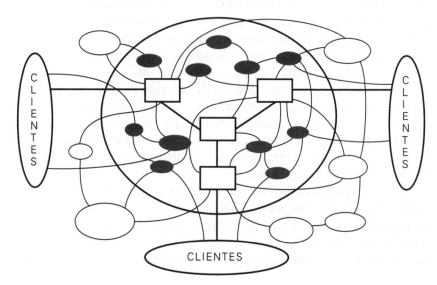

FIGURA 4.6. **La organización inteligente por grupos**

La intraempresa libre proporciona la disciplina básica para la forma organizacional horizontalmente interconectada que todos tratamos de construir. Permite a los líderes superiores proteger el intento estratégico a través de una pequeña jerarquía sin crear demasiada burocracia así como formar indirectamente la orientación del los líderes intraempresariales, cuyos equipos son contratados por los directivos de producción que dependen jerárquicamente de ellos. La intraempresa libre crea oportunidades para un gran número de líderes intraempresariales de la red que apoya a los directivos de producción.

Si recayera en usted la tarea de tratar de avivar una economía dirigida como la de una antigua nación comunista, usted no conseguiría nada diciendo a los líderes del partido local que asumieran un mayor número de riesgos o capacitando a los jefes de los ministerios centrales para que delegaran más facultades. Para romper esa burocracia, los líderes de dichas naciones tuvieron que permitir que los empresarios compitieran con los monopolios que eran propiedad del Estado. Análogamente, para eliminar los defectos de la burocracia empresarial, no es suficiente capacitar a los ejecutivos en la delegación de facultades. Dejemos a los equipos intraempresariales ofrecer servicios que compitan con los monopolios funcionales y de *staff*. La libre elección entre diferentes proveedores pondrá en orden lo que da resultado para servir a la misión y a los valores de la organización.

Los líderes pueden utilizar la elección del mercado libre dentro de la organización para lograr las muchas ventajas que se derivaron para las naciones cuando éstas liberaron el espíritu empresarial de sus gentes creando instituciones de mercado libre. Las personas pueden desarrollar una red que se organice por sí misma y que difunda el aprendizaje y las aptitudes trascendiendo los límites organizacionales sin necesidad de la intervención de un liderazgo superior detallado ni siquiera de la inspiración directa. Pueden crear un sistema de retroinformación que ponga en orden los servicios internos más eficaces sin tener que evaluar ni decidir ellos mismos.

Para establecer un sistema de intraempresa libre, los líderes:

—permitirán la elección entre los distintos proveedores internos de servicios y componentes;
—establecerán el derecho de los empleados y de los equipos a formar intraempresas;
—protegerán las intraempresas contra los esfuerzos de los antiguos burócratas por restablecer sus monopolios por medios políticos;
—establecerán sistemas de contabilidad que apoyen la intraempresa libre.

Cuando las organizaciones cambien de opinión y marchen hacia el liderazgo indirecto, el papel clave de los líderes superiores consistirá en aumentar las posibilidades de elección de sus gentes de modo que, sin embargo, la atención de la organización se centre en su misión. Los mercados internos proporcionan un modo de asegurarse de que las aportaciones de todos a esa misión sean eficaces en relación con el coste sin basarse en la exactitud de las evaluaciones desde arriba. A muchos líderes les resulta difícil pasar de la intervención directa de las actividades de la empresa a crear condiciones que faculten a otros para resolver esas cuestiones. Se tarda un poco en acostumbrarse al liderazgo indirecto. Pero ¿qué mayor legado existe que la liberación de una organización para pasar a un nivel más alto de productividad, innovación y servicio? Crea espacio para que un número mayor de líderes sigan las tres fases, caracterizada cada una de ellas por una perspectiva diferente de la organización:

— Fase I: la organización como *jerarquía*, donde la herramienta clave es la delegación.
— Fase II: la organización como *comunidad*, donde las herramientas clave son una visión y unos valores dignos de consideración: una economía de aportaciones.
— Fase III: la organización como *economía*, donde las herramientas clave son la intraempresa libre, la educación y el liderazgo eficaz de las actividades básicas.

Las organizaciones del futuro serán comunidades de intraempresarios. Estarán estructuradas a partir de muchas empresas más pequeñas que interactuarán entre sí, más parecidas a la estructura de mercado de una nación libre que a un sistema totalitario. Cada una de estas empresas requerirá liderazgo. Las nuevas organizaciones serán pluralistas hasta la médula, y preferirán el conflicto entre puntos de vista en competencia y la lucha de los proveedores que compiten a la ilusoria seguridad del mando burocrático y de los monopolios internos de función. El poder para tomar decisiones fundamentales para el trabajo —tales como qué es lo que hay que hacer y con quién hay que hacerlo— seguirá siendo despojado por la jerarquía y distribuido gradualmente entre grupos más pequeños, de autogestión, que tomarán esas decisiones colectivamente.

En la actualidad, se hace tanto hincapié en el papel del líder para crear visión y valores que se desatiende a menudo el papel del líder para crear *sistemas* que apoyen y orienten la libertad. Una vez que hayamos conseguido definir y comunicar bien la visión y los valores, el paso crítico siguiente será liberar a muchos líderes potenciales para crear una organización con muchos líderes.

A medida que la complejidad de cualquier organización se extiende más allá de la comprensión del liderazgo directo, el papel principal del líder es el de contribuir a la cultura empresarial y a las instituciones empresariales que hacen que la libertad dé resultado y que crean una sociedad más libre dentro de las organizaciones. Esta sociedad más libre se basará en valores con los que todos estamos completamente familiarizados, valores tales como el respeto para todas las personas y sus opiniones; libertad de elección, expresión y reunión; imparcialidad y justicia. El papel del liderazgo superior será entonces análogo al papel de la mejor clase de gobierno de una nación libre. Al escuchar a sus seguidores, estos líderes no serán fundamentalmente actores, ni siquiera instructores, sino diseñadores de la actividad que pone de manifiesto lo mejor de los demás. Y cuando realicen bien su labor de liderazgo indirecto, la gente dirá: «lo hicimos nosotros».

Capítulo 5

El liderazgo de las organizaciones de aprendizaje: lo temerario, lo útil y lo indivisible
Peter M. Senge

Peter M. Senge es miembro del profesorado del Instituto Tecnológico de Massachusetts y director del Centro para el Aprendizaje Organizacional de la Escuela Sloan de Administración de Empresas del ITM, un consorcio de empresas, en el que figuran Ford Motor Company, Federal Express, Motorola, AT&T, GS Technologies, Intel, Electronic Data Systems, Harley-Davidson y Shell Oil, que colaboran para promover métodos y conocimientos para la creación de organizaciones de aprendizaje. Es autor del muy celebrado libro The Fifth Discipline: The Art and Practice of the Learning Organization *y es coautor de* The Fifth Discipline Fieldbook: Strategies and Tools for Building a Learning Organization.

«A menos que sea impulsado desde arriba, no se producirá ningún cambio significativo.» «Carece de objeto empezar a menos

---

Nota: Este artículo es una versión abreviada del de P. Senge, *Leading Learning Organizations* (monografía de investigación del Centro para el Aprendizaje Organizacional del ITM), (MIT Center for Organizational Learning, Cambridge, Massachusetts, 1995).

que el director general esté en el consejo de administración.» «Nada sucederá sin la adquisición desde fuera del control de la alta dirección.»

¿Cuántas veces hemos oído estos refranes familiares y los hemos aceptado simplemente porque «las cosas son así»? Sin embargo, hay buenos motivos para poner en duda estos viejos tópicos. Las pruebas de la impotencia de la alta dirección son abundantes. En todas partes se oye a los directores generales y a otros altos ejecutivos hablar acerca de la necesidad de «transformar» las organizaciones, para derribar las pesadas culturas burocráticas, para «que se conviertan en organizaciones de aprendizaje». No obstante, son escasas las pruebas de las transformaciones afortunadas de las empresas. Además, la suposición básica de que sólo la alta dirección puede originar un cambio significativo es privar radicalmente de facultades. ¿Por qué, pues, lo aceptamos tan tranquilamente en la «época de la delegación de facultades»? ¿No es extraño que debamos buscar el originar unas culturas organizacionales menos jerárquicas y autoritarias a través del recurso a la autoridad jerárquica?

Dos opiniones sobre el liderazgo

¿Por qué nos aferramos a la opinión de que solamente la alta dirección puede iniciar un cambio significativo? ¿Es simplemente nuestra falta de voluntad para abandonar un modelo mental que nos es familiar? ¿Es el temor a salirse de la línea sin el *imprimatur* de la jerarquía? Quizá, también, exista un elemento de autoprotección: la comodidad de poder hacer responsable a alguna otra persona, es decir, a la alta dirección, de la carencia de liderazgo eficaz. No cabe duda de que un director general opuesto a un cambio fundamental puede hacer difícil la vida a los innovadores internos; pero esto difícilmente demuestra que sólo el director general puede originar un cambio significativo. Por lo menos, ¿no debiéramos sospechar de la tendencia instintiva de las personas en las organizaciones a «mirar hacia arriba» y a esperar que la alta dirección arregle las cosas?

Consideremos una opinión diferente: «Poco cambio significativo puede producirse si no se impulsa desde arriba.» «Las
proclamas y los programas del director general salidos de la sede
central de la compañía son un buen modo de socavar los cambios profundos.» «La adquisición del control desde fuera es un
mal sustituto de un compromiso genuino a muchos niveles en
una organización y, de hecho, si la autoridad de la dirección se
utiliza con desacierto, puede hacer poco probable dicho compromiso.»

«Cuando entré por primera vez como director general —dice
Phil Carroll, de Shell Oil—, todo el mundo pensó "Phil nos dirá
lo que quiere que hagamos"; pero yo no tenía ni idea de lo que
había que hacer y si la hubiera tenido, habría sido un desastre.»
«Cualquiera que crea que el director general puede impulsar esta
clase de cambio está equivocado», dice Rich Teerlink, director
general de Harley-Davidson. Existen distintas razones por las
que los líderes como Carroll y Teerlink llegan a tener una opinión más humilde del poder de la alta dirección. Una de ellas es
el cinismo que existe en la mayoría de nuestras organizaciones
después de años de modas de dirección. Cuando el director general predica acerca de «convertirse en una organización de
aprendizaje», la gente pone los ojos en blanco y piensa para sí:
«Lo mismo otra vez. Me pregunto a qué seminario fue el último
fin de semana». La mayoría de las empresas han tenido tantas
iniciativas esporádicas de la dirección que la gente desecha inmediatamente cualquier nueva declaración como más «animación para los ejecutivos» o, como dicen en Harley-Davidson,
«otro bonito programa».

Un segundo motivo es la diferencia entre sumisión y compromiso. Cuando se necesita el verdadero compromiso, la autoridad
jerárquica resulta problemática. «Parecía que cada año, alguien
nos presionaba para cambiar nuestro proceso de revisión de ascensos para incorporar nuestros valores —dice el antiguo director general de Hanover Insurance, Bill O'Brien—. Pero nunca
cedimos a esta presión. Un valor sólo es un valor si se elige voluntariamente. Nunca se ha inventado un sistema de recompensas
que las personas de la organización no hayan aprendido cómo
"jugarlo". Nosotros simplemente no queríamos nuevos comportamientos. Queríamos nuevos comportamientos por motivos co-

rrectos porque la gente creía de verdad que la "franqueza" la "actitud local", el "mérito" y nuestros demás valores orientadores nos llevarían realmente a un ambiente de trabajo más sano y más productivo.» («Moral Formation for Managers: Closing the Gap Between Intention and Practice», en *Character and the Corporation*, monografía de investigación del Centro para el Aprendizaje Organizacional del ITM, 1994). La autoridad jerárquica, tal como se ha utilizado de forma habitual en la dirección occidental, tiende a originar la sumisión, no fomenta el compromiso. Cuanto más fuertemente se ejerce el poder jerárquico, más sumisión resulta. Sin embargo, no existe ningún sustituto del compromiso para originar un cambio profundo. Nadie puede forzar a otra persona a aprender si el aprendizaje implica cambios en las convicciones y actitudes y nuevos modos fundamentales de pensar y actuar.

Un tercer motivo es que a las iniciativas de la alta dirección les suele salir el tiro por la culata y terminan haciendo retroceder a las organizaciones en lugar de hacerlas avanzar. Esto puede ocurrir de maneras evidentes. Por ejemplo, las reducciones de tamaño de la alta dirección y las reorganizaciones que tienen el efecto secundario de incrementar el miedo, la desconfianza y la competitividad internas reducen la cooperación y la colaboración, socavando con ello todavía más los resultados económicos. Pero también puede ocurrir de un modo más sutil, incluso en los cambios explícitamente diseñados para mejorar el aprendizaje. Por ejemplo, el proceso de «retroinformación de 360 grados», con el que todos los directivos deben cumplir, no solamente refuerza una mentalidad de sumisión sino que también disminuye la probabilidad de que las personas pongan de manifiesto lo que Chris Argyris, de Harvard, en «Good Communication That Blocks Real Learning» (*Harvard Business Review*, julio-agosto, 1994) denomina la «información potencialmente embarazosa» que podría «producir un cambio real». Esta clase de información solamente saldrá a la superficie cuando las personas tengan verdadera confianza, curiosidad y responsabilidad compartida, condiciones que por lo general no favorecen los programas obligatorios. Según Argyris, «los programas de comunicación empresarial —emanados desde la alta dirección— pueden en realidad inhibir el aprendizaje y la comunicación». Los estudios organizacionales y los grupos de enfoque, por ejemplo, al centrar la atención en «decirle» a la alta dirección lo que está mal, pueden bloquear el aprendizaje porque no hacen nada para alentar la responsabilidad individual y tienden a reforzar la actitud de que solamente la alta dirección tiene el poder de resolver los problemas.

El valor intrínseco de estas dos opiniones alternativas correspondientes a la alta dirección y al cambio depende totalmente de la naturaleza del cambio que se está tratando de llevar a cabo. En general, las reorganizaciones, la reducción de tamaño, los programas de reducción del coste en toda la empresa, o los programas de rediseño solamente se pueden poner en práctica desde los niveles de la alta dirección. Pero tales cambios no modifican las culturas empresariales basadas en el temor y en las actitudes defensivas. No desatarán la imaginación ni las pasiones de las personas ni mejorarán su actitud para formar visiones genuinamente compartidas. No cambian la calidad de pensamiento de la organización ni la aptitud de las personas para comprender la interdependencia. No aumentan la inteligencia en las líneas de vanguardia cuando las personas se enfrentan con ambientes comerciales cada vez más complejos y dinámicos. Y no harán nada por promover la confianza y las destrezas que necesitan los equipos en todos los niveles si tienen que reflejarse en suposiciones ocultas y averiguar los defectos de razonamiento en que se basan sus propias actuaciones.

Durante casi veinte años, yo, y muchos colegas míos, hemos estado trabajando con ejecutivos y equipos con el fin de desarrollar mejores capacidades de aprendizaje: el pensamiento sistémico, la mejora de los modelos mentales, alentar el diálogo, fomentar la visión personal y crear visiones compartidas. Durante los últimos cuatro años, varios de nosotros, en el Instituto Tecnológico de Massachusetts, empezamos a desarrollar un consorcio de empresas para exponer la teoría y el método en que se basa este trabajo y para demostrar lo que es posible lograr cuando las organizaciones «se ponen serias» y cuando las personas trabajan juntas durante años para integrar las nuevas capacidades de aprendizaje en importantes escenarios de trabajo. Este consorcio, el Centro para el Aprendizaje Organizacional del ITM, comprende unas veinte empresas, la mayor parte de las cuales son firmas de las 100 de *Fortune*.

 *Dentro de las empresas del Centro para el Aprendizaje, nos enfrentamos de manera habitual con dilemas planteados por las opiniones en conflicto antes descritas. Cuanto más apreciemos las limitaciones inherentes al liderazgo ejecutivo para originar un cambio profundo, es probable que nos sintamos más frustrados, dada la inmensa necesidad de transformación. Aunque la alta dirección puede promover algunos cambios con rapidez, también puede retardar o socavar otras clases de cambio. Aunque la gente suele necesitar el apoyo de la alta dirección, también es verdad que no quieren que les digan lo que tienen que hacer. La resolución de estos dilemas exige unos cambios fundamentales en nuestra manera habitual de pensar acerca del liderazgo. Dicho con brevedad, estamos llegando a creer que los líderes son aquellas personas que «caminan delante», personas que están verdaderamente comprometidas consigo mismas y con sus organizaciones a llevar a cabo un cambio profundo. Lideran a través de la creación de nuevas destrezas, capacidades y comprensiones y proceden de muchos lugares de dentro de la organización.

En particular, hemos llegado a pensar en tres tipos esenciales de líderes para la creación de organizaciones de aprendizaje que corresponden aproximadamente a los tres diferentes cargos organizacionales siguientes:

1. *Líderes de producción locales,* que pueden emprender experimentos organizacionales importantes para comprobar si las nuevas aptitudes de aprendizaje conducen a mejores resultados empresariales.

2. *Líderes ejecutivos*, que proporcionan apoyo a los líderes de producción, desarrollan infraestructuras de aprendizaje y lideran mediante el ejemplo en el proceso gradual de desarrollar las normas y comportamientos de una cultura de aprendizaje.

3. *Interconectadores internos o creadores de comunidad*, los «vehículos de transporte de las semillas» de la nueva cultura, que pueden moverse libremente alrededor de la organización para encontrar a quienes están predispuestos a llevar a cabo el cambio, a ayudar en los experimentos organizacionales así como en la difusión de los nuevos aprendizajes.

Mi propósito en este caso es esbozar brevemente lo que estamos aprendiendo de estos tipos de líderes. Previamente (en un artículo en la *Sloan Management Review*, de 1990), propuse pensar acerca del «nuevo trabajo del líder» en la construcción de organizaciones de aprendizaje desde el punto de vista de tres papeles genéricos desempeñados por los líderes en todos los niveles: los de *diseñador, maestro* y *administrador*; las destrezas y aptitudes requeridas para estos papeles y las herramientas y métodos que pueden contribuir a perfeccionar estas destrezas y aptitudes. Aquí, quiero empezar por explorar cómo se distribuyen estos papeles genéricos entre las personas reales que son líderes desde diferentes cargos organizacionales.

Los líderes de producción locales

Nada puede empezar sin el compromiso de los líderes de producción locales. Éstos son individuos con una importante responsabilidad empresarial y con la atención centrada en el resultado final del balance. Están al frente de unidades organizacionales que son lo suficientemente grandes como para constituir un microcosmos significativo de la organización mayor y, sin embargo, disponen de suficiente autonomía para poder emprender un cambio significativo independiente de la organización mayor. En efecto, crean subculturas organizacionales que pueden diferir significativamente de la cultura organizacional dentro de la línea de la corriente dominante. Para ser útiles en la creación de laboratorios experimentales, deben también enfrentarse con las cuestiones y los problemas empresariales que se consideran a la vez importantes y recurrentes dentro de la organización mayor. Por ejemplo, un equipo singular transfuncional puede ser importante, pero menos útil para un experimento de aprendizaje que un equipo que gestiona un proceso en marcha, genérico y esencial para la competitividad futura, tal como un equipo de desarrollo de productos, un equipo de ventas o una división empresarial.

El papel clave desempeñado por los líderes de producción locales es el de autorizar importantes experimentos prácticos y liderar a través de su participación activa en dichos experimentos. Sin experimentos prácticos serios, encaminados a conectar las nuevas aptitudes de aprendizaje con los resultados empresariales, no hay modo de evaluar si lo de mejorar las aptitudes de aprendizaje es simplemente una idea con atractivo intelectual o si realmente va a cambiar las cosas. Para participar en experimentos serios, se requiere un compromiso significativo de tiempo y energía. Normalmente, el proyecto de un Centro de Aprendizaje empezará con un equipo básico compuesto de líderes de producción que podrían trabajar juntos durante seis a doce meses en desarrollar su propia comprensión y destrezas en pensamiento sistémico, un análisis, caracterizado por la colaboración, de los subyacentes modelos mentales y la creación de una visión compartida así como la aplicación de dichas destrezas a sus propias cuestiones. Solamente entonces serán capaces ellos de empezar a *diseñar* procesos de aprendizaje que puedan difundir dichas destrezas por toda su organización y finalmente incorporarse a la forma en que se realiza el trabajo.

Por ejemplo, un equipo de jefes de ventas y representantes de ventas de Federal Express trabajó conjuntamente durante un año antes de empezar a desarrollar lo que finalmente se convirtió en el Global Customer Learning Laboratory. «Consideramos que necesitábamos nuevos instrumentos con los que trabajar con los clientes clave de la empresa como socios de aprendizaje», dice Cathy Stopcynski de Federal Express. «Ése es el motivo de que el Global Customer Learning Laboratory sea importante. Nos proporciona todo un nuevo modo de colaborar con los clientes para mejorar nuestro pensamiento colectivo y para ofrecer soluciones completamente nuevas a complicados problemas de logística.» En Electronic Data Systems, una red cada vez mayor de líderes de producción locales está introduciendo principios y métodos de organización del aprendizaje en el trabajo con los clientes, a través del programa Liderazgo de las Comunidades de Aprendizaje de Electronic Data Systems.

Además de desempeñar un papel clave en el diseño y puesta en práctica de nuevos procesos de aprendizaje, los líderes locales de producción suelen convertirse en *maestros* una vez establecidos estos procesos de aprendizaje. A menudo, nos encontramos con que los facilitadores más eficaces en los procesos de aprendizaje tales como el Laboratorio de Aprendizaje de FedEx no son capacitadores profesionales, sino los propios directivos de producción. Su conocimiento sustantivo y experiencia práctica les confieren una credibilidad extraordinaria; son modelos de misión con los que pueden identificarse otras personas de primera línea. Por último, como suele decirse, «no hay mejor modo de aprender que enseñar». El facilitar el aprendizaje de los demás se convierte en un modo extraordinariamente útil para los líderes de producción de aumentar continuamente su propia comprensión y aptitudes.

Sin embargo, puede ser difícil conseguir que participen los líderes de producción locales. Como pragmatistas, a menudo las ideas como el pensamiento sistémico, los modelos mentales y el diálogo les resultan intangibles y difíciles de comprender. «Cuando me familiaricé por primera vez con el trabajo del Instituto Tecnológico de Massachusetts —dice Fred Simon, antiguo jefe del programa del Lincoln Continental en Ford Motor Company— me sentía muy escéptico. Había oído hablar de muchas teorías "académicas" que no carecían de sentido, pero que nunca nos resultaron útiles. Pero tampoco me sentía feliz con la aptitud de nuestro equipo para colaborar. Sabía que debía haber un modo mejor y mi jefe de planificación empresarial estaba convencido de que esto podría hacer que cambiaran las cosas.» La opinión de Simon es muy característica de los líderes de producción al principio: él se siente escéptico, pero reconoce que tiene problemas que no puede resolver y tiene un colega de confianza que se comprometerá con él. Una y otra vez, nos hemos encontrado con que los escépticos sanos, sin prejuicios, pueden convertirse en los líderes más eficaces y, finalmente, en adalides de este trabajo. Muestran su sensatez al centrarse primero y sobre todo en los resultados empresariales. Si pueden encontrar nuevos enfoques para mejorar los resultados, les entregarán tiempo y energía. Tales personas invariablemente tienen más resistencia que los «entusiastas» que se apasionan con las nuevas ideas, pero cuyo apasionamiento disminuye una vez que desaparece la novedad.

Las limitaciones de los líderes de producción locales son las contrapartes naturales de sus fuerzas. Debido a que su atención se centra fundamentalmente en la unidad empresarial, no pueden pensar mucho en el aprendizaje dentro de la organización mayor y normalmente tienen poco tiempo que dedicar a la difusión de sus esfuerzos. Pueden también no ser conscientes y ser relativamente ineptos en el enfrentamiento con las fuerzas antiaprendizaje de la organización mayor. Pueden llegar a impacientarse cuando la organización mayor no cambia para corresponder a sus nuevas ideas de qué es lo que da resultado y pueden empezar a sentirse incomprendidos y no apreciados. Pueden desarrollar fácilmente una mentalidad de asedio, de «nosotros contra el mundo», que les hará especialmente ineficaces para comunicar sus ideas a las «masas».

Los directivos de producción, locales, con carácter innovador, suelen correr más peligro de lo que creen. Normalmente comparten un modelo mental que dice «mis jefes me dejarán solo mientras yo produzca resultados, independientemente de los métodos que utilice». Pero la oferta de un producto superior quizá no sea aplicable a las grandes instituciones. Lo mejor suele ser enemigo de lo bueno, y cuanto más espectacular sea la mejora, peor puede ser el resultado. Las organizaciones complejas tienen fuerzas complejas que mantienen el statu quo e inhiben la difusión de nuevas ideas. Con frecuencia, incluso los líderes locales de producción más eficaces no consiguen comprender estas fuerzas o no saben cómo trabajar con ellas.

A pesar de estas limitaciones, el liderazgo local de producción comprometido es esencial. Por lo menos la mitad de las empresas con centros de aprendizaje que han dado pasos importantes en la mejora de los resultados empresariales y desarrollado aptitudes e infraestructuras de aprendizaje internas han tenido poco o ningún liderazgo ejecutivo. En algunos casos, centenares y posiblemente millares de personas están ahora implicadas en redes internas de crecimiento de profesionales sin liderazgo activo de alta dirección. Por otra parte, no hemos visto *ningún* ejemplo en el que se haya hecho un progreso significativo sin el liderazgo de los jefes locales de producción y sí muchos ejemplos en los que directores generales sinceramente comprometidos no han conseguido generar ningún impulso significativo.

Los líderes ejecutivos

Con frecuencia, nuestro fervor en el Centro de Aprendizaje por los experimentos prácticos dirigidos por jefes locales de producción nos ha impedido ver los necesarios papeles complementarios desempeñados por los líderes ejecutivos. Gradualmente, hemos llegado a apreciar que los líderes locales de producción pueden beneficiarse de manera significativa de los «adalides ejecutivos» que pueden ser protectores, mentores y aliados en la manera de pensar. Cuando las mejoras espectaculares logradas en una organización de producción amenazan a otras, los socios ejecutivos pueden ayudar a hacer frente a la amenaza. Por otra parte, a menudo, simplemente se hace caso omiso de los nuevos métodos innovadores porque las personas están demasiado ocupadas para poder dedicar tiempo a comprender realmente lo que los innovadores están haciendo. Trabajando de manera conjunta con los interconectadores internos, los ejecutivos pueden ayudar a enlazar los líderes locales de producción innovadores con otras personas de una disposición parecida. Ellos también desempeñan un papel de mentores para ayudar a los líderes locales de producción a madurar, a comprender las complejas contracorrientes políticas y a comunicar sus ideas y logros a aquellos que no han intervenido.

Por ejemplo, en una empresa en la que la organización local de producción había logrado lo que consideraba mejoras espectaculares en el proceso de desarrollo de productos, sus esfuerzos de mejora del proceso carecían de credibilidad fuera del equipo cuando se juzgaba con una metrología más tradicional. Por ejemplo, en los puntos críticos de verificación, el equipo tenía un notable número de órdenes de modificaciones técnicas. El equipo interpretó esto como prueba de que la gente era más franca, tenía más confianza y estaba dispuesta a poner de manifiesto y resolver los problemas al comienzo del proceso de desarrollo. Pero fuera del equipo, estas mismas órdenes fueron consideradas como prueba de «estar fuera de control». Finalmente, los ejecutivos de la empresa encargaron una auditoría independiente, que demostró que el equipo era por supuesto muy eficaz. Los ejecutivos también apoyaron una «historia de aprendizaje» para ayudar a los demás a comprender cómo el equipo había alcanzado sus resultados.

Parte del problema para la evaluación del liderazgo eficaz de los ejecutivos en el aprendizaje es que todos nosotros estamos acostumbrados a la imagen de «capitán de barco» de los líderes jerárquicos usuales. Estamos acostumbrados a pensar en los altos directivos como en *los* que toman las decisiones clave, como la gente más visible y con mayor poder de las organizaciones. Aunque no cabe duda de que algunas decisiones clave se tomarán siempre en la cumbre, las culturas no se modifican con decisiones singulares, y el poder de la toma de decisiones no produce nuevas aptitudes de aprendizaje. Cuando los ejecutivos lideran como maestros, administradores y diseñadores, desempeñan papeles que son mucho más sutiles, contextuales y de largo plazo de lo que sugiere el modelo usual de líder jerárquico que ejerce el poder.

«Nosotros, los que estamos en la alta dirección, somos responsables del ambiente operativo que puede permitir el aprendizaje continuo» dice Teerlink, de Harley-Davidson. Aunque el liderazgo de los ejecutivos se ha centrado habitualmente en la estructura y la estrategia, Teerlink y otros ejecutivos con los que trabajamos en el Centro de Aprendizaje piensan cada vez más en el ambiente operativo de un modo menos tangible. Por ejemplo, durante los pasados tres años, Teerlink y sus colegas han rediseñado la estructura organizativa acostumbrada de Harley-Davidson en tres «círculos de actividad» básicos, cada uno de ellos liderado por un equipo de dirección. Pero, según Teerlink, «la puesta en práctica de la nueva organización fue la parte fácil. Ahora tenemos que hacer que funcione, y eso requiere que las personas aprendan unas de otras».

Los líderes ejecutivos eficaces crean un ambiente operativo para el aprendizaje de distintas maneras. La primera es mediante la formulación de *ideas orientadoras*. «Siempre he creído que las buenas ideas expulsarán a las malas —dijo Bill O'Brien, de Hanover, en una conferencia—. Uno de los problemas básicos de las empresas actuales es que nuestras organizaciones están orientadas por muchas ideas mediocres, ideas que no fomentan las aspiraciones merecedoras del compromiso de las personas.» Las ideas orientadoras son diferentes de los lemas o de los últimos clichés sobre la dirección. Se llega a ellas de manera gradual, a menudo a lo largo de muchos años, a través de la reflexión sobre la historia y costumbres de una organización y sobre su crecimiento y las oportunidades de largo plazo.

La fuerza de las ideas orientadoras se deriva de la energía que se libera cuando se unen la imaginación y la aspiración. La comprensión de esta fuerza ha sido siempre un distintivo de los grandes líderes. La esperanza de las organizaciones de aprendizaje es, por lo menos en parte, la esperanza de que esta fuerza llegará a incorporarse profunda y ampliamente de un modo que rara vez se produce, si es que se produce alguna vez, a las organizaciones autoritarias usuales. «Hay dos opiniones fundamentalmente distintas de la naturaleza y del trabajo humanos —dijo O'Brien—. La "opinión objetiva" ve el trabajo como una fuente de medios económicos. La opinión "subjetiva" se refiere a los efectos del trabajo sobre la persona. Al comienzo del siglo XXI la calidad se convertirá en una mercancía y las empresas se distinguirán por la totalidad de su personal.»

Una segunda manera de crear ambientes operativos para el aprendizaje es la atención consciente a la *infraestructura de aprendizaje.* Yo creo que los ejecutivos se darán cada vez más cuenta de que, en un mundo rápidamente cambiante y con una creciente interdependencia, el aprendizaje es demasiado importante como para dejarlo al azar. Dentro de AT&T tenemos una amplia infraestructura para la toma de decisiones —dice el presidente Bob Allen—. De lo que carecemos es de infraestructura para el aprendizaje» (Peter M. Senge y otros, *The Fifth Discipline Handbook*, 1994, p. 34).

En los últimos años, me he entrevistado con muchos directores generales que se han lamentado de que «nosotros no podemos aprender de nosotros mismos», de que las innovaciones significativas simplemente no se difunden, o de que «aprendemos mejor de nuestros competidores que de nuestra propia gente». Sin embargo, esos mismos ejecutivos rara vez reconocen que pueden estar haciendo la descripción de su propio trabajo futuro. Cuando nos detenemos a pensar, surgen ciertas preguntas: ¿Por qué *deben difundirse* en las organizaciones los modos nuevos de proceder que tienen éxito? ¿Quién estudia estas innovaciones para documentar por qué dieron resultado? ¿Dónde están los procesos de aprendizaje mediante los cuales otros podrían seguir los pasos de los innovadores que tienen éxito? ¿Quién es responsable de estos procesos de aprendizaje?

No cabe duda del efecto a largo plazo sobre la empresa del liderazgo ejecutivo en el desarrollo de una infraestructura de aprendizaje. Cuando los líderes de la «planificación colectiva» de la central del Royal Dutch/Shell Group se convencieron de que «la manera de pensar con marcos hipotéticos» era una destreza esencial de supervivencia en el turbulento e impredecible mundo de los mercados del petróleo, ellos no iniciaron una serie de cursos de planificación de marcos hipotéticos para la dirección de Shell. Rediseñaron la infraestructura de planificación de manera que a los equipos de dirección se les preguntaba de manera regular no sólo por su presupuesto y su «plan» sino por los múltiples planes que describen cómo gestionarán en múltiples condiciones futuras posibles. La «planificación como aprendizaje» se ha convertido gradualmente en un modo de vida dentro de la Shell. Un cambio al que muchos atribuyen la preeminente situación de la Shell en el mundo del negocio del petróleo.

Una tercera manera de crear un ambiente operativo para las empresas es el propio «dominio para tomar medidas» de los ejecutivos, es decir, el propio *equipo ejecutivo*. Lo que es importante, en primer lugar, es que los ejecutivos vean que ellos también tienen que cambiar y que muchas de las destrezas que hicieron que ellos tuvieran éxito en el pasado pueden inhibir activamente el aprendizaje. Son defensores vigorosos y elocuentes, pero suelen ser deficientes en el análisis de su propio pensamiento o en la exposición de los campos en que su pensamiento flaquea. Reflexionando sobre un proceso de dos años de duración tanto para «reconsiderar la estrategia empresarial como para desarrollar nuevas aptitudes destinadas a pensar juntos de manera estratégica», Herman Miller, director general de Kerm Campbell, dijo: «Nosotros empezamos como una serie de individuos con opiniones enérgicas, que a menudo las tenemos bajo envolturas para no emprender batallas destructivas entre nosotros, y con una serie de suposiciones que rara vez ponemos en cuestión acerca de las claves del éxito en nuestra industria. A medida que hemos progresado, creo que hemos llegado a darnos cuenta de que tener una estrategia eficaz y tener capacidad para pensar juntos estratégicamente son cosas inseparables».

¿Hasta qué punto son radicales las ideas como éstas acerca del liderazgo de los ejecutivos? Creo que finalmente conducirán a una muy diferente mentalidad y, en definitiva, a un conjunto de destrezas entre los ejecutivos. «Gradualmente, he llegado a concebir todo un nuevo modelo para mi papel de director gene-

ral —dice Phil Carroll de Shell Oil—. Quizá mi verdadero trabajo consista en ser el *ecologista de la organización*. Debemos
aprender a considerar la empresa como un sistema viviente y a
verlo como un sistema dentro del contexto de unos sistemas más
grandes de los cuales ella forma parte. Sólo entonces incluirá de
un modo fiable nuestra visión el rendimiento para nuestros accionistas, un ambiente productivo para nuestros empleados y una
visión social para la empresa en su conjunto.»

No es fácil conseguir estos cambios en la manera de pensar,
en los valores y en el comportamiento entre los ejecutivos. «De
lo que se trata es de traspasar poder», dice Carroll. Ceder el poder es difícil, incluso entre los ejecutivos comprensivos y bien
informados. No es que yo no eche de menos algunas veces el
viejo sistema —reflexiona Carroll—. «Ser el comandante en jefe
era bastante divertido.»

Interconectadores internos

La misión de liderazgo que goza de menos aprecio es la de
los interconectadores internos, los que a menudo denominamos
creadores internos de comunidad. Los interconectadores internos
son eficaces por las mismas razones que los esfuerzos de la alta
dirección por iniciar el cambio pueden fracasar. Una de las paradojas más interesantes para fomentar el cambio profundo puede
ser la de que «ningún poder *es* poder». Precisamente porque no
tienen autoridad debida al cargo, los interconectadores internos
gozan de libertad para moverse relativamente inadvertidos por
una gran organización. Cuando el director general visita a alguien, todo el mundo lo sabe. Cuando el director general dice
«necesitamos convertirnos en una organización de aprendizaje»,
todo el mundo asiente con la cabeza; pero cuando alguien con
poca o ninguna autoridad debida al cargo empieza a averiguar
qué personas están verdaderamente interesadas en cambiar el
modo en que trabajan ellos y sus equipos, los únicos que es probable que respondan son los que están verdaderamente interesados. Y si el interconectador interno encuentra una persona que
está interesada y pregunta «¿qué otra persona cree usted que

realmente está interesada en estas cosas?», es probable que reciba una respuesta sincera. La única autoridad que poseen los interconectadores internos procede de la fuerza de sus convicciones y de la claridad de sus ideas. Una y otra vez descubrimos que ésta es la única autoridad legítima cuando se requieren cambios profundos, independientemente del cargo organizacional que se desempeñe. Los interconectadores internos tienen la paradójica ventaja de que ésta es su *única* fuente de autoridad.

Es muy difícil determinar quiénes son los interconectadores internos porque pueden ser personas que ocupen cargos organizacionales muy diferentes. Podrían ser los asesores internos, los capacitadores o los expertos en personal, en el desarrollo de la organización o en recursos humanos. Podrían ser los trabajadores de primera línea, los ingenieros, los representantes de ventas o los delegados sindicales. Podrían, en algunas circunstancias, estar en cargos superiores de *staff*. Lo que importa es que son capaces de moverse libremente por la organización, con una gran accesibilidad a muchas partes de la misma. Conocen las redes informales, lo que los investigadores denominan las «comunidades de práctica» informales por las cuales fluyen la información y las historias y se difunden los modos de proceder innovadores de un modo natural dentro de las organizaciones (J. Seely Brown y P. Duguid, *Organization Science*, febrero de 1991, pp. 40-57).

Los creadores de comunidades internas trabajan en diferentes niveles, que corresponden a sus diferentes niveles en la organización. Los trabajadores de primera línea son normalmente los creadores más eficaces de comunidad dentro de las organizaciones de producción. Las personas que están en el *staff* de la compañía suelen ser los interconectadores más eficaces dentro de las grandes empresas porque por lo general poseen una perspectiva y unos contactos extensos. Lo que importa es que los interconectadores internos eficaces sean vistos como individuos creíbles, entendidos y comprometidos que no son una amenaza particular para nadie. «El organizador de comunidad más eficaz es el que es invisible», dice Saul Alinsky en *Reveille for Radicals* (1969), y lo mismo puede decirse de los mejores interconectadores internos.

La primera función decisiva desempeñada por los interconectadores internos es la de señalar quiénes son los jefes locales de producción que están facultados para tomar medidas y que están predispuestos para desarrollar nuevas aptitudes de aprendizaje. Puede desperdiciarse mucho tiempo y energía trabajando con personas inapropiadas, especialmente en las primeras fases del proceso de cambio. Convencer a las personas de que deben interesarse por el pensamiento sistémico o por el aprendizaje es intrínsecamente una estrategia poco influyente. Aunque inicialmente están persuadidos, es improbable que perseveren. Cuando los «oficiales de enlace» de las empresas con centros de aprendizaje, grupo que incluye muchos de nuestros más eficaces interconectadores internos, se preguntaron «¿cómo empezamos nosotros este trabajo?» respondieron, prácticamente por unanimidad, que estaban «predispuestos». Todos ellos tenían algo en sus antecedentes —quizá un curso universitario especialmente influyente, una particular experiencia laboral o simplemente un interés de toda la vida— que les predisponía a la perspectiva sistémica, a una profunda curiosidad acerca de los modelos de aprendizaje o mentales o al misterio de un profundo trabajo en equipo. A su vez, se sintieron sintonizados con otros con los que se encontraron y que compartían esta predisposición.

En los experimentos que están en marcha dentro de las organizaciones de producción, los interconectadores internos pueden ayudar de muchos modos. En nuestros propios proyectos del Centro de Aprendizaje, sirven como directores de proyecto, como cofacilitadores o como «historiadores del aprendizaje», personas capacitadas para hacer el seguimiento de un importante proceso de cambio y para ayudar a quienes intervienen para reflejar mejor lo que están aprendiendo. A medida que se crea conocimiento práctico, los interconectadores internos continúan para servir como «vehículos transportadores de semillas» organizacionales que conectan las personas que piensan de manera parecida en diversos escenarios con los esfuerzos de aprendizaje de otros. Gradualmente, pueden ayudar a desarrollar la combinación más formal y los organismos de dirección necesarios para potenciar, desde los experimentos locales a los más amplios, el aprendizaje en toda la organización. En Ford, por ejemplo, un grupo informal de Líderes del Aprendizaje se formó con múltiples líderes de producción local para compartir lo aprendido y para servir como organismo de liderazgo estratégico, apoyando los experimentos continuos, conectando con los intereses de la alta dirección y luchando con las dificultades de la creación de aptitudes y aprendizaje en todo el ámbito más amplio de la organización. Tales grupos, que reúnen a los líderes innovadores de producción, pueden finalmente convertirse en un importante elemento de la infraestructura de aprendizaje. La iniciativa para formar este grupo procedió de los interconectadores internos de Ford.

Del mismo modo, las limitaciones de los interconectadores internos no son difíciles de identificar. Debido a que no poseen mucha autoridad formal, éstos no pueden hacer gran cosa para contrarrestar la autoridad jerárquica. Si un líder local de producción se convierte en una amenaza para sus compañeros o superiores, éstos pueden sentirse impotentes para ayudarle. Los interconectadores internos carecen de autoridad para instituir los cambios en las estructuras o procesos organizacionales. Por consiguiente, aunque son esenciales, serán más eficaces conjuntamente con los jefes locales de producción y con los líderes ejecutivos.

Conclusión

Los retos para el liderazgo en la creación de organizaciones de aprendizaje representan un microcosmos de *la* cuestión de liderazgo de nuestra época: el modo en que las comunidades humanas, ya sean empresas multinacionales o simples comunidades humanas, hacen frente de un modo productivo a las cuestiones complejas sistémicas donde la autoridad jerárquica es inadecuada para el cambio. Ninguna de las cuestiones societales más apremiantes de hoy —el deterioro de nuestro ambiente natural, la carrera internacional de armamentos, la erosión del sistema público de educación, o la disgregación de la familia y la creciente fragmentación y destrucción de las estructuras sociales— se resolverán a través de la autoridad jerárquica. En todas estas cuestiones, no existen causas simples ni «arreglos» simples. No hay ningún malvado a quien echarle la culpa. No habrá ninguna píldora mágica. El cambio significativo requerirá imaginación, perseverancia, diálogo, atención profunda y la voluntad de cambiar por parte de millones de personas. Creo también que es el reto planteado para la creación de organizaciones de aprendizaje.

Recientemente, un grupo de directores generales de empresas con centros de aprendizaje pasó unas horas con Karl Henrik Robert, el fundador del proceso innovador Natural Step para ayudar a las sociedades a ser ecológicamente sostenibles. Al día siguiente, Rich Teerlink, de Harley-Davidson, entró y dijo: «No sé por qué permanecí despierto anoche tratando de resolver la manera de transformar una empresa de seis mil personas. Ayer, hablamos con alguien que está transformando un país de cuatro millones de habitantes».

Las dificultades del cambio sistémico donde la jerarquía es inadecuada nos empujará, creo yo, a unas nuevas perspectivas del liderazgo basadas en nuevos principios. Estas dificultades no pueden resolverse con heroicos líderes aislados. Requieren una combinación singular de diferentes personas, en diferentes cargos, que lideren de modos diferentes. Aunque el cuadro que acabamos de esbozar es provisional y sin duda evolucionará, dudo que en él se subestimen los cambios que serán necesarios en nuestros modelos usuales de liderazgo.

Capítulo 6

El liderazgo y la cultura organizacional

Edgar H. Schein

Edgar H. Schein es profesor de administración en la Escuela Sloan de Administración de Empresas del Instituto Tecnológico de Massachusetts. Es autor de Organizational Culture and Leadership, The Clinical Perspective in Field Work, Organizational Psychology, *y* Career Anchors. *Se le considera uno de los fundadores del campo de la psicología organizacional.*

Al abordar este tema, siempre resulta tentador empezar de nuevo con nuevas intelecciones y olvidarse de la historia. Sin embargo, la cuestión de cómo debe ser el líder del futuro no es nueva. De hecho, es una de las cuestiones más antiguas en el campo del liderazgo. Debido a ello, antes de responder a esta cuestión, debemos reflexionar un poco sobre qué es lo que será verdaderamente diferente en el futuro. La primera tarea consiste en hablar de los aspectos del liderazgo que *no* cambiarán.

Nota: Este ensayo se basa en parte en textos extraídos del libro *Organizational Culture and Leadership* (2.ª ed.) por Edgar H. Schein. (Jossey-Bass, San Francisco, 1992.)

Lo que no es nuevo

Los líderes han sido estudiados a lo largo de toda la historia, y desde el principio, la psicología social, hizo del liderazgo un centro principal de atención para la investigación. Uno de los hallazgos más constantes de los historiadores, sociólogos y psicólogos sociales de orientación empírica es que lo que el liderazgo debiera ser depende de la situación particular, de la tarea que hay que realizar y de las características de los subordinados del líder. Un motivo de que existan tantas teorías diferentes del liderazgo es que los diferentes investigadores centran su atención en diferentes elementos. A un nivel, todas esas teorías son correctas, porque todas ellas señalan un componente central de la compleja situación humana que es el liderazgo, analizan ese componente con detalle y hacen caso omiso de los demás. A otro nivel, ninguna de estas teorías se interesa por la dinámica organizacional, particularmente por el hecho de que las organizaciones tienen diferentes necesidades y problemas en las distintas fases de su evolución. Tendemos a tratar en vacío, el tema del liderazgo en lugar de especificar cuál es la relación del líder con la organización en un momento determinado. A medida que nos preparemos para el futuro, creo que la relación entre el líder y la organización será cada vez más compleja, por consiguiente, debiera ser útil un modelo inicial para el análisis.

Dadas las cuestiones anteriores, me gustaría centrar la atención en las características singulares de los retos a los que tienen que hacer frente las personas que crean organizaciones (los empresarios) y quienes dirigen las organizaciones (los directores generales) en las distintas etapas del ciclo vital de la organización. Pensando en las organizaciones como sistemas dinámicos con un ciclo vital propio, podemos determinar cuáles son los retos singulares y considerar sus consecuencias para el comportamiento del liderazgo. Aunque es indudable que la naturaleza de las organizaciones cambiará en el futuro, las dificultades para crear, construir, mantener y cambiar (desarrollar) organizaciones a nuevas formas seguirán siendo las mismas.

Crear: el líder como animador

En las primeras fases de la creación organizacional, una función singular del liderazgo consiste en suministrar la energía necesaria para que la organización despegue del suelo. Mucho se ha dicho acerca de la *visión* de los empresarios, pero no se ha dicho lo suficiente acerca de la increíble *energía* que despliegan cuando ensayan un enfoque tras otro, haciendo frente a repetidos fracasos en sus esfuerzos por poner en marcha una empresa. Yo he observado este proceso en una serie de jóvenes empresas y siempre me sorprende el hecho de que los líderes tengan tanta energía y se las arreglen para transmitir esa energía a sus subordinados. Es una energía que emana de las convicciones personales que motivan al empresario y despiertan el interés en otros. Tales personas suelen infundir vida en la organización. De ahí que debamos usar la palabra *animador* para describir esta clase de líder.

Construir: el líder como creador de cultura

Una vez que una organización tiene el potencial para vivir y sobrevivir, las convicciones, los valores y las suposiciones básicas del empresario se transfieren a los modelos mentales de los subordinados. Este proceso de creación de cultura tiene lugar de tres modos: (1) los empresarios solamente contratan y conservan a los subordinados que piensan y sienten del mismo modo que ellos, (2) adoctrinan a sus subordinados y los adaptan a su modo de pensar y de sentir, y (3) su propio comportamiento es un modelo de misión que alienta a los subordinados a identificarse con ellos y de ese modo interiorizar sus convicciones, valores y suposiciones.

En esta fase, es decisivo reconocer que si la organización tiene éxito y éste se atribuye al líder, la entera personalidad de éste se incorpora a la cultura de la organización. Si el líder tiene conflictos, tales como necesitar un proceso de consenso basado en los equipos para la toma de decisiones y, al mismo tiempo, nece-

sitar mantener un control completo y recompensar a sus subordinados por sus destrezas en la resolución de problemas, seremos
testigos de unas normas incoherentes en lo que se refiere a la
toma de decisiones, incentivos y recompensas. Los líderes, pues,
pueden realmente crear organizaciones «neuróticas», que vivan
con varios grados de conflicto y exhiban modelos desiguales de
buenas y malas cualidades. El propósito de destacar esta fase es
que una vez que el conflicto se ha incorporado a la cultura de la
organización, no puede modificarse con facilidad porque se ha
hecho también inherente a la historia anterior de los éxitos de la
organización y por consiguiente se da por sentado que es el mejor modo de hacer las cosas.

Mantener: el líder como sustentador de la cultura

Tal como la historia lo ha demostrado una y otra vez, las organizaciones que tienen éxito atraen imitadores, que pueden
convertirse en afortunados competidores. Los productos y los
mercados maduran, y lo que hizo que una organización tuviera
éxito en su primera época suele ser insuficiente para mantenerlo.
Las «neurosis» de la juventud que pueden haber proporcionado
parte de la energía necesaria para crear la organización pueden
convertirse en un pasivo cuando ésta intenta adaptarse a los mercados que maduran, a una competencia más severa, a su propio
tamaño y complejidad crecientes, y al envejecimiento de sus líderes y de su personal.
Los creadores y constructores de organizaciones suelen tro-
pezar en esta fase. Lo que fue bueno para la organización joven
—el alto nivel de energía y la visión compulsiva de sus fundadores— se convierte en un pasivo cuando la organización descubre
que necesita estabilizarse, ser más eficaz, ocuparse del hecho de
que sus productos se han convertido en mercancías, y lo que es
más importante, producir nuevas generaciones de líderes para
una clase distinta de futuro. Al hacer esta transición, el problema
tiene dos componentes: (1) el fundador-creador no quiere abandonar el papel de líder o es emocionalmente incapaz de hacerlo
así o (2) el fundador-creador crea (a menudo de manera incons-

ciente), varios procesos organizacionales que impiden el crecimiento de la siguiente generación de líderes.

El perfeccionamiento de la dirección es normalmente una función muy débil en las organizaciones jóvenes y a menudo la sucesión se basa en criterios que no son pertinentes. Por ejemplo, la organización puede ascender a personas que son muy parecidas al empresario o que técnicamente son las más competentes en el campo del trabajo de la organización en lugar de buscar personas que tengan talento para la dirección. Los fundadores-creadores suelen glorificar las funciones «técnicas» tales como las de investigación y desarrollo, fabricación y ventas; pero rebajan las funciones «directivas» tales como las de finanzas, planificación, márketing y recursos humanos.

A nivel de la personalidad, los líderes suelen impedir a los posibles sucesores tener la clase de experiencias de aprendizaje que les permitiría entrar en funciones o, lo que es peor, debilitan paulatinamente a cualesquiera sucesores que muestren la fuerza y la competencia suficientes para tomar el relevo.

Los líderes que tienen éxito en esta fase son los que o bien tienen suficiente intelección personal para crecer con la organización y cambiar su propia actitud, o bien reconocen sus limitaciones y permiten que surjan otras formas de liderazgo. Si no ocurre ninguno de estos procesos, la organización se encuentra a menudo con que tiene que crear otros centros de poder, como los consejos de administración o las camarillas políticas, que fuerzan al fundador a salir por completo de la misión de director general para pasar a salir de la organización. Entra entonces un nuevo director general con el mandato de ayudar a la organización a crecer y seguir teniendo éxito.

Tal crecimiento requiere que el director general comprenda la cultura de la organización, con todos sus puntos fuertes y débiles, y consolide los elementos que se necesitan para mantener la aptitud de la organización para funcionar y crecer. Este es un período que solemos considerar como de «institucionalización» y consiste en determinar los elementos de éxito y concederles permanencia y estabilidad. Si la organización continúa teniendo éxito, crece en tamaño y edad, obligando de ese modo a los líderes a considerar el modo de desarrollar procesos que sean eficaces a pequeña escala y con gente joven para convertirse en procesos que den resultado a escala mundial con los empleados que maduran: una tarea de liderazgo totalmente distinta. Las esquivas cualidades de discernimiento y sabiduría son con toda probabilidad las más críticas que tienen que poseer los líderes en esta fase de la evolución organizacional.

Cambiar: el líder como artífice del cambio

Desgraciadamente, cuando aumenta el ritmo de cambio en los ambientes tecnológico, económico, político y sociocultural, las mismas fuerzas que fueron institucionalizadas pueden convertirse en un pasivo. Los líderes tienen que empezar a pensar ahora como artífices del cambio, porque el problema no consiste solamente en cómo adquirir nuevos conceptos y destrezas sino también en cómo *desaprender* las cosas que ya no son útiles para la organización. Desaprender es un proceso totalmente distinto, que implica ansiedad, actitudes defensivas y resistencia al cambio.

Los líderes que se hallan en una organización madura que ha desarrollado procesos disfuncionales y que, por consiguiente, deben considerarse a sí mismos como artífices del cambio, necesitan poseer dos características particulares. En primer lugar, tienen que tener la fuerza emocional necesaria para apoyar la organización al mismo tiempo que se enfrentan con las ansiedades que acompañan a los procesos de desaprendizaje que previamente tuvieron éxito, es decir, la aptitud para crear en la organización un sentido de «seguridad psicológica». Y, en segundo lugar, necesitan una verdadera comprensión de la dinámica cultural y las características de su propia cultura organizacional.

La cosa crítica que hay que comprender acerca de la dinámica cultural es que los líderes no pueden *cambiar* de manera arbitraria la cultura en el sentido de eliminar elementos disfuncionales; pero pueden *desarrollar* la cultura edificando sobre sus puntos fuertes al tiempo que permiten que con el tiempo se atrofien sus puntos débiles. La cultura no puede ser manipulada anunciando cambios o instituyendo «programas». Si la organización ha tenido éxito haciendo las cosas de cierta manera y ha desarrollado modelos mentales basándose en dichos métodos, no los abandonará. Sin embargo, los modelos mentales pueden ensancharse y ampliarse. (Estoy en deuda con Geoff Ainscow por la intelección de que uno no debe abandonar necesariamente los elementos culturales cuando aprende algo nuevo, sino que debe añadir esos elementos a lo que ya está allí. Cuando un inglés se convierte en norteamericano, no abandona necesariamente su cualidad de ser inglés sino que añade lo que significa ser norteamericano a su personalidad total.)

Las organizaciones edificadas sobre incentivos individuales no pueden convertirse en un conjunto de equipos simplemente porque el director general anuncie que ahora es necesario el trabajo en equipo y lance un programa de creación de equipos. Sin embargo, si el director general comprende la dinámica cultural, empezará a recompensar a los individuos que ayuden a otros y que aporten otros proyectos, reconociendo de ese modo el profundo individualismo de la organización, pero ampliando el concepto de la aptitud individual para incluir cada vez más «la colaboración con los demás», «la creación de relaciones de confianza», «la apertura de la comunicación por encima de los límites», etc.

En este caso, el mecanismo esencial de aprendizaje, lo que yo he denominado «redefinición cognoscitiva», implica: (1) una nueva semántica, es decir, redefinir en un sentido formal lo que significa el individualismo; (2) ensanchar las percepciones para ampliar el modelo mental que se tiene del individualismo con objeto de incluir comportamientos de colaboración así como comportamientos competitivos, mientras uno se considera todavía individualista; y (3) crear nuevas normas de juicio y evaluación de manera que el comportamiento competitivo pueda ahora considerarse como negativo mientras el comportamiento de colaboración se vea como más positivo. La cultura se «cambia» —en realidad, se ensancha— a través de los cambios en varios conceptos clave de los modelos mentales de las personas que son los principales vehículos de la cultura.

Adviértase, sin embargo, que tal transformación no se produce a través de anuncios o de programas formales. Tiene lugar mediante un cambio genuino en el comportamiento del líder y por la incorporación de nuevas definiciones en los procesos y hábitos organizacionales. Es aquí donde el líder debe «hacer lo que predica» y donde, por supuesto, va implícito que el líder también tiene que sufrir una transformación personal como parte del proceso total de cambio. Si el comportamiento del líder y los hábitos organizacionales cambian, la organización seguirá sienco culturalmente individualista, pero aumentará la aptitud de sus miembros para funcionar como miembros de un equipo. Mientras que previamente el individualismo podría haber significado rivalidad personal para avanzar jugando a la política, el concepto ahora se amplía y redefine para incluir cualquier trabajo en equipo necesario para conseguir que se realice el trabajo y que los individuos sean recompensados de acuerdo con esto.

Si la organización atraviesa por grandes dificultades, y su ruptura inhibe verdaderamente la clase de crecimiento y cambio que se necesita, el líder, como artífice del cambio, tiene algunas veces que tomar una decisión heroica y destruir algunos de los elementos más importantes de la propia organización que son los vehículos de la cultura. Por ejemplo, algunos ejecutivos pueden estar tan adoctrinados con la idea de que el individualismo significa competir con otros en la organización para avanzar que son incapaces de abrirse a ninguna otra alternativa o no quieren hacerlo. Colaborar más en el esfuerzo común equivaldría a «no ser ellos mismos». Algunas veces, tales individuos abandonan la empresa cuando los líderes introducen nuevos conceptos, y si no lo hacen, la organización se enfrenta con cambios completos de política.

No es una casualidad que cuando entra el tipo de ejecutivo que cambia súbitamente de opinión, los estratos superiores de dirección sean reemplazados y se produzcan reorganizaciones masivas. La función de estas medidas drásticas consiste en destruir elementos de la vieja cultura e iniciar un nuevo proceso de creación de cultura eliminando a la gente que los tienen y que representan la cultura anterior. Es incorrecto considerar esta fase como «de creación de una nueva cultura», porque eso no es posible. El líder puede crear una nueva organización con nuevos procedimientos, pero la formación de la cultura requiere el aprendizaje colectivo y reiteradas experiencias de éxito o fracaso.

Es más correcto considerar este punto de la historia de la organización como un momento en que empieza de nuevo el ciclo de creación de la organización. Puede pensarse entonces que los ejecutivos que cambian súbitamente de opinión necesitan muchas de las mismas cualidades que los empresarios, sobre todo la aptitud para animar una organización. Además, sin embargo, el ejecutivo que cambia súbitamente de opinión debe hacer frente a la inquietud y depresión de los empleados que quedan y que se consideran culpables por haber sobrevivido mientras muchos de sus colegas y amigos no lo han hecho. Reconstruir su motivación y compromiso suele exigir en primer lugar unos niveles más altos de animación que la construcción de una organización.

Lo que los líderes no pueden ignorar es que la destrucción de la cultura es extremadamente costosa en el aspecto humano. Gran número de personas tienen que hacer frente al hecho de que la manera en que han estado pensando y sintiendo ya no es útil. Por lo general, el cambio personal en este aspecto es difícil, por lo que la gente que representa el modo anterior tiende a verse forzada a salir de la organización. Las nuevas personas que entran tienen que iniciar de nuevo un proceso de creación, y ni siquiera está claro si esto es siempre posible. Una organización disfuncional madura puede desaparecer del todo y ser reemplazada por organizaciones jóvenes que empiezan desde cero, con nuevas generaciones de empresarios cuyos modelos mentales iniciales eran diferentes y estaban mejor adaptados a las realidades corrientes.

Las organizaciones que han sobrevivido y han realizado importantes transiciones durante muchos decenios parecen haber tenido siempre un núcleo cultural que era fundamentalmente útil: el compromiso de aprender y cambiar, el compromiso con las personas y con todos los que tenían interés en la organización, incluidos los clientes, los empleados, los proveedores y los accionistas. Y empezando por el compromiso de construir una organización saludable y flexible. Si no existe dicho núcleo cultural desde el principio, la organización quizá no sobreviva a la larga, de manera especial cuando aumenta la turbulencia ambiental.

Una mirada hacia el futuro

¿Qué tienen en común, suponiendo que tengan algo, o debieran tener, esas misiones de liderazgo? Cuando consideramos el pasado, debiera ser evidente que los creadores son fundamentalmente distintos de los mantenedores y modificadores. Hacen falta una visión, convicción y energía muy fuertes para crear y animar una organización; son precisos un gran discernimiento, sabiduría y destreza para reunir grandes grupos de personas con objeto de institucionalizar procesos a escala mundial con una población que varía ampliamente en el aspecto geográfico y en edad. Y hace falta aptitud para aprender y flexibilidad personal para desarrollar y modificar las organizaciones. Es en torno a esta última cuestión como conectamos con el futuro y con lo que él nos deparará.

Lo que está cada vez más claro es que las instituciones del pasado pueden estar anticuadas y que habrá que aprender nuevas formas de gestión y liderazgo. Además, a medida que aumente el ritmo de cambio, la aptitud para el aprendizaje no se compondrá del aprendizaje eventual de un nuevo sistema; la única constante será el aprendizaje y el cambio *perpetuos*. Por tanto, los líderes del futuro habrán de tener una mayor proporción de las características siguientes:

— Niveles extraordinarios de percepción e intelección de las realidades del mundo y de sí mismos.
— Niveles extraordinarios de motivación que les permitan sufrir el inevitable esfuerzo del aprendizaje y del cambio, especialmente en un mundo con fronteras más difusas, en el que las lealtades resultan más difíciles de definir.
— La fuerza emocional para manejar su propia inquietud y la de los otros cuando el aprendizaje y el cambio se conviertan cada vez más en un modo de vida.
— Nuevas destrezas para analizar las suposiciones culturales, determinar cuáles son las suposiciones útiles y las disfuncionales, y desarrollar procesos que amplíen la cultura basándose en los puntos fuertes y en los elementos útiles.
— La voluntad y posibilidad de implicar a otros y provocar su participación porque las tareas serán demasiado complejas y la información estará demasiado ampliamente distribuida para que los líderes puedan resolver los problemas por sí mismos.
— La voluntad y la posibilidad de combatir el poder y el mando de acuerdo con los conocimientos y destrezas de la gente, es decir, para permitir y alentar que el liderazgo florezca en toda la organización.

El aspecto más destacado del liderazgo del futuro será quizá que esas características no estarán presentes en unas cuantas personas de manera constante sino que se presentarán en muchas personas durante parte del tiempo, cuando las circunstancias cambien y cuando diferentes personas desarrollen la perspicacia necesaria para desempeñar papeles de liderazgo. El liderazgo será entonces de manera creciente una función que surgirá y no una propiedad de las personas designadas para desempeñar misiones formales. Mientras que hoy el proceso de nombrar líderes es una función crítica de los consejos de administración, los «electorados», los organismos públicos, etc., podemos imaginar que, en el futuro, los líderes designados no tendrán que desempeñar papeles clave de liderazgo sino que serán diagnosticadores perpetuos capaces de facultar a diferentes personas en diferentes momentos y de dejar que florezca el liderazgo emergente. *No* darán por sentado que todos los grupos necesitan liderazgo, *no* darán por sentado que el liderazgo significa jerarquía y control de los demás, *ni* darán por sentado que la responsabilidad debe ser siempre individual. Por el contrario, el líder del futuro será una persona con las características antes mencionadas, que sepa liderar y seguir, ser a la vez principal y marginal, estar jerárquicamente por encima y por debajo, ser individualista y un jugador del equipo y, sobre todo, ser un aprendiz perpetuo. Para que el mundo aprenda a manejarse mejor a sí mismo, muchas personas de las organizaciones tendrán que ser líderes y las funciones de liderazgo antes descritas tendrán que estar mucho más compartidas.

Capítulo 7

La dirección de una variada plantilla de personas
John W. Work

John W. Work es el socio principal de Work As-sociates, Inc., una firma de asesores de dirección radicada en la ciudad de Nueva York, fundada en 1978. La firma proporciona recursos humanos y servicios organizacionales a empresas y otras organizaciones con respecto a la determinación de problemas, diseño y puesta en práctica de programas y evaluación de programas y actividades. Work es autor de Race, Economics, and Corporate America, Towards Affirmative Action and Racial/Ethnic Pluralism: How to Train in Organizations, The Diversity Task Force Exercise, *y* What Every CEO Already Knows About Managing Diversity. *Es miembro del consejo de fideicomisarios del Tougaloo College, de la junta directiva del Josephson Institute for the Advancement of Ethics y de la junta directiva del Professional Examination Service.*

Reales y ficticios, nuestros héroes han sido condenados casi al olvido por una sociedad decidida a romper las ataduras de la sistematización en clases, a hacer pedazos el carácter encasillado de las relaciones raciales y entre los sexos, a declarar muerto a Dios y a ser la beneficiaria de la «buena vida» representada en la televisión, en las películas y en la locura creativa de la Avenida Madison*. Cada vez más, los norteamericanos se obsesionan con «ir a lo suyo» y con una independencia no obstaculizada por normas y valores percibidos como impuestos por los héroes y por la gran sociedad.

No obstante las actitudes y comportamientos cambiantes, los héroes son la encarnación de los valores más fundamentales y duraderos de la sociedad. Ellos y sus valores pueden servir de anclas en una sociedad profundamente interesada en el concepto del «impulso acelerador» de Alvin Toffler. Sin embargo, cuando los héroes son relegados a papeles secundarios o están ausentes, deben crearse sustitutos. Yo sostengo que semejante creación es una versión actualizada del líder y de los conceptos del liderazgo.

Sin embargo, es importante advertir que ningún héroe aceptado en el pasado por la sociedad ni ninguno de los de hoy han tenido matrices de valores que fueran determinantes con respecto a la eliminación del racismo, el fanatismo y la discriminación; las desigualdades por razón de sexo; la pobreza; la intolerancia religiosa; o formas inhabilitadoras de conflictos entre grupos sociales. Por el contrario, sus valores han tendido a reforzar el statu quo.

Aunque los líderes pueden describirse en términos generales, los del futuro tendrán que poseer sistemas de valores suficientemente expansivos y flexibles para que tengan cabida la dinámica socioeconómica y unos ritmos de cambio mayores que los actuales. A diferencia del héroe, el verdadero líder debe ser capaz de adoptar el cambio y de utilizarlo de modos socialmente beneficiosos. Críticamente, el líder ha venido a sustituir al héroe, y el liderazgo al heroísmo.

Las concomitantes e interminables tareas sociales que caracterizan el desenvolvimiento continuo del líder y de los conceptos del liderazgo consisten en analizar, definir, describir y, en definitiva, asignar valores sociales y usos constructivos. Por tanto, cuando pienso en el liderazgo del futuro, pongo mi esperanza en las «interminables tareas sociales» en la medida en que pueden afectar a las organizaciones y al liderazgo empresarial dentro de los lugares de trabajo nacionales.

---

* Calle de Nueva York, centro de las industrias de la publicidad y las relaciones públicas que se ha convertido en el símbolo de sus actitudes y modos de proceder. (*N. del T.*)

El liderazgo y el «gran problema social»

¿Qué es liderazgo? Los líderes ¿nacen o se hacen? ¿Cómo sabemos cuándo estamos en presencia de un líder? ¿Cuáles son las diferencias, si es que las hay, entre los llamados grandes líderes y los líderes no tan grandes? Un repaso de la literatura de la especialidad pondrá de manifiesto casi tantas respuestas distintas a éstas y a otras preguntas como respondientes haya. Sin embargo, aunque quizá tengamos algunas dificultades para poner al descubierto exacta y definitivamente los componentes del liderazgo y de las relaciones funcionales entre dichos componentes, sí parece que creemos conocer a los líderes cuando los vemos: son aquellos individuos que, con sus maneras inimitables, inspiran confianza, acaban con la desesperación, combaten el miedo, inician acciones positivas y productivas, proyectan luz, definen los objetivos y describen futuros más brillantes.

Quizá sea razonable decir que el carácter del liderazgo de una sociedad puede determinar sustancialmente el modo en que le va a ir a esa sociedad en un ambiente de cambio. Con respecto a los Estados Unidos en la actualidad, un importante número de cambios está relacionado con la demografía cambiante de la nación, en particular, con los cambios en las características distributivas de la población y de la población activa en relación con la raza, la etnicidad, la cultura, el sexo, la edad, la religión, etc. Además, estos cambios demográficos parecen estar muy correlacionados con otros acontecimientos socioeconómicos importantes tales como los cambios en los valores sociales y en los modos de producción. Sería una falta de sinceridad no observar que estos cambios se están produciendo en un contexto histórico de prejuicio y discriminación originados por las diferencias existentes entre nosotros. Evidentemente, estas diferencias se magnificaron no solamente por la inmigración, las dispares tasas de nacimientos y las demandas de trabajo sino que se dilataron también con las posibilidades de virulentas explosiones sociales.

Los prejuicios y las pautas de discriminación fluyen de los valores sociales e individuales que informan nuestras acciones y decisiones. Unas y otras nos dicen lo que es «correcto» y lo que es «inapropiado», lo que es «bueno» y lo que es «malo». Aunque no sea a modo de explicación, es probable también que los sistemas de valores nos digan *quién* es bueno y *quién es* malo y *quién* tiene razón y *quién* está equivocado. En particular, los sistemas de valores sociales nos dicen lo que tenemos que pensar de las personas de otras razas, culturas y nacionalidades; de las personas del sexo opuesto y de diferente religión y de los antecedentes étnicos; de las personas jóvenes, de las mayores y de las de mediana edad; de las personas llamadas profesionales y de aquellas otras que no lo son. En el lugar de trabajo, los sistemas de valores hacen todavía más: adiestran la vista para separar aquellos que son naturalmente «perezosos» de los que culturalmente se caracterizan por «trabajar con ahínco», aquellos que son «brillantes y con talento» de aquellos que son «anodinos y están faltos de inspiración»; aquellos que «poseen un gran potencial para la alta dirección» de aquellos que padecen «severas limitaciones», etc.

Las personas que escriben y hablan acerca del fenómeno del liderazgo inevitablemente aplican sus valores y prejuicios con lo que inadvertidamente delimitan las definiciones y descripciones convincentes y razonables. Con demasiada frecuencia, el resultado de ello es que nos quedamos con un inefable misticismo en lo que se refiere al liderazgo y con la idea de que los líderes, lo mismo que Atenas, salen de la cabeza de Zeus. En realidad, los líderes son personas con sistemas de valores no muy diferentes a los de sus seguidores. El liderazgo, tal como lo conocemos, nace directamente de la inteligencia, quizá también del poder y carisma personales, del deseo y del compromiso y de una voluntad de hacer cosas que los demás están menos dispuestos a hacer.

Los tipos generales de causas dan lugar al liderazgo. El primer tipo puede denominarse la *causa de las injusticias percibidas*. Esta causa surge normalmente de las injusticias percibidas en los diversos grupos en los lugares de trabajo empresariales y organizacionales, las comunidades y otras palestras de la sociedad. El segundo tipo de causa puede denominarse la *causa de búsqueda de la excelencia*. En este caso, los directivos empresariales, los jefes de las organizaciones y los funcionarios de las comunidades y de las administraciones públicas con cargos de responsabilidad y autoridad pueden percibir la necesidad de ser motivados para elevar y mejorar el nivel de eficacia, la producción y entrega de mercancías y de servicios y la rentabilidad de las organizaciones.

Otra situación hipotética basada en la causa de la búsqueda de la excelencia describe a un gestor-líder que tiene una visión de la *misión* de la organización en el futuro. El claro objetivo es gestionar mejor con el fin de cumplir esa misión. Al hacerlo así, se presume que los mejores niveles de eficacia, niveles más altos de moral y productividad de los empleados, y otros resultados semejantes son consecuencias buenas y naturales para los clientes y para la gran comunidad. Hay que advertir que en esta situación hipotética, la motivación del gestor-líder, no está tan configurada por el deseo fundamental de la obtención de mayores beneficios como por una visión más amplia de la misión de la organización en la sociedad.

El verdadero liderazgo y la utilidad social

Hoy, cuando nos acercamos al comienzo del siglo XXI, la utilización de la palabra *líder* se ha ampliado para incluir a casi cualquiera que tenga poder y autoridad organizacional. Se habla de casi todos los directores generales y directores ejecutivos como de líderes, cada jefe de sindicato y asociación es un líder, cada presidente de una asociación de vecinos es un líder, y los ministros, rabinos y sacerdotes son todos líderes. ¿Qué es lo que ha dado lugar a un uso tan común de esta palabra? ¿Se espera realmente un verdadero y eficaz liderazgo de todas estas personas o sencillamente la palabra ha sufrido una metamorfosis social a medida que las instituciones han modificado espectacularmente su respuesta a los cambiantes valores y expectativas de la sociedad?

Creo que el verdadero liderazgo sólo puede definirse significativamente dentro de un contexto social, es decir, las visiones socialmente significativas y otros valores de liderazgo deben tener como fundamento normas que beneficien a la sociedad. En este contexto, y no obstante el actual relativismo, no todas las visiones de liderazgo son igualmente valiosas. Algunas son más importantes y socialmente significativas que otras. El verdadero liderazgo debe conducir al *cambio* que se traduce en una mejora social. Por supuesto, los verdaderos líderes no deben prestar su apoyo a las visiones y procesos que perpetúan o fomentan las injusticias sociales. Demasiados ejecutivos, tanto en el sector lucrativo como en el no lucrativo, que han sido alabados por su «liderazgo» no son verdaderos líderes en este contexto. Aunque quizá pretendan eliminar la discriminación en el lugar de trabajo, por ejemplo, a menudo no prestan un significativo liderazgo en este campo o ni siquiera sirven como modelos positivos de misión.

El verdadero liderazgo no está libre de adversidades: ¡es un asunto espinoso! Exige a los individuos que asuman riesgos considerables y que hagan cosas que otros no están dispuestos a hacer. El liderazgo debe ser considerado en relación con la imagen del héroe. Esto requiere que el líder se comprometa con la esencia de la vida y con sus valores más nobles, que sea capaz de una más alta vocación en nombre de los seres humanos, que esté decidido a decir no a la serpiente, a aceptar los retos de las demandas perpetuamente cambiantes de la misión de una organización y a estimular a quienes están en el lugar de trabajo hacia carreras profesionales que les recompensen, les hagan sentirse realizados y que sean productivas. Finalmente, el verdadero liderazgo cambia las circunstancias de las vidas de las personas.

El liderazgo requiere que el inconsciente colectivo sea transformado o, por lo menos, trascendido. No podemos esperar que todos los verdaderos líderes se conviertan en grandes líderes. Es algo parecido a tocar el piano. Aunque sólo hubo un Horowitz, millones de personas tocan el piano con distintos niveles de aptitud. Y lo mismo ocurre con el verdadero liderazgo.

A diferencia de otras actividades y esfuerzos que pueden tener inmediatamente un resultado único y realizable, el liderazgo es un proceso dinámico y continuo que produce una corriente de efectos intangibles y resultados tangibles que son coherentes con una visión socialmente significativa. Menos limitado por las restricciones finitas de tiempo y por resultados que sólo se producen una vez, la corriente de efectos y resultados del liderazgo redunda no solamente en beneficio de los seguidores sino también en el de los que no lo son. Dicho de otro modo, los efectos beneficiosos de un liderazgo verdadero no pueden estar limitados, por decirlo así, al «movimiento», ya se trate de derechos civiles, del feminismo o de cualquier otro movimiento; más bien, deben ser sentidos por los otros y ser manifestados en muchas comunidades e instituciones de la sociedad.

El lugar de trabajo del futuro está aquí

Como sabemos, el mundo está cambiando a un ritmo vertiginoso, estimulado por los progresos en la tecnología y por la innovación. La gente se está entrecruzando en el planeta en cantidades no imaginadas ni siquiera hace cincuenta años, las demandas de bienes de consumo y de servicios y de bienes de capital se están disparando en todo el mundo. Las empresas, las organizaciones no lucrativas y otras instituciones encuentran y crean nuevos mercados muy provechosos más allá de las fronteras regionales y nacionales. En el núcleo de esta economía mundial que emerge está la tecnología de la información y de las comunicaciones, impulsada por los ordenadores, que sirve para proporcionar una base sólida y para enlazar las capacidades y necesidades de producción y consumo en el mundo.

Especialmente, se han puesto claramente de manifiesto los aspectos tanto multiculturales como tecnológicos de estos grandes cambios en las instituciones y lugares de trabajo norteamericanos. Por ejemplo, numerosos grupos raciales y étnicos, diferentes idiomas, pautas de comunicación y valores culturales, una estructura y una dinámica modificadas del lugar de trabajo, y nuevas pautas de demanda educativa y de capacitación se están convirtiendo en algo corriente y van bastante más allá del ámbito de las culturas empresariales habituales.

Las características étnicas, culturales y las relacionadas con el sexo de la población norteamericana y la población activa están cambiando rápidamente. En gran parte a causa de la emigración de etnias no blancas procedentes de Asia y el suroeste de Asia, las islas del Pacífico, América Central y Sur, el Caribe y el occidente y este de África, la representación de estos grupos en el «crisol» de los Estados Unidos está aumentando en relación con los norteamericanos de origen europeo. Cuando estos inmigrantes se añadan a los norteamericanos de origen africano y mejicano, los portorriqueños, los norteamericanos de origen asiático, los norteamericanos nativos y otros que llevan aquí desde unos cuantos decenios a siglos, se estima que los grupos étnicos y culturales no blancos sobrepasarán en un tercio a todos los nuevos concurrentes de la población activa desde ahora y hasta el fin de siglo. Una consecuencia clara y esencial de este hecho es que los Estados Unidos tendrán una nueva cara. Además, un número espectacularmente creciente de mujeres está entrando en la población activa en papeles de cuyo desempeño habían sido excluidas tan sólo hace unos decenios.

Es evidente que a medida que cambien las características de las personas en el lugar de trabajo y que aumenten las diferencias entre ellas, las empresas y organizaciones lucrativas y no lucrativas se enfrentarán con diferentes retos de aquéllos a los que tuvieron que hacer frente en el pasado. Fundamentalmente, estos nuevos retos incorporarán una amplia expansión del pluralismo y de la diversidad. Además de la diversidad de raza, etnicidad y sexo, los lugares de trabajo pueden esperar una creciente diversidad de creencias y prácticas religiosas, edades y estilos de vida y un mayor número de personas con incapacidades físicas. Estos elementos de diversidad están unidos matemáticamente en la cambiante matriz de los valores sociales por sus elementos intrínsecos comunes.

Además de los cambios en las dimensiones humanas del lugar de trabajo, continúa desarrollándose el concepto y la realidad de un mercado mundial, con sus requisitos implícitos de comunicación intercultural e interpersonal. La productividad se convierte en una función más propia de los procesos cerebrales de los trabajadores intelectuales que de las aptitudes físicas, y los diversos equipos de trabajo se hacen más universales.

A lo que conduce todo esto es a una necesidad crítica de que los directivos y los ejecutivos que puedan aporten el verdadero liderazgo a las situaciones del lugar de trabajo que, dejadas sin líderes, pueden convertirse en pautas más complejas de discriminación, niveles más bajos de estados de ánimo de los empleados y de productividad, una pobre imagen pública e internacional y un fracaso para indicar y desarrollar nuevos mercados. Los verdaderos líderes reconocerán las oportunidades y ventajas potenciales inherentes a la diversidad tales como la creación de nuevos mercados, la ampliación de las bases de clientes, unos niveles más altos de productividad, más creatividad y nuevas ideas y una mayor capacidad empresarial para participar con eficacia en las diferentes configuraciones competitivas y mundiales.

Dentro de este contexto del verdadero liderazgo, los verdaderos líderes del futuro deben estar dispuestos a aceptar cinco retos fundamentales:

1. Deben estar dispuestos a hacerse más sensibles y comprensivos con respecto a las diferencias étnicas, culturales y de sexo dentro del lugar de trabajo y a demostrar esa sensibilidad y comprensión.
2. Deben tener una visión del lugar de trabajo que, en última instancia, tenga como consecuencia una significativa ampliación de la cultura empresarial y del ambiente del lugar de trabajo.
3. Deben estar dispuestos a construir y poner en práctica nuevos y diferentes procesos de empleo y comunicación para mejorar y promover las imágenes de imparcialidad y equidad.
4. Deben estar dispuestos a aportar un compromiso pleno e incuestionable con la utilización eficaz de una población activa diversa.
5. Deben ser el eje entre su organización y la gran comunidad para establecer la organización como un lugar en el que la gente desee trabajar y ser productiva y para desarrollar nuevos mercados y mantener los ya existentes.

En fin de cuentas, el verdadero liderazgo reúne personas con diferentes antecedentes e intereses de manera que se proporcionen oportunidades justas y equitativas para aportar sus mejores objetivos personales y llevar a cabo todas sus posibilidades.

Conclusión

La aparente decadencia de los héroes en nuestra sociedad como imágenes que poseen visiones y valores duraderos, capaces de transformar lo despreciable en nobleza y servir de depósitos de leyendas históricas de victorias sobre las fuerzas implacables del mal está siendo hoy borrada por la aparición de la idea de los líderes y del liderazgo. Pero ¿quiénes son los líderes actuales y qué es el liderazgo? Con respecto a las organizaciones y los lugares de trabajo, los verdaderos líderes son los individuos con visiones y compromisos y una aceptación que va más allá de las habituales preocupaciones de la dirección. Ellos configuran niveles más altos de preocupación social que los que requieren las destrezas fundamentales de dirección. Dado su liderazgo rediseñado, las instituciones y los lugares de trabajo de los Estados Unidos pueden ahora adoptar seriamente los valores que son inherentes a una sociedad diversa.

Capítulo 8

La pirámide organizacional puesta al revés

Ken Blanchard

> *Ken Blanchard es presidente de Blanchard Training and Development, Inc., una empresa de servicios completos de asesoría y capacitación para la dirección y es un destacado autor en el campo de la dirección. En su colección de obras en torno al «One Minute Manager», de las que se han vendido más de nueve millones de ejemplares y se han traducido a más de veinte idiomas, figuran los siguientes títulos:* The One Minute Manager, Putting the One Minute Manager to Work, Leadership and the One Minute Manager, *y* The One Minute Manager Builds High Performing Teams.

Durante mucho tiempo, hemos dicho que existen dos papeles diferentes en las organizaciones. Uno ha sido denominado el papel del liderazgo —*hacer lo correcto*—, que tiene que ver con la visión y la orientación. El otro es el papel de dirección, que es *hacer las cosas bien*, o la puesta en práctica. No he sido nunca gran partidario de argumentar acerca de la diferencia entre el liderazgo y la dirección. En la actualidad todavía estoy menos interesado en ese argumento porque pienso que uno de los problemas que hemos tenido en las organizaciones es que la gente que ha creado la visión y la orientación de la organización —los altos directivos— no se remangan las mangas de su camisa e intervienen en la puesta en práctica. Ello se ha dejado siempre en manos de otras personas de la organización. Como consecuencia, un gran número de organizaciones están funcionando con los frenos puestos. Si el lector ha conducido alguna vez un automóvil con los frenos echados, sabe lo que sucede cuando finalmente se le sueltan. El coche se precipita hacia adelante con una energía tremenda. Creo que eso es lo que sucederá en las organizaciones cuando consigamos que el comportamiento o la puesta en práctica de una visión se ponga en línea con esa visión.

Cuando se habla de la *efectividad*, se está hablando en realidad de visión y orientación. La efectividad tiene que ver con el centrar la energía de la organización en una dirección particular. Cuando la gente habla acerca de *eficiencia*, están hablando de sistemas y procedimientos: de la forma en que se hacen las cosas. La eficiencia se refiere a la puesta en práctica. Uno de mis colegas, Dick Ruhe, ha tomado estos dos factores y los ha puesto en un modelo bidimensional, que va desde lo más bajo a lo más alto en cada dimensión (figura 8.1). Situando la eficiencia en el eje horizontal y la efectividad en el eje vertical, Ruhe crea cuatro combinaciones de efectividad y eficiencia. Las empresas que no son eficientes ni efectivas no solamente no saben adónde van sino que no están organizadas para llegar allí si lo supieran. Están en el cuadrante inferior izquierdo y son consideradas «perdidas». Si usted está perdido, ¿con qué empieza: con una visión o con una puesta en práctica sistémica? Evidentemente, usted empieza con una visión.

¿Qué ocurre si su empresa está bien organizada? Si usted está alto en eficiencia, pero no sabe muy bien adónde va, está usted en el cuadrante inferior derecho y está considerado como una organización «en búsqueda». Usted busca un liderazgo que posea visión.

¿Qué ocurre si usted no sabe muy bien adónde va, pero sus sistemas no están establecidos para poner en práctica la visión? Entonces usted se halla en el cuadrante superior izquierdo y está considerado como lo que Ruhe denomina «extraviado». En este caso necesita usted alinear sus sistemas con su visión.

Las cuatro fases con
las intervenciones

FIGURA 8.1. **El modelo LEAP de la calidad**

Solamente cuando su visión y sus estrategias de puesta en práctica estén alineadas podrá alcanzar el cuadrante superior derecho y ser considerado una organización «definitiva», en la que se puede delegar facultades en la gente. El líder del futuro tiene que dirigir el viaje hacia la efectividad y la eficiencia para crear una organización definitiva que sabe adónde va y en la que todo el mundo está comprometido, organizado y listo para la puesta en práctica de una visión consensuada.

No podemos tener un grupo que se ocupe de la visión, los valores y la orientación y otro grupo que se ocupe de ponerlos en práctica. Aunque la visión tiene que empezar en la cumbre de la organización, todo el mundo debe ser capaz de hacer aportaciones y por lo menos creer en esa visión y orientación. Y una vez que la gente sabe adónde va, los altos directivos no pueden separarse del proceso de puesta en práctica. Tienen que intervenir y remangarse y ser facilitadores, animadores y sustentadores en la tarea de conseguir que los sistemas, las estrategias y los comportamientos estén en línea con esa visión. Dicho de otro modo, tienen que ser efectivos y eficientes en el liderazgo futuro. Aunque en el pasado se ha hablado de esto, no creo que haya estado tan claro como hoy que el liderazgo del futuro debe implicar a la vez visión y puesta en práctica. La primera no es un papel de liderazgo y la segunda es un papel de dirección: ambas están en la palestra del líder del futuro.

Decir que la visión y la puesta en práctica son misiones del liderazgo ponen nervioso a algunos altos directivos ¿Por qué? Porque ellos saben que algo va a tener que cambiar. La mayoría de las organizaciones son normalmente piramidales por naturaleza. ¿Quién está en la cumbre de la organización? El director general, el presidente, el consejo de administración. ¿Quiénes están en la parte inferior? Todos los empleados: las personas que realizan el trabajo, que fabrican los productos, que venden los productos, que dan servicio a los productos, etc. Ahora bien, para ciertas tareas, la pirámide habitual no tiene nada de malo. La paradoja es que la pirámide tiene que estar con el vértice arriba o abajo según la tarea.

Es absolutamente esencial que la pirámide esté en su posición habitual cuando se trata de establecer la visión, los valores, la misión y los principales objetivos. Moisés no subió a la montaña con un comité. Si lo hubiera hecho, nunca habría vuelto a bajar. Nadie se opone a que la visión, la orientación y los valores procedan de la cumbre de la organización. Pero si la pirámide permanece en su posición habitual cuando las visiones y los objetivos se están poniendo en práctica, toda la energía y la atención continúa fluyendo hacia atrás de la pirámide, alejándose de los clientes. Como consecuencia, nos encontramos con personas que tienen contacto con los clientes y que responden a las peticiones diciendo: «Lo siento, no podemos hacerlo. Va contra nuestras normas». Y el cliente dice: «¿Qué quiere usted decir con que va contra sus normas? Son unas normas estúpidas». ¿Y cuál es la respuesta? «Lo siento. Yo me limito a trabajar aquí.

No me pagan para pensar. Dejo mi cerebro en la puerta y lo vuelvo a recoger al final de la jornada.»

¿Por qué ocurre esto? Porque la energía de la organización se separa de los clientes. Las personas están defendiendo normas en lugar de servir a los clientes. Cuando la pirámide está en su posición habitual, ¿para quién cree usted que trabaja? Para la persona que está por encima de usted. Desde el momento en que usted piense que trabaja para la persona que está por encima de usted, está usted suponiendo que dicha persona —su jefe— es el *responsable* y que el trabajo de usted consiste en estar dispuesto a aceptar a su jefe y sus caprichos y deseos. Cuando se trata de elegir entre responder a la necesidad del cliente o complacer a su jefe, ¿quién gana? Su jefe. Eso se debe a que en la organización jerárquica habitual, el futuro de usted depende de sus destrezas políticas para con la jerarquía.

El líder del futuro, dándose cuenta de que la visión y la puesta en práctica son misiones de liderazgo, aprenderá a preocuparse poco por defender la jerarquía habitual. Como consecuencia, tendrá que estar dispuesto a poner la pirámide con el vértice abajo para poner en práctica una visión.

¿Quiénes están en la parte superior de la organización que está con el vértice abajo? La gente que está en contacto con los clientes. ¿Quiénes están *realmente* en la cumbre? Los clientes. ¿Quiénes están en la parte inferior? La alta dirección. Cuando usted pone filosóficamente del revés la pirámide, trabaja usted para que su gente ponga en práctica las visiones y los objetivos. Aunque parece una cosa de menor importancia, este cambio supone una diferencia importante. La diferencia está entre quién es el *responsable* y quién es el que *está bien dispuesto*. En la pirámide habitual, el jefe es siempre responsable y los subordinados se supone que están dispuestos a aceptar al jefe. Cuando usted vuelve la pirámide del revés, dichos papeles se invierten. La gente se convierte en responsable, y la labor de la dirección consiste en estar bien dispuesta hacia ellos. Esto crea un ambiente muy diferente para la puesta en práctica. Si usted trabaja para su gente, su propósito como líder consiste en ayudarles a alcanzar sus objetivos. La labor de la puesta en práctica de los líderes consiste en ayudar a la gente a triunfar apoyándoles y eliminando las barreras de manera que puedan alcanzar los objetivos que harán que la visión se convierta en una realidad.

Para ayudar a la gente a triunfar, el líder del futuro debe ser capaz de manejar la energía y de cambiar el estado físico de la gente. Al establecer la visión se centrará la atención de la gente y se proporcionará orientación. Una vez establecida la visión y una vez que las personas se hayan comprometido con ella, el papel del líder consiste en dirigir su atención a la fisiología —al modo en que la gente actúa dentro de la organización— y alinear su actuación con la visión. Aquí es donde el líder del futuro sobresaldrá como animador, defensor y alentador más que como juez, crítico o evaluador. Ayudar a la gente a alinear su comportamiento con la visión de la organización consolidará la consecución de los objetivos deseados y moverá la energía en la dirección deseada, lo cual tendrá como consecuencia una organización definitiva en la que la gente no sólo sabrá hacia dónde se encamina sino que estará facultada para llegar allí.

Parte II

Los líderes futuros en acción

Capítulo 9

Los líderes de clase mundial: la fuerza del espíritu de asociación

Rosabeth Moss Kanter

Rosabeth Moss Kanter ocupa la presidencia de la promoción de Masters en Administración de Empresas de 1960 como profesora de Dirección en la Escuela de Administración de Empresas de Harvard. Su último libro es World Class: Thriving Locally in the Global Economy. *Entre sus otros libros premiados que han sido éxitos de venta figuran* When Giants Learn to Dance, The Change Masters *y* Men and Women of the Corporation. *Asesora de organizaciones de ámbito mundial acerca de la gestión del cambio, fue cofundadora de la firma de asesores Good-measure, radicada en Boston, y es miembro de muchas juntas directivas de organismos de interés público y de comisiones gubernamentales.*

El liderazgo es una de las más perdurables responsabilidades humanas universales. El ejercicio del liderazgo es tan similar en las diferentes épocas históricas y en las diferentes civilizaciones que a menudo se extraen lecciones de figuras tan dispares como Jesucristo, el Mahatma Gandhi, Atila el huno y Nicolás Maquiavelo. Las perspectivas de Mary Parker Follett, sobre la relación entre los líderes y los seguidores, escritas hace siete decenios, parecen ciertas hoy, como lo pone de manifiesto el reciente redescubrimiento de sus escritos. Así, en muchos aspectos importantes, los líderes del futuro necesitarán los rasgos y aptitudes de los líderes que han existido a través de la historia: una mirada dirigida al cambio y una mano firme para proporcionar visión y seguridad de que el cambio puede ser dominado, una voz que articule la voluntad del grupo y le dé forma para fines constructivos, y la aptitud para inspirar, a fuerza de personalidad, haciendo que los demás se sientan facultados para aumentar y utilizar sus propias aptitudes.

Pero hoy existe una diferencia importante, un factor que será todavía más crítico para los líderes del futuro de lo que lo fue para los del pasado, una cuestión que debe añadirse al orden del día para el desarrollo del liderazgo.

Muchos líderes de renombre histórico y muchos líderes contemporáneos de instituciones tradicionales tuvieron éxito al centrarse en las necesidades de su propia organización y al convertirse en los mejores abogados de los intereses de su propio grupo. Pudieron atraer recursos a su institución y luego pudieron defender sus límites, trazando claras distinciones entre la gente de dentro y la gente de fuera, entre «nosotros» y «ellos» y manteniendo a cierta distancia a los de fuera. En otro tiempo, las grandes empresas burocráticas hicieron de los clientes una remota abstracción y sólo el personal de ventas mantenía un contacto regular con ellos. Las organizaciones no lucrativas cortejaron en otro tiempo a sus donantes en busca de fondos, pero no los incluyeron en las actividades de sus programas, y algunas veces los directivos y profesionales discutieron activamente el modo de evitar que la junta o los clientes «interfirieran» en las decisiones profesionales. Y cada organización parecía sentir que podía alcanzar mejor sus objetivos protegiendo su propia base, engendrando con ello recelos acerca de sus relaciones con otras organizaciones.

Los líderes del futuro ya no pueden permitirse el mantenimiento del aislamiento. En un mundo cada vez con menos fronteras de organizaciones no constreñidas por límites y que están impulsadas por «la fuerza del cliente», sencillamente no cabe esa opción. El hecho es que las personas cada vez más pueden evitar los monopolios locales o a los proveedores locales protegidos y comprar en todo el mundo las mejores mercancías y servicios. Dicho con brevedad, los líderes del pasado a menudo levantaban muros. Ahora tienen que destruir esos muros y sustituirlos por puentes.

La necesidad de líderes cosmopolitas

Los líderes deben convertirse en unos *cosmopolitas* que se encuentren cómodos operando por encima de las fronteras y que puedan forjar vínculos entre las organizaciones. Los líderes deben usar su aptitud para crear visiones, inspirar la acción y delegar facultades en otros para alentar a las personas de las diversas funciones, disciplinas y organizaciones a encontrar una causa común en los objetivos que mejoran toda la industria, la comunidad, el país o el mundo y a aumentar la tarta para todo el mundo en lugar de esforzarse por unos estrechos intereses locales que oponen un grupo a otro, desperdiciando recursos y luchando por reducir los trozos de la tarta. Deben convertirse en cosmopolitas que tengan la visión, destrezas y recursos para formar redes que se extiendan más allá de su base doméstica y aporten ventajas a su propio grupo asociándose con otros.

Los cosmopolitas no son simplemente ciudadanos mundiales que han viajado mucho. Algunas personas que viajan siguen teniendo miras estrechas y muchos cosmopolitas sin prejuicios están muy comprometidos con sus comunidades locales. Los cosmopolitas son líderes dispuestos a escuchar las opiniones de los demás, aunque no estén de acuerdo con ellas, y con facilidad para asociarse. Son receptivos a la información procedente de fuera de su marco corriente y les agradan las nuevas experiencias e ideas. Van un paso por delante de los demás en lo que se refiere a imaginar nuevas posibilidades que rompen el molde.

Estas abstracciones acerca del liderazgo en la economía mundial emergente y en la era de la información surgen cuando pienso en los líderes ejemplares que ya han cambiado su papel en la construcción organizacional para convertirse en destructores de muros y constructores de puentes, preparando el camino (para ampliar la metáfora de la construcción) para las industrias del futuro.

Los nuevos cosmopolitas en acción: del software a City Year

Veamos el caso de Mitchell Kertzman, fundador y presidente de Powersoft, una empresa de rápido crecimiento respetada como entidad que establece normas mundiales para instrumentos de gestión de redes y desde comienzos de 1995, parte de Sybase. El software es uno de los campos de más rápido crecimiento para el empleo, un impulsor de la era de la información y una industria sin fronteras que florece gracias a las redes, a las alianzas y a las asociaciones. La cultura de Powersoft, tal como la han conformado Kertzman y sus colegas, es muy cosmopolita. «Nacida con carácter mundial», Powersoft reconoció desde el principio la importancia de las ventas y normas internacionales, incluso para vender productos en el interior, porque sus clientes cruzan más fácilmente las fronteras y deben ser apoyados dondequiera que se encuentren.

Para adaptarse a la intensa competencia, Powersoft tiene que ser constantemente emprendedora e innovadora. Por consiguiente, la cultura de la empresa debe estar abierta en dos direcciones: abierta a los clientes, cuyas voces y opiniones son la mejor guía para el desarrollo de productos, y abierta a toda la gente de Powersoft, cuyas ideas deben ser escuchadas Tal como se refleja en los debates de los grupos de enfoque, Kertzman y otros altos ejecutivos son elogiados por sus asociados debido a su amabilidad, accesibilidad e interés por las ideas de los asociados, lo que fomenta la iniciativa.

Quizá el esfuerzo de creación de puentes más significativo de Kertzman implica a un gran conjunto de socios de Powersoft, algunos casuales, pero muchos muy próximos. Con menos de ochocientas personas al principio de 1995, Powersoft está lejos de ser un gigante, pero su alcance es enorme. Su red de asociaciones crece con gran rapidez y en ellas se incluyen decenas de millares de personas que trabajan en su provecho. Por ejemplo, trece mil creadores de software recibieron capacitación en instrumentos de Powersoft en 1993 y forman una familia ampliada. En una industria caracterizada por unos vínculos fuertes destaca el hincapié que Powersoft hace en las relaciones con otras empresas. Incluso tiene un departamento para gestionar las relaciones, guiado por un ejecutivo para las alianzas. De una importante relación con Lotus, que tiene su sede cerca, proceden múltiples ventajas: compartir el espacio de fabricación, aprovechar la tecnología de envasado de Lotus y reducir el coste de los paquetes de Powersoft desde unos once dólares a aproximadamente un dólar por caja, y aportando las ideas de Powersoft a Lotus a través de los proyectos de desarrollo compartidos. Los proyectos conjuntos con otras empresas ayudan a integrar los instrumentos de Powersoft en sus programas. Los aliados de márketing y los revendedores se denominan afectuosamente «canales de energía» y son tratados como socios para ser incluidos en los debates de planificación.

En muchos sectores, los líderes emprendedores que están creando nuevos modelos para sus industrias cruzan con el pensamiento las fronteras y lideran a través de la facilidad para encontrar socios, forman redes y gestionan colaboraciones. Ruth Owades fundó Calyx & Corolla para vender flores frescas por catálogo, eludiendo con ello toda una cadena establecida de distribución integrada por cultivadores, mayoristas, mercados de productos regionales, floristas locales y su red nacional, FTD, lo que permitió que las tiendas locales cumplimentaran los pedidos entre sí de una parte a otra del país. La visión de Owades de una alternativa atractiva (las flores llegan a la puerta del consumidor tan frescas o más que las flores de una tienda local) se construyó en torno a una red alternativa: una asociación con una veintena de importantes cultivadores y con Federal Express.

Algunas redes no solamente construyen puentes de una industria a otra sino que también tienden puentes a los sectores lucrativos y no lucrativos. Rina Spence abrió su primer Centro Spence para la Salud de las Mujeres en 1995 en Boston y estuvo influida por mis ideas acerca del espíritu de asociación. En lugar de duplicar los servicios que las instituciones establecidas estaban ya prestando (y podrían prestar mejor), ella centró su atención en la interfaz de servicio al cliente y formó alianzas entre su empresa con ánimo de lucro propiedad de inversores y una serie de otras instituciones: por ejemplo, pidió a Brigham y al Hospital para Mujeres que dirigieran un laboratorio de radiología. Exploró la posibilidad de asociarse con un minorista y con un editor de libros de medicina para ofrecer sus mercancías e instalaciones orientadas a lo sanitario. Y centró su atención en su propio *staff* para integrar los recursos tanto externos como internos en beneficio de sus clientes.

Una de las cosas que hace efectivas estas nuevas (o recientemente populares) clases de relaciones es que siguen las habituales directrices para el liderazgo: claridad de visión y creación de una fuerte cultura que incluye y delega facultades en las personas. Pero además, la visión tiene espacio para los socios que se beneficiarán también de ella, y la cultura produce personas fuertes que se sienten más fuertes cuando se relacionan que cuando protegen.

Esta clase de liderazgo está viva y bien entre los miembros de la próxima generación. Alan Khazei y Michael Brown, cofundadores y codirectores de City Year, son ejemplos pasmosos. Creada en 1988 en Boston por estos graduados en la Escuela de Derecho de Harvard como un Cuerpo de la Paz nacional del sector privado, City Year se ha expandido desde entonces a Providence (Rhode Island), Chicago, Columbus (Ohio), San José (California) y Columbia (Carolina del Sur). Un modelo para el programa nacional de servicio a la juventud de Estados Unidos, su impacto resuena no solamente en las mejoras para las comunidades en las que sirven los miembros del Cuerpo sino también a través de las vidas de los miembros del Cuerpo, mediante el compromiso de los empleados de los patrocinadores empresariales y el crecimiento de las colaboraciones cívicas.

Seiscientos miembros del Cuerpo de City Year, con edades comprendidas entre los diecisiete y veintitrés años, ganan 125 dólares semanales durante su año de servicio y al graduarse reciben una subvención de 4.725 dólares para realizar estudios en la Universidad o un bono de ahorro de 4.000 dólares. Los miembros del Cuerpo empiezan cada día con gimnasia en un local del centro de la ciudad que no pasa inadvertido. Luego se dispersan con su equipo para trabajar en zonas en las que podrían ayudar en la escuela pública o a los profesores de atención diaria, sirven comidas a los mayores, realizan programas de reciclado, o crean un sistema sanitario de seguimiento de la inmunización. Los privilegiados habitantes de los barrios de las afueras sirven en equipos junto con la juventud del interior de la ciudad, lo que permite crear amistades por encima de los límites de clases y de razas. Para graduarse, los miembros del Cuerpo tienen que aprender primeros auxilios y resucitación cardiopulmonar, aprender a redactar un historial y a declarar impuestos, obtener una tarjeta para la biblioteca e inscribirse para votar. Y los miembros del Cuerpo sin diploma de enseñanza secundaria tienen que participar en un programa de desarrollo educacional general de City Year. El graduado Stephen Noltemy declaró: «City Year me salvó la vida».

Las actividades de City Year se realizan en asociación con organismos de servicios sociales, grupos de vecinos, escuelas públicas y otras instituciones comunitarias que definen proyectos para los miembros del Cuerpo así como para los voluntarios adultos que se presentan para Serve-a-Thons (días periódicos de servicio). En Boston, el Serve-a-Thons de 1994 incluía 10.000 voluntarios que limpiaban 5.839 ventanas, pintaban 24 kilómetros de paredes y 53 escuelas, limpiaban 465 apartamentos de personas mayores, embellecían 35 parques y recuperaban 11 toneladas de alimentos en 296 lugares.

Los socios empresariales aportan servicios además de dinero. El Bank of Boston fue la primera empresa que patrocinó un equipo de City Year con 25.000 dólares y finalmente hizo una donación de casi 600.000 dólares, patrocinando equipos cuyos uniformes de City Year llevan el logotipo del Banco. Además, quinientos empleados del banco participan regularmente en Serve-a-Thons. «¿Qué podíamos perder —recordaba la directora adjunta Ira Jackson—. Tenía todos los elementos adecuados: un Cuerpo de Paz urbano, muchachitos y ayuda a la ciudad.» City Year también atrae a las empresas cosmopolitas situadas muy lejos de la ciudad que han vuelto a ella para servirla, incluso Digital Equipment, Reebok y Timberland, que está justamente al otro lado de la línea de New Hampshire desde Boston y proporciona los equipos para los miembros del Cuerpo.

La asociación de Timberland es especialmente fuerte y representa un modelo de labor precursora. Jeff Swartz, el director general de Timberland y presidente de la junta de City Year, considera que la asociación de Timberland con City Year ha transformado la cultura de su empresa. La política de personal de Timberland garantiza a los asociados por lo menos cuatro días de servicio al año por cuenta de la empresa. Realizar conjuntamente servicios para la comunidad a través de City Year es un modo importante con el que Timberland desarrolla sus equipos de trabajo internos. El personal de City Year ha dirigido también sus sesiones de creación de equipos para los empleados de Timberland. En abril de 1995, City Year y Timberland iniciaron una singular asociación temporal de empresas entre una empresa sin fin de lucro y otra con ánimo de lucro: City Year Gear, una gama de camisetas y accesorios que ofrecía servicio a la comunidad, financió programas de City Year y el servicio comunitario de Timberland y permitió a la gente inscribirse para el servicio voluntario.

City Year atrae a empresas al redil del servicio que tradicionalmente no han contribuido a las comunidades locales y las anima a cooperar entre sí, incluso a firmas de asesoría y gabinetes jurídicos que conjuntamente pudieran patrocinar un equipo de City Year. Al alentar la participación activa de los empleados en lugar de abordar a las empresas solamente para obtener fondos, City Year ofrece un modelo para tratar a los donantes como socios e implicarlos en el servicio.

Cualquiera puede patrocinar equipos, lo que permite a muchas empresas poner su marca en una actividad o enorgullecerse de lo que su personal hace en Serve-a-Thons. El grado de patrocinio es un valor de City Year porque aumenta el compromiso cívico. City Year elogia el modelo de organización descentralizada que empareja los fondos públicos con las aportaciones locales, e impulsa un programa nacional que es en realidad «multilocal». Las comunidades se concentran en sus propias necesidades, pero aprenden unas de otras.

El concepto fundamental de City Year es innovador, y al personal se le anima a ser emprendedor en la búsqueda de nuevas ideas. Su competencia organizacional se construye en torno a un aprendizaje constante, y sus conexiones se convierten en la base de asociaciones triples entre el sector público, el privado y el no lucrativo. El modelo de City Year tiene éxito porque concentra los recursos de muchas organizaciones en problemas de alta prioridad y ocupa a muchas organizaciones y a muchas personas en el trabajo de la comunidad.

Así es como la organización trabaja como un modelo del espíritu de asociación para encontrar socios. Detrás de este modelo están Khazei y Brown, los líderes que lo pusieron en movimiento y que reflejan el nuevo estilo de liderazgo:

— Lo mismo que Hewlett y Packard, empezaron como un equipo y se han concentrado en compartir y difundir el liderazgo en lugar de alentar el culto a la personalidad (quizá una de las razones por las que Hewlett y Packard ha adelantado de pronto a rivales impulsados por un único fundador tales como Digital Equipment).

— Están extremadamente orientados al aprendizaje. Aprovechan las lecciones sacadas de la experiencia en listas de lo «que ha dado resultado», que se comparten con todo el mundo y tratan de expresar los principios que transferirán la experiencia de una actividad a otra. Incluyen a muchos miembros del personal en las reuniones para sugerir ideas. Fomentan la apertura a las nuevas ideas y no suponen que tienen ya las respuestas en sus mentes o dentro de la organización.

— Respetan a sus socios. Los abrazan literal y figuradamente. No temen encariñarse ni cierran el círculo a los extraños. Patrocinadores, financiadores, promotores y adalides son bien recibidos por los miembros de City Year. En efecto, varios ejecutivos de empresas que patrocinan equipos de City Year se han unido a tiempo completo a City Year.

— Miran más allá de las fronteras. Examinan todo el sistema de una comunidad y consideran el modo de conectar con ella para añadir valor a las actividades ya consagradas. Piensan más allá de la categoría en la que están situados —simplemente un «cuerpo de jóvenes»— y ven el modo de potenciar sus destrezas y conseguir que un mayor número de personas se impliquen en un mayor número de actividades. Conectan con empresas de otros sectores y consideran todavía más oportunidades de ampliar su red.

De la fuerza de la personalidad a la calidad de la mente

Los líderes cosmopolitas del futuro deben ser *integradores* que sean capaces de mirar más allá de las diferencias evidentes entre las organizaciones, sectores, disciplinas, funciones o culturas. Tienen que ser *diplomáticos* para que puedan resolver conflictos entre las distintas maneras en que las organizaciones o comunidades o países actúan y que pueden influir en las personas para colaborar y para encontrar una causa común. Deben ser *fecundadores por fertilización cruzada* que lleven lo mejor de un sitio a otro y han de ser *pensadores profundos* lo suficientemente inteligentes para ver las nuevas posibilidades y conceptualizarlas.

Las funciones intelectuales de los líderes han sido a menudo descuidadas en los análisis del liderazgo. El carisma, la fuerza de la personalidad, o las destrezas interpersonales se han subrayado más que la fuerza intelectual que necesitan los líderes para estudiar detalladamente los problemas y encontrar nuevas soluciones. Especialmente es esencial la agilidad mental en épocas de transformación social. En la economía mundial de la era de la información, las ideas y los acontecimientos están rehaciendo —o amenazan con rehacer— todas las instituciones sociales y económicas. En todos los campos se está poniendo en duda la sabiduría recibida de las categorías, distinciones y agrupaciones. Tratar de liderar mientras el propio sistema se está rehaciendo estimula la inteligencia. Imaginar las posibilidades fuera de las categorías convencionales, prever acciones que trasciendan los límites habituales, prever las repercusiones y aprovechar las interdependencias, realizar nuevas conexiones o inventar nuevas combinaciones. A los que carecen de la flexibilidad mental necesaria para pensar más allá de las fronteras les resultará cada vez más difícil mantenerse firmes y no digamos prosperar.

La generación de nuevas ideas desafía las fronteras. Las innovaciones surgen de conexiones mentales inesperadas, sorprendentes e incluso irreverentes. Para desarrollarlas, se requieren las colaboraciones y ajustes de muchas partes de la organización y de las redes que las rodean. Las oportunidades empresariales no respetan los territorios. No se presentan en las casillas establecidas en los organigramas. Cuanto más rígidas son las paredes entre las funciones o entre las empresas menos probable es que las personas se aventuren a salir de sus casillas para intentar algo nuevo. Corresponde a los líderes cosmopolitas alentar a otros a liberarse de prejuicios y aprovechar la fuerza del espíritu de asociación dentro de las organizaciones así como más allá de ellas.

Capítulo 10

Siete lecciones para liderar el viaje hacia el futuro

James M. Kouzes, Barry Z. Posner

James M. Kouzes es presidente y director general de TPG/Learning Systems, una empresa del Grupo Tom Peters, radicada en Palo Alto, California. Barry Z. Posner es profesor de comportamiento organizacional y socio gestor del Centro para el Progreso de los Ejecutivos, de la Escuela Leavey de Administración de Empresas, de la Universidad de Santa Clara. Además de su libro premiado y muy vendido The Leadership Challenge, *Kouzes y Posner son coautores de* Credibility: How Leaders Gain and Lose It, Why People Demand It, *seleccionado por* Industry Week *como uno de los cinco mejores libros sobre dirección de empresas, de 1993.*

Los cínicos ganan. La gente está harta, enojada, disgustada y se siente pesimista acerca de su futuro. La alienación es mayor de lo que lo ha sido en un cuarto de siglo. La lealtad a las instituciones —y la lealtad de éstas a las personas— se hunde como

---

Nota: Algunos pasajes de este artículo han sido adaptados de *The Leadership Challenge: How to Keep Getting Extraordinary Things Done in Organizations*, por James M. Kouzes y Barry Z. Posner (Jossey-Bass, San Francisco, 1995). Copyright © 1995 por James M. Kouzes y Barry Z. Posner. Reservados todos los derechos.

una piedra. Ya no lucharemos en lugar de cambiar: simplemente cambiamos. Casi la mitad de la población es cínica, y los cínicos no participan en la mejora de las cosas. En semejante clima ¿cómo puede un líder movilizar un electorado, aparentemente no bien dispuesto, hacia un futuro desconocido y todavía más incierto? ¿Quién lo desearía?

Quizás Charlie Mae Knight. Cuando Knight fue designada nueva superintendente del Distrito Escolar de Ravenswood en East Palo Alto, California, era la duodécima superintendente en diez años. Se encontró con un distrito en el que el 50 por ciento de las escuelas estaban cerradas y el 98 por ciento de los niños se hallaban en el percentil más bajo de aprovechamiento escolar de California. El distrito tenía la tasa más baja de ingresos del estado. Había cubos en las aulas para recoger la lluvia que se filtraba a través de los deteriorados tejados, el hedor de los lavabos era insoportable, las organizaciones para las personas sin hogar actuaban fuera de las escuelas, y eran muy frecuentes los hurtos. Los ardillones y las ratas habían empezado a apoderarse de las instalaciones. Como si esto no fuera una dificultad suficiente, Knight tuvo que luchar con un pleito que duraba ya diez años, y por el que se intentaba disolver el distrito por su deficiente calidad educativa y obligar a los niños a trasladarse a escuelas situadas fuera de su comunidad.

Estos retos habrían desalentado a casi todo el mundo, pero no a Knight. Tras hacerse cargo del puesto, consiguió inmediatamente apoyo de las empresas de la Bay Area y de las fundaciones comunitarias para obtener los recursos que se necesitaban urgentemente. El primer proyecto que emprendió fue el de restaurar la Escuela de Garden Oaks. Técnicos voluntarios de la cercana Raychem Corporation repararon la instalación eléctrica y la red telefónica. Una patrulla de voluntarios contra las ratas utilizó carabinas de perdigones para eliminar del lugar a los molestos roedores. La comunidad ayudó a pintar el edificio por dentro y por fuera y las tiendas de aparatos informáticos donaron suministros.

Al cabo de poco tiempo, los residentes locales empezaron a llamar para averiguar qué color de pintura se había utilizado para la escuela para poder pintar sus casas con una pintura que no desentonara de la de la escuela. Compraron árboles y césped y los plantaron frente a sus casas. El nuevo liderazgo procedía de los padres que empezaron a pedir más de una opinión. En respuesta, se preparó un programa de «Horas de esfuerzo» para los padres de manera que pudieran ofrecer una parte de su tiempo a la escuela. Los profesores empezaron a advertir que algo estaba sucediendo y quisieron formar parte de ello también. El distrito estaba de buena suerte.

A los dos años de la llegada de Knight, los niños superaron el objetivo de estar en el 51 percentil en las puntuaciones de aprovechamiento escolar. (En la actualidad, una de las escuelas del distrito ha ascendido al 68 percentil, muy por encima del primer percentil que tenía cuando empezó.) El distrito cuenta con una de las primeras escuelas del estado que ha aplicado la tecnología en todas las disciplinas, dejando atrás tecnológicamente a todas las escuelas de California y ha sido la primera escuela elemental en unirse a Internet. El pleito ha sido abandonado. Los ingresos han pasado de 1.900 dólares por estudiante a 3.500 dólares. Y por primera vez, East Palo Alto recibió el Premio a la Escuela Distinguida del Estado, basado en sus mejores puntuaciones en los exámenes y en los programas innovadores.

Si vamos a *tener* un futuro —y no digamos a prosperar en él— podemos aprender unas cuantas cosas de las Charlie Mae Knights del mundo. A continuación indicamos siete lecciones que hemos aprendido de ella y de millares de otros aventureros acerca de lo que hace falta para eliminar el cinismo que contamina actualmente el espíritu y transformarlo en esperanza.

Primera lección: los líderes no esperan

Lo mismo que otros líderes que consiguen resultados extraordinarios, Knight sabía que ella tenía que empezar por conseguir algunas victorias. «Es difícil lograr que las personas se interesen simplemente por una visión. Hay que demostrar que algo sucede», nos dijo. «Al principio, vencer era tan importante porque la victoria proporcionaba ciertos indicios de movimiento. Tuve que mostrar algunos signos visibles de que el cambio estaba ocurriendo, con el fin de mantener el impulso y para devolver a las personas la confianza de que nosotros *podíamos* proporcionar una educación de calidad.»

Este espíritu proactivo del liderazgo está vívidamente representado en uno de los primeros carteles de reclutamiento para la Operación Raleigh, llamada ahora Youth Service International, con oficinas norteamericanas en Raleigh, Carolina del Norte. En la parte superior del cartel, impreso con grandes letras figuran las palabras: «¡Se necesitan aventureros!». Debajo del título hay una fotografía de un grupo de personas hundidas hasta el cuello en un pantano con grandes sonrisas en sus caras. He aquí parte del texto para el reclutamiento:

Únete al viaje del descubrimiento

Para 1.500 jóvenes norteamericanos de edades comprendidas entre los 17 y los 24 años, será la aventura de toda una vida. Arqueología submarina en barcos hundidos, pasarelas aéreas en las selvas tropicales, alivio médico para los remotos pueblos tribales: proyectos innovadores, interesantes, que valen la pena...

La ciencia y el servicio son los temas, y el desarrollo del liderazgo es un objetivo fundamental. Es el espíritu precursor de la época de sir Walter Raleigh reavivado, y tú estás invitado a presentarte.

Las oportunidades de liderazgo son ciertamente aventuras de toda una vida y requieren un espíritu precursor. Iniciar una nueva organización, darle la vuelta a una explotación con pérdidas, mejorar considerablemente la situación social, aumentar la calidad de vida de las personas: todos éstos son empeños humanos ennoblecedores. Esperar al permiso para iniciarlos *no* es característico de los líderes. Actuar con un instinto de perentoriedad *sí* lo es. Si usted va a liderar ahora o en el futuro, lo primero que tiene que hacer es lanzar un viaje de descubrimiento.

Segunda lección: el carácter es importante

Durante los dos últimos decenios hemos pedido a la gente que nos diga lo que ellos «buscan y admiran en un líder, en una persona cuya orientación seguirían de buena gana». Las cualidades constantemente resaltadas fueron: «sincero», «consciente de las posibilidades futuras», «inspirador» y «competente».

Estas características comprenden lo que los expertos en comunicación citan como «credibilidad de la fuente». Al evaluar la credibilidad de las fuentes de información —ya se trate de locutores de telediarios, vendedores, directivos, médicos, políticos o sacerdotes— los que se califican mejor en estas dimensiones son considerados las fuentes más creíbles de información.

Lo que averiguamos en nuestra investigación sobre las cualidades de liderazgo admiradas es que, más que cualquier otra cosa, queremos líderes que sean creíbles. Debemos poder creer en ellos. Debemos creer que se puede confiar en su palabra, que están interesados personalmente y entusiasmados acerca de la dirección hacia la que se nos dirige, y que ellos tienen los conocimientos y las destrezas necesarios para liderar. A esto lo denominamos la *primera ley del liderazgo*: «Si no se cree en el mensajero, no se dará crédito al mensaje».

En el núcleo de la credibilidad personal están nuestras creencias. (Credibilidad deriva del latín *credo*, que significa «yo creo».) La gente espera que sus líderes defiendan algo y tengan el valor de sus convicciones. Si los líderes no saben con seguridad en lo que ellos creen, es mucho más probable que cambien su postura con cada moda pasajera o sondeo de opinión. Por consiguiente, el primer hito del viaje a la credibilidad del liderazgo es la *claridad de los valores personales*.

Tercera lección: los líderes tienen la cabeza en las nubes
y los pies en la tierra

No solamente exigimos que los líderes sean creíbles sino que también pedimos que sean conscientes de las posibilidades futuras: que tengan un sentido de la orientación y visión para el futuro. Esta capacidad de pintar un cuadro ennoblecedor del futuro es, de hecho, lo que diferencia a los líderes de otras fuentes creíbles.

Las visiones se refieren a las posiblidades, a los futuros deseados, y son imágenes de grandes posibilidades las que Nolan Dishongh sin lugar a dudas quiere sobre todo provocar en sus estudiantes en peligro. Muchos de los muchachos de catorce a dieciséis años en la clase de oficios de la construcción de Dishongh en el instituto de segunda enseñanza Alice Johnson, a cuarenta kilómetros al este de Houston, tienen una fama bien merecida de alborotadores, de estudiantes con corta duración de la atención, notas bajas y poco interés por el aprendizaje. Muchos proceden de hogares rotos o en los que se ejerce la violencia. Algunos son conocidos miembros de pandillas.

Dishongh fija el tono al comienzo de cada año escolar pidiendo a sus estudiantes que pongan la cabeza sobre el pupitre. Luego, en un tono profundo y tranquilizador les dice que piensen en su madre, para que sientan que ella les quiere y que incluso les quería antes de que nacieran, para que piensen en ella cuando les tenía cerca cuando eran niños, alimentándoles y cantándoles. Les pide que traten de recordar qué sensación les producía esa situación y les anima a pensar acerca de lo orgullosa que se sentía cuando ellos pronunciaban su primera palabra o daban sus primeros pasos «Mira como sonríe —implora—. Mira cómo brillan sus ojos cuando da palmadas de alegría y te abraza». Dishongh les pide que piensen en lo que han hecho para recompensar a su madre por todo lo que ella hizo para criarlos: hacer su comida, lavar su ropa. Dice «Ella *te quiere*, no importa por qué, pero lo que la hace feliz es estar orgullosa de ti».

A continuación, Dishong les dice a los estudiantes que estén muy tranquilos, que respiren profundamente y añade: «Imaginad ahora que os estáis muriendo. Las cuatro o cinco veces siguientes que respiréis serán las últimas. Cuando llaméis a vuestra madre con vuestro último aliento, ¿estaréis llamando a una madre que se siente orgullosa de las cosas que habéis hecho en vuestra vida o a una madre que siempre se entristece por la vida que llevásteis? Creo que cada uno de vosotros *quiere* que su madre esté orgullosa de vosotros. Sé que es así y eso es lo que estamos haciendo aquí. No se trata de normas. Se trata de que vuestra madre se sienta orgullosa».

En ese momento, no es raro ver a unos cuantos muchachos secarse las lágrimas. Dishong promete iniciarles en un viaje de autodescubrimiento, ayudarles a encontrar el sentido de su propia estimación y su actitud para cambiar, un viaje que afectará permanentemente a sus vidas, no sólo al año de la escuela. Los jóvenes se dan cuenta rápidamente de que ésta no es un aula normal, y que Dishong no es un profesor «normal». Él se preocupa. Cree que ellos pueden ser alguien de quienes se puede estar orgulloso, no en peligro sino llenos de posibilidades.

Cuarta lección: los valores compartidos tienen mucha importancia

Por importante que sea para los líderes expresar rotundamente su visión y sus valores, lo que ellos dicen debe ser coherente con las aspiraciones de sus «electores». Éstos tienen también necesidades e intereses, sueños y creencias propios. Si los líderes abogan por valores que no son representativos de la voluntad colectiva, no serán capaces de movilizar a la gente para que actúen como una sola persona. Los líderes deben ser capaces de conseguir el consenso sobre una causa común y conseguir un conjunto común de principios. Deben ser capaces de crear una comunidad de valores compartidos.

En nuestra investigación, hemos examinado cuidadosamente la relación entre los valores personales y los organizacionales. Nuestros estudios demuestran que los valores compartidos:

— Fomentan fuertes sentimientos de efectividad personal.
— Promueven altos niveles de lealtad para con la organización.
— Facilitan el consenso acerca de los objetivos organizacionales clave y de las personas interesadas en la organización.
— Fomentan el comportamiento ético.
— Promueven normas convincentes acerca de trabajar con ahínco e interesarse por los demás.
— Reducen los niveles de tensión en el trabajo.
— Alientan el sano orgullo en la organización.
— Facilitan la comprensión de las expectativas del trabajo.
— Fomentan el trabajo en equipo y el espíritu de cuerpo.

Las personas tienden a ir a la deriva cuando se sienten inseguras o confusas acerca de cómo deben actuar. La energía empleada en enfrentarse con valores incompatibles y debatirlos repetidamente tiene un grave efecto sobre la efectividad personal y sobre la productividad organizacional. El consenso acerca de los valores de largo y corto plazo crea el compromiso acerca de dónde va la organización y de cómo consigue llegar allí. Aunque los líderes no esperan a nadie, si no crean un consenso sobre la visión y sobre los valores, ¡se quedarán completamente solos!

Lección cinco: usted no lo puede hacer solo

Al principio de nuestra investigación, le pedimos a Bill Flanagan, director adjunto de operaciones de Amdahl Corporation, que describiera su mejor deseo personal. Después de unos breves momentos, Flanagan dijo que no podía hacerlo. Sorprendidos, le preguntamos por qué. Flanagan replicó: «Porque no era *mi* mejor deseo personal. Era *nuestro* mejor deseo personal. No se trataba de *mí* sino de *nosotros*. El liderazgo no es la interpretación de uno solo. En los millares de casos de mejor deseo personal del liderazgo que hemos estudiado, todavía no hemos encontrado un solo ejemplo de logro extraordinario que se haya producido sin la implicación y el apoyo activos de muchas personas. Tampoco esperamos encontrar ninguno en el futuro.

Fomentar la competencia entre los miembros de un grupo no es el camino que conduce a la mejor actuación. Alentar la colaboración sí lo es, especialmente si las condiciones son extremadamente difíciles y urgentes. El escritor y profesor universitario Alfie Kohn en *No Contest: The Case Against Competition* (1986), lo explica de esta manera: «El modo más sencillo de comprender por qué la competencia no promueve por lo general la excelencia es darse cuenta de que *tratar de actuar bien y tratar de vencer a los demás son dos cosas diferentes*» (p. 55). Lo primero es tratar de lograr lo que es superior, lo segundo es tratar de hacer inferior a otro. Lo primero se refiere al logro, lo segundo a la subordinación. En lugar de centrar la atención en derribar al competidor, los verdaderos líderes se interesan por crear valor para sus clientes, inteligencia y destreza en sus estudiantes, bienestar en sus pacientes y orgullo en sus ciudadanos. En un mundo más complejo y tenso, las estrategias que tienen éxito se basarán siempre en la filosofía del «nosotros», no en la del «yo».

Lección seis: el legado que usted deja es la vida que usted lleva

La primera cosa que Les Cochran hizo después de llegar a ser presidente de la Universidad Estatal de Youngstown (YSU) de Ohío en julio de 1992 fue comprar un edificio abandonado al borde del campus y dedicar sus fines de semana libres a trabajar con equipos de construcción para transformarlo en una residencia para su familia. Aunque no es raro que los rectores de las universidades vivan cerca del campus, la decisión de Cochran de hacerlo así atrajo mucho la atención y dio el tono de su rectorado.

Para muchos, Cochran estaba literalmente poniendo su vida en peligro pues las, en otro tiempo, encantadoras vecindades que rodeaban la YSU habían sucumbido ante unas pandillas cada vez más agresivas y a los cada vez más numerosos crímenes relacionados con las drogas que siguieron al colapso de la economía dependiente de la fabricación de acero de Youngstown al comienzo de los años ochenta. Cochran creía que el único modo de rescatar la YSU del miedo, la desesperación, la apatía y la desconfianza que paralizaban el campus y la comunidad que lo rodeaba era iniciar el proceso reivindicando como su propio hogar una de estas vecindades decadentes. Su mensaje era claro: «Somos responsables, tanto individual como colectivamente, del destino de esta comunidad». Así, cuando declaró que su filosofía de la aportación individual a la implicación con la comunidad era «juntos podemos cambiar la situación» la gente supo que él creía profundamente en lo que estaba diciendo. Al comprar y restaurar una casa en una zona que estaba decidido a reivindicar para la YSU, Cochran predicó con el ejemplo.

Cuando se pide a los demás que cambien, como lo hizo Cochran, no es suficiente que los líderes pronuncien un discurso conmovedor. Aunque para elevar el espíritu de la gente son esenciales palabras convincentes, Cochran y otros líderes saben que a los «electores» les mueven los hechos. De los líderes que se presentan esperan que presten atención y que participen directamente en el proceso de realización de cosas extraordinarias. Los líderes aprovechan cada una de las oportunidades para mostrar a los demás con su propio ejemplo que están profundamente comprometidos con las aspiraciones por las que abogan. Liderando mediante el ejemplo es como los líderes hacen tangibles las visiones y los valores. Es su manera de proporcionar la *prueba* de que están personalmente comprometidos. Esa prueba es lo que la gente busca y admira en los líderes. Personas que seguirán de buena gana la orientación de los líderes.

En nuestra extensa investigación sobre la credibilidad en los líderes, preguntamos a las personas para que nos dijeran cómo sabían si alguien tenía credibilidad. La respuesta más frecuente fue: «Ellos hacen lo que dicen que harán». Dar ejemplo es esencial para lograr la credibilidad. Cuando se trata de decidir si un líder es o no creíble, la gente primero escucha sus palabras y luego observa sus hechos. Cuando ambas cosas están en consonancia es cuando se dicta el juicio de «creíble».

La forma en que usted lleve *su* vida determinará si la gente pondrá o no *su* vida en sus manos. Si usted sueña con dejar un legado, lo mejor que puede hacer es tener en cuenta la regla de oro del liderazgo: *Haga lo que usted dice que hará.*

Lección siete: el liderazgo es un asunto de todos

El mito asocia el liderazgo con un cargo superior. Se supone que el liderazgo empieza con una «L» mayúscula, y que cuando uno está en la cumbre es ipso facto un líder. Pero el liderazgo no es un lugar: es un proceso. Implica destrezas y aptitudes que son útiles tanto si uno está en un despacho de ejecutivo como si está en la línea de vanguardia, en Wall Street o en la Calle Principal.

El mito más pernicioso de todos es el de que el liderazgo se reserva solamente a unos cuantos de entre nosotros. El mito se perpetúa a diario siempre que alguien pregunta: «¿los líderes nacen o se hacen?». Por supuesto, el liderazgo no es un gen, y decididamente no es algo místico ni etéreo que la gente ordinaria no pueda comprender. No es verdad que sólo unos cuantos afortunados pueden descifrar la clave del liderazgo. Nuestra investigación nos ha demostrado que el liderazgo es un conjunto de modos de proceder observables y que se pueden aprender. Durante más de quince años de investigación hemos tenido la fortuna de oír y de leer las historias de más de 2.500 personas corrientes que han liderado a otras para conseguir que se hagan cosas extraordinarias. Hay unos cuantos millones más. Si hemos aprendido una lección singular acerca del liderazgo de todos estos casos es que el liderazgo es un asunto de todos.

Pregunte simplemente a Melissa Poe de la St. Henry's School, de Nashville, Tennessee. El 4 de agosto de 1989, como alumna de cuarto grado temerosa de la continua destrucción de los recursos del planeta, Poe escribió una carta al presidente George Bush pidiéndole ayuda para su campaña destinada a salvar el ambiente para el disfrute de generaciones futuras.

Después de enviar la carta, a Poe le preocupaba que no llegara nunca a la atención del presidente. Después de todo, ella solamente era una niña. Por tanto, con la urgencia de la cuestión que tanto la preocupaba decidió atraer la atención del presidente poniendo su carta en una valla publicitaria. Gracias a la pura diligencia y a su arduo trabajo, la niña de nueve años consiguió que su carta fuera expuesta gratuitamente en una valla publicitaria en septiembre de 1989 y fundó Kids F.A.C.E. (Niños en Favor de un Ambiente Limpio), una organización cuyo objetivo es fomentar programas para limpiar el ambiente.

Casi inmediatamente, Poe empezó a recibir cartas de niños que estaban tan preocupados como ella por la degradación del ambiente y que deseaban ayudar. Cuando por último Poe recibió una decepcionante carta modelo del presidente, no abandonó su idea. Ya no necesitaba la ayuda de alguien famoso para transmitir su mensaje. La niña había encontrado en sí misma a la persona que necesitaba: la persona dinámica que podía inspirar a los demás para implicarse y hacer realidad su sueño.

Al cabo de nueve meses, más de 250 vallas publicitarias en todo el país exhibían gratuitamente su carta, y la afiliación a Kids F.A.C.E. había aumentado. Cuando la organización creció, el primer proyecto de Kids F.A.C.E. de Poe, un programa de reciclado en su propia escuela, originó un manual lleno de ideas sobre cómo limpiar el ambiente. La impaciencia y el entusiasmo de Poe la motivaron para hacer algo. Y su trabajo ha dado resultado. Hoy hay más de doscientos mil miembros y dos mil capítulos de Kids F.A.C.E. La niña Poe es la prueba de que no hay que esperar a que otra persona lidere, y que uno puede liderar sin un título, sin un cargo e incluso sin un presupuesto.

Cuando el liderazgo se considera un conjunto de rasgos de carácter que no pueden aprenderse o como el equivalente a una posición elevada, se crea una de las profecías que se cumplen a sí mismas y que condena a las sociedades a tener sólo unos cuantos buenos líderes.

Es mucho más sano y más productivo para nosotros empezar con la suposición de que a todo el mundo le es posible liderar. Si suponemos que el liderazgo puede aprenderse, podemos describir los muchos buenos líderes que existen en realidad. El liderazgo puede exhibirse en nombre de la escuela, de la iglesia, de la comunidad, de los Boy Scouts o de las Girl Scouts, del sindicato o de la familia. En algún lugar, alguna vez, el líder que hay en cada uno de nosotros puede sentir la llamada de dar un paso hacia delante.

No debemos inducir a error a las personas haciéndoles creer que pueden alcanzar objetivos poco realistas. Tampoco debemos suponer que sólo unos cuantos alcanzarán alguna vez la excelencia en el liderazgo o en algún otro empeño humano. Los que tienen un mayor éxito en sacar lo mejor de los demás son las personas que fijan objetivos alcanzables, que los amplían y que creen que poseen la aptitud de dar un mayor impulso a los talentos de los demás.

Por lo que hemos podido observar en nuestra investigación, cuantas más personas respondan a la llamada, más nos alegraremos del resultado, pues nosotros descubrimos y volvimos a descubrir que el liderazgo no es la reserva privada de unos cuantos hombres y mujeres carismáticos sino un proceso que las personas corrientes utilizan cuando producen lo mejor de sí mismas y de los demás. Creemos que tanto si usted está en el sector privado como en el sector público, tanto si es usted un empleado como un voluntario, tanto si está usted en la vanguardia como si está en el escalón superior, tanto si es usted un estudiante o un padre, usted es capaz de surgir como un líder mucho más de lo que la tradición ha venido suponiendo como posible. Cuando liberamos al líder que hay en cada uno de nosotros, suceden cosas extraordinarias.

Capítulo 11

Líderes que dan forma a la cultura y la mantienen orientada a los resultados

James L. Heskett, Leonard A. Schlesinger

James L. Heskett es profesor de logística empresarial de la cátedra de la Fundación UPS en la Escuela de Administración de Empresas para Graduados, de la Universidad de Harvard. Es autor de Managing in the Service Economy *y coautor de* Corporate Culture and Performance, Service Breakthroughs: Changing the Rules of the Game *y* The Service Management Course. *Leonard A. Schlesinger es profesor de administración de empresas de la cátedra George Fisher Baker, decano adjunto y director de relaciones externas de la Escuela de Comercio de Harvard. Es autor de más de cuarenta artículos y ocho libros, entre los que figuran* The Real Heroes of Business... and Not a CEO Among Them, *con Bill Fromm, y de* Out in Front: Building High-Capability Service Organizations, *con James L. Heskett.*

Durante los últimos años, hemos tratado de descubrir de varios modos las conexiones que existen entre el comportamiento de liderazgo y la actuación o resultados organizacionales. No éramos tan ingenuos como para suponer que la percepción generalizada del líder exitoso como comandante, director administrativo, responsable de la toma de decisiones, asimilador del poder y comunicador de verdades, con gran frecuencia instalado cómodamente en una oficina en un piso superior y aislado adrede de la lucha cotidiana de la organización sería la prueba para caracterizar a nuestros líderes. Pero tampoco estábamos preparados para lo que averiguamos.

Lo que encontramos fueron los líderes de las organizaciones que mejor actúan en sus respectivas «industrias» lucrativas y del sector social que definían sus tareas en términos de señalar y comunicar constantemente los valores comúnmente sustentados, de dar forma a dichos valores para mejorar la actuación, de asegurar la capacidad de las personas en torno a ellos, de vivir los valores comúnmente sustentados, de escuchar una gran parte del tiempo y de hablar literalmente un lenguaje diferente que el de sus contrapartes habituales. En una palabra, se consideraban a sí mismos *moldeadores* y *mantenedores* de las culturas orientadas a los resultados.

Los líderes de nuestra muestra no marchan en filas cerradas al toque de un tambor diferente. Ni representan necesariamente un estilo de liderazgo para todas las situaciones y todas las culturas nacionales. Pero las contrapartes de su comportamiento forman un importante cuadro colectivo que debe dar a cualquier observador del liderazgo efectivo en la sociedad actual una pausa para pensar. Para ilustrar estas contrapartes, citamos sólo seis ejemplos de una muestra mucho mayor de posibilidades: un uso especial del lenguaje, destrezas relacionadas con la manera de escuchar, propagación de valores, mejora de la aptitud de los empleados, aclaración de los valores fundamentales y garantía de la dignidad.

Hablar un lenguaje diferente

Lo primero que se observa en nuestro grupo de líderes es el sorprendente lenguaje que utilizan. Aunque el lenguaje es sólo un síntoma, no es un mal lugar para empezar una exploración de los estilos de liderazgo.

El director general de Banc One, según varios parámetros el banco grande que mejor actúa en los Estados Unidos, ha definido su labor como la gestión de una «asociación poco común» que fomenta al máximo la autonomía local de unos directivos cuidadosamente seleccionados combinada con unos servicios efectivos suministrados centralmente y con medidas comunes de actuación. La presidente del consejo de administración de ServiceMaster, la organización de servicios de apoyo de mayor éxito en los Estados Unidos, buscaba un «corazón de sirviente» como criterio fundamental para seleccionar a su sucesora en la dirección general. Antigua jefe de lo que muchos consideran como la organización del sector social mejor liderada y mejor gestionada, las Girls Scouts, describía su trabajo como el de asegurar que la organización permaneciera «centrada en la misión, basada en los valores e impulsada por los datos demográficos de la población», dirigido este último término a la necesidad de una mayor diversidad en la organización. El director general de una importante empresa de navegación aérea norteamericana de gran éxito, Southwest Airlines, nos habló acerca de la contratación de empleados como de una «experiencia casi religiosa».

Éste no es el lenguaje que uno espera de los líderes duros, pero la rudeza en el modo de hablar de otros no ha producido evidentemente la clase de resultados que estos líderes han proporcionado.

Escuchar en vez de decir

Los ejecutivos de vanguardia suelen estar adiestrados para escuchar las necesidades de los clientes. Los que actúan bien son recompensados por lo general con el ascenso que los aparta de los clientes. Con cada ascenso sucesivo, se cuenta cada vez más con ellos para «la palabra» y son solicitados para categorías superiores. Tienden también a adquirir el hábito de decir más y escuchar menos. Ese comportamiento es contrario al comportamiento del liderazgo que hemos encontrado en nuestra pequeña muestra de organizaciones orientadas a los resultados.

El jefe de Banc One es conocido por su afirmación de que no sabe nada de cómo dirigir los muchos bancos que él lidera. En cambio, él considera que su papel es el de observar las cifras de los resultados, escuchar las peticiones de ayuda de los asociados y asegurarse de que los que la necesitan son puestos en contacto con los colegas de la organización que pueden ayudarles. Con el fin de alentar a todo el mundo en su organización para que escuche, el presidente y antiguo director general de ServiceMaster requirió a todos los ejecutivos que realizaran un día de trabajo fuera de las oficinas limpiando suelos, paredes y retretes o sirviendo comidas a clientes y a clientes de los clientes. Lo que averiguaron fue útil. Las señales que enviaron a los empleados y a los clientes fueron inestimables.

La mayoría de los líderes de nuestra muestra y sus organizaciones practican la política de «puertas abiertas» que a menudo es inherente a las organizaciones paternalistas del pasado. Por ejemplo, el director general de Southwest Airlines va a los Empleados (siempre con mayúscula en Southwest) si ellos no van a él. Eso le permite escuchar mejor. La ruptura con el pasado tiene lugar en lo que ellos hacen con la información. En lugar de utilizarla para tomar medidas contra alguien, lo más frecuente, la utilizan para lanzar nuevas iniciativas o poner a las personas en contacto con los que pueden proporcionar ayuda y apoyo mutuos. Mientras la información se utilice de este modo, la organización responderá y rendirá.

Obrar con arreglo a los valores

En nuestra investigación, hemos descubierto que las organizaciones con culturas fuertes no tienen ningún argumento especial en cuanto al éxito y la longevidad. Los que adoptan valores que reverencian y apoyan la adaptabilidad sí lo tienen. Estos valores recompensan la sensibilidad ante las necesidades de los clientes, los empleados, los proveedores y otros grupos importantes. Se expresan en términos tales como el antiguo lema empresarial «gente que se preocupa» en Banc One; el objetivo de «fines», «ayudar a la gente a progresar» (además del objetivo de «medios», «aumentar la rentabilidad») en ServiceMaster; el objetivo de «ayudar a todas las muchachas a alcanzar todas sus posibilidades» para las Girls Scouts; y el hincapié en la «familia» en Southwest Airlines, entendiendo por familia los clientes además de los empleados.

La adaptabilidad exige un conjunto diferente de comportamientos de liderazgo. Los ejecutivos de Banc One viajan constantemente para proporcionarse oportunidades de escuchar cara a cara. En ServiceMaster, los ejecutivos superiores trabajan junto a los empleados de las organizaciones de clientes y se dedican a una extensa labor de beneficencia en el exterior. En las Girl Scouts, el antiguo director ejecutivo utilizaba invariablemente el mismo lenguaje para transmitir la misión y los valores de la organización, indicándonos a nosotros que «la fuerza del lenguaje es muy importante en este trabajo». En Southwest Airlines, el director general lidera el trabajo en la fundación benéfica adoptada por la «familia», en las casas de Ronald McDonald, y más del 90 % de los empleados de la empresa se dedican a actividades similares en sus comunidades.

Asegurar la capacidad de los empleados

Nuestra investigación en una amplia serie de organizaciones de gran rendimiento nos ha conducido a uno de los secretos mejor guardados del éxito competitivo. Es que los determinantes más importantes del beneficio y del crecimiento son la lealtad y la satisfacción del cliente, factores que directamente se relacionan con la satisfacción de los empleados y la lealtad y productividad resultantes. Repetidamente, hemos dicho a los empleados que la capacidad para llevar a cabo sus respectivas tareas es el determinante más importante de su satisfacción. La capacidad se promueve de muchos modos, y los no menos importantes son la selección eficaz y la asignación de tareas, la capacitación, el apropiado apoyo tecnológico y los esfuerzos por poner a los empleados en contacto con otros que puedan ayudarles. Los líderes destacados que hemos observado saben esto y dedican su tiempo en consonancia con ello.

La noción fundamental de la Asociación Infrecuente en Banc One es la provisión de productos extraordinarios y la tecnología y procesos de apoyo a las personas que en las agencias locales del banco son responsables de las relaciones con los clientes minoristas. ServiceMaster dedica varias veces más tiempo que sus competidores a perfeccionar los materiales de limpieza, el equipo y los procesos que aseguran una productividad y calidad máximas en el trabajo de las personas a quienes supervisa y a capacitar a quienes los aplican. Durante años, las Girls Scouts han patrocinado lo que, en todos los aspectos, tiene que ser uno de los programas de capacitación más grandes del mundo fuera del ámbito militar. Con más de 750.000 voluntarios, muchos de los cuales lideran por primera vez, considera que la capacitación para el liderazgo es la clave de la capacidad organizacional e individual. En Southwest Airlines, la línea directriz es: «haga lo que usted considere que es cómodo para el cliente». Esto requiere no solamente que los Empleados tengan la necesaria libertad para actuar sino también que posean la información y otros apoyos con los que hacerlo así de manera inteligente y la lealtad para hacerlo así en interés de la empresa así como de sus clientes. Los líderes de estas organizaciones se toman un interés personal en asegurar la capacidad de sus asociados. Como dice el director general de Banc One: «Mi misión es la de jefe de personal. Si yo consigo poner la gente apropiada en el puesto de trabajo apropiado, eso es todo lo que tengo que hacer».

Definir, dar forma y utilizar los valores fundamentales

En lo más íntimo del nuevo liderazgo está el redescubrimiento de la necesidad de definir, dar forma y utilizar los valores fundamentales comúnmente mantenidos de la organización. Obsérvese que decimos «redescubrimiento», lo que no es nuevo. Es algo que en los primeros tiempos de la empresa norteamericana los fundadores de algunas de las más grandes empresas reconocieron intuitivamente como importante. Un director general de IBM caracterizó los valores esenciales de dicha empresa en época tan reciente como 1960 cuando recordó a todos sus miembros la importancia del respeto por el individuo, el servicio al cliente y la excelencia, valores sobre los que su padre creó la empresa. Hoy es bastante raro que los valores se definan, reciban forma, se comuniquen y se utilicen;

pero esto siempre puede hacerse en las organizaciones cuya actuación ha captado nuestra atención.

El proceso de definición y comunicación requiere liderazgo. En Banc One es el director general el que periódicamente convalida la importancia de lo anterior y comunica los elementos de la Asociación Infrecuente. Los valores que subyacen en la Asociación se aplican siempre que se evalúa cada una de las muchas perspectivas de absorción de empresas por Banc One. Deben tener integridad y capacidad para gestionarse a sí mismas. En ServiceMaster, los valores se revisan cada cinco años como parte de un proceso de planificación de largo alcance bajo el liderazgo del director general. También en este caso, los valores se utilizan como una plantilla con la cual se evalúa la gestión de las posibles absorciones de empresas. Igualmente importante es el hecho de que ellos están siendo codificados para ayudar a ServiceMaster a seleccionar directivos en la organización. Las Girl Scouts actúan de acuerdo con La Promesa y La Ley, buena parte de las cuales pueden recitar años después cualquiera que haya estado en las Girl Scouts. Se revisan, aunque rara vez se modifican, como parte de un ciclo de planificación trienal. En Southwest Airlines, un equipo de Empleados al que se le confiaron las iniciativas de diseño para ayudar a mantener la cultura de la empresa siguen los ejemplos de un director general carismático que dedica gran parte de su tiempo a comunicar los valores comúnmente mantenidos en una organización en rápido crecimiento.

El poder a través de la dignidad

Ninguno de los líderes de las organizaciones que destacan por sus resultados y que nosotros hemos observado se cualifican como estereotipos de la filosofía del liderazgo denominada «hacerse cargo». Son poderosos, pero su poder lo derivan de maneras que sugieren una redefinición de la palabra. En realidad, una fuente importante de su poder es la dignidad que ellos fomentan en quienes les rodean y en todos los niveles de sus respectivas organizaciones.

Los que han estudiado el poder caracterizan sus fuentes desde los siguientes puntos de vista: el poder que concede el cargo, el poder del experto (los conocimientos del puesto de trabajo), la atracción personal (atracción afectiva) y el esfuerzo (la dedicación y entrega personales). Nuestros líderes son expertos en muchos campos y ciertamente derivan alguna parte de su poder de ese hecho. Pero su pericia no radica en el conocimiento de los trabajos de los demás ni en su aptitud para aparecer como expertos. (En respuesta a la pregunta acerca de cómo explica los buenos resultados de su organización, el director general de Southwest Airlines dice: «Me gustaría atribuirlos a un liderazgo brillante, pero no puedo. Se deben a la gente de las líneas aéreas y a su sensibilidad para con los clientes y entre ellos mismos».) Estos líderes confían poco en los conceptos clásicos de la autoridad conferida por el cargo y dan pocas pruebas de estar fortaleciendo sus cargos mediante esfuerzos laborales hercúleos. Su poder radica más bien en las áreas de pericia que hemos bosquejado aquí: el uso del lenguaje, las destrezas relacionadas con el saber escuchar, la propagación de los valores, la mejora de la capacidad de los empleados, la clarificación de los valores esenciales y la garantía de la dignidad. Además, su poder radica en su aptitud para fomentar las relaciones, tanto entre ellos mismos y los demás como los de los otros entre sí. Al léxico se le podría añadir por consiguiente la expresión *poder relacional*.

Mantener la cultura

Los directores generales de las organizaciones que hemos estudiado conocen la ventaja competitiva que confiere una adecuada clase de cultura, y se esfuerzan en preservarla. En ningún momento es esto más importante que en el de la búsqueda y preparación de un sucesor. Este proceso plantea una serie de preguntas todavía sin respuesta en las organizaciones de nuestra muestra. No obstante, nuestras observaciones nos sugieren varias formas que hay que comprobar mediante un estudio más extenso durante un período más largo de tiempo, incluyendo lo siguiente:

1. Hay poca motivación o razón para buscar los sucesores fuera de la organización. Por ejemplo, en ServiceMaster y en las

Girl Scouts, las dos organizaciones descritas aquí que han tenido una transición en el liderazgo, fueron elegidas personas de dentro de la organización.

2. Las culturas fuertes y con capacidad de adaptación están lideradas por personas que tratan de parecer prescindibles para la organización. Los miembros de la organización, sin embargo, suelen considerarlos indispensables, con frecuencia, lo que crea una tensión difícil de mitigar. Por ejemplo, en Southwest Airlines, existe un fuerte sentimiento dentro de la organización en el sentido de que el actual director general es irremplazable, por mucho que se esfuerce en tratar de borrar esa idea y en establecer mecanismos para asegurar la preservación de la cultura.

3. En esas organizaciones, los sucesores no se encuentran de la noche a la mañana. Tienen que haber formado parte de la cultura durante algún tiempo.

4. Una estrecha asociación con la actividad fundamental de la organización puede dar por resultado unos sucesores que acepten demasiado la cultura y se opongan excesivamente a la adaptación que requieren las culturas fuertes. De ahí que el individuo que ha estado en parte dentro y en parte fuera de la empresa suele ser el que tiene más éxito en proporcionar la continuidad del liderazgo que requieren nuestras organizaciones excepcionalmente excelentes. En ServiceMaster, donde se ha producido la más reciente transición, el nuevo director general fue antes jefe de las actividades relacionadas con los bienes de consumo de la empresa, las dos importantes líneas de negocio más recientes de la firma. Entró en la empresa hace varios años a través de una absorción, que se hizo, en parte, a causa de los valores de su antigua organización. Él es la quintaesencia del individuo que ha estado en parte fuera y en parte dentro.

Liderazgo, cultura y actuación

No creemos que los conceptos del liderazgo que hemos descrito seran fútiles. Los líderes que hemos descrito han contribuido a producir algunos de los mejores resultados jamás vistos en las industrias representadas por sus organizaciones. No han encontrado por casualidad una fórmula secreta para el éxito competitivo. Comprenden lo que están haciendo y hacen un esfuerzo consciente para desempeñar su papel y lo desempeñan tan bien que a menudo se convierte en una segunda naturaleza, que excluye cualquier posibilidad de gestión mediante manipulación. De vez en cuando, en las organizaciones que compiten, el liderazgo se ha valido de uno o más de los comportamientos observados y ha tratado de emular a los líderes de estas organizaciones de un modo que muy bien podría considerarse como manipulador. Los resultados han sido predeciblemente desastrosos, lo que proporciona una confirmación tradicional de la posibilidad de que exista una fuerte conexión entre liderazgo, cultura y excelencia en la actuación. Dicho con brevedad: el liderazgo moderno produce resultados organizacionales extraordinarios.

Capítulo 12

El líder que se centra en el «cómo ser»
Frances Hesselbein

Frances Hesselbein es presidenta de la Fundación Peter F. Drucker para la Gestión no Lucrativa y presidenta del Patronato del Instituto Josephson para el Progreso de la Ética. Fue jefe de las Girl Scouts de los Estados Unidos desde julio de 1976 a febrero de 1990. El presidente Bush la nombró en agosto de 1991 para el consejo de administración de la Comisión sobre el Servicio Nacional y Comunitario y para su Comité Asesor sobre la Points of Light Initiative Foundation en 1989. Hesselbein ha recibido numerosos premios, entre los que figuran nueve doctorados honorarios y el Premio a la Excelencia en el Liderazgo de la National Women's Economic Alliance.

Una revista comercial les pidió a varios ejecutivos empresariales que «echaran un vistazo al horizonte de los titulares de hoy», «se formaran una idea del futuro» y describieran las tareas más apremiantes que están más allá del milenio para los altos directivos. Yo fui también invitada a hacerlo. En mi respuesta escribí: «Los tres retos principales con que se enfrentarán los directores generales tienen poco que ver con la gestión del activo tangible de la empresa y mucho que ver con la vigilancia de la calidad del liderazgo, del personal y de las relaciones». Después de publicarse la revista, un líder empresarial me escribió diciéndome «Sus comentarios me parecen muy razonables. Creo que los tres retos que usted describe son las tres patas de un taburete. Sin embargo, veo que hay líderes que sólo atienden a una, o quizá a dos de las patas».

En los inciertos años que nos esperan, los familiares puntos de referencia, líneas directrices y piedras miliares cambiarán con tanta rapidez y tan explosivamente como los tiempos; pero una cosa constante en el centro del vórtice será el líder. Más allá del milenio, el líder será el que haya aprendido las lecciones de *cómo hacerlo*, con libros mayores de «cómos» equilibrados con «ellos» que se disuelven en los cambios rotundos que han de sobrevenir. El líder de hoy y del futuro se centrará en el *cómo ser*: cómo perfeccionar la calidad, el carácter, la manera de pensar, los valores, los principios y la valentía.

El líder que se centra en el «cómo ser» sabe que las personas son el activo más importante de la organización, y en la palabra, el comportamiento y las relaciones demuestra esta filosofía de gran influencia. Este líder prohibió hace ya mucho tiempo la jerarquía y, haciendo intervenir a muchas cabezas y manos, creó una nueva clase de estructura. El nuevo diseño sacó a las personas de las casillas de la antigua jerarquía y las trasladó a un sistema más circular, flexible y fluido que presagiaba la liberación del espíritu y empeño humanos.

El líder que se centra en el «cómo ser» crea un liderazgo disperso y se distribuye el liderazgo hasta los bordes más externos del círculo para hacer surgir el poder de la responsabilidad compartida. El líder crea un personal, un consejo de administración y un *staff* que reflejan las muchas caras de la comunidad y del ambiente, de manera que los clientes y los «electores» se encuentran a sí mismos cuando ven esta organización del futuro tan ricamente diversa.

Este líder que se centra en el «cómo ser» propone la visión del futuro de la organización de un modo convincente, que enciende la chispa necesaria para crear la empresa completa y moviliza a las personas en torno a la misión de la organización, haciendo de ella una fuerza poderosa en los tiempos inciertos que nos esperan. La coordinación en torno a la misión genera una fuerza que transforma el lugar de trabajo en un lugar en el que los trabajadores y los equipos pueden expresarse en su trabajo y encontrar una significación más allá de su tarea, cuando ellos hacen todo lo necesario para la misión. A través de un enfoque coherente de la misión, el líder que se centra en el «cómo ser» proporciona a los líderes dispersos y diversos de la empresa un claro sentido de la orientación y la oportunidad de encontrar un significado en su trabajo.

El líder que se centra en el «cómo ser» sabe que escuchar al cliente y aprender lo que él valora —«cavar en el campo»— será un componente crítico, más todavía en el futuro que hoy. La competencia mundial y local simplemente se acelerará, y la necesidad de centrarse en lo que el cliente valora será todavía más fuerte.

Todo el mundo observará al líder del mañana, como observamos al de hoy, para ver si los modos de proceder empresariales de la organización son coherentes con los principios adoptados por el líder. En todas las interacciones, desde la más pequeña a la más grande, el comportamiento del líder que se centra en el «cómo ser» demostrará una creencia en el valor y en la dignidad de los hombres y mujeres que componen la empresa.

La clave para la significación societal de los líderes del futuro es el modo en que ellos adopten la totalidad del liderazgo, no simplemente incluyendo «mi organización» sino yendo también más allá de sus muros. El líder centrado en el «cómo ser», tanto si está trabajando en el sector privado, como en el público o en el social, reconoce la significación de las vidas de los hombres y de las mujeres que componen la empresa, el valor de un lugar de trabajo que forma a las personas cuya actuación es esencial para promover la misión, y la necesidad de una comunidad saludable para el éxito de una organización. El líder sabio abarca a todos los interesados en un círculo que rodea a la empresa, a la organización, a la gente, al liderazgo y a la comunidad.

Los retos planteados desde fuera de los muros requerirán tanta atención, entrega y energía como las tareas más apremiantes que hay que realizar en el interior. Los líderes del futuro dirán «esto es intolerable» cuando observen las escuelas, la salud de los niños que compondrán la fuerza laboral del futuro, la preparación insuficiente para la vida y el trabajo en demasiadas familias y a la gente que pierde la confianza en sus instituciones. Los nuevos líderes crearán la comunidad saludable tan enérgicamente como crearon la empresa saludable productiva, sabiendo que la organización que consigue grandes resultados no puede existir si decepciona a su gente en una comunidad decadente.

Las preocupaciones de hoy acerca de la falta de lealtad de los trabajadores a la empresa y la correspondiente falta de lealtad de las empresas a su personal están enviando un claro mensaje a los líderes del futuro. A los *pit bulls*** del mercado puede parecerles que sus ideas consistentes en bruscas reducciones de precios y en resistir hasta la muerte están tan agotadas como los ánimos de sus tropas. Al final, cuando las organizaciones reduzcan su personal, ¿será el líder de un personal desalentado y desmoralizado el que lidere el conjunto o será el nuevo líder, guiando desde la visión, los principios y los valores que crean confianza y liberan la energía y la creatividad del personal? Los grandes observadores no prevén buenos tiempos, pero en los mismos peligros que les esperan a los líderes existen oportunidades notables para quienes conduzcan a sus empresas y a este país hacia una nueva clase de comunidad: una comunidad cohesiva, unida, de niños sanos, familias unidas y un trabajo que dignifique al individuo. Es en este campo donde los líderes con nuevos modos de pensar y con nuevas visiones forjarán las nuevas relaciones, cruzando los tres sectores para crear asociaciones y comunidad. Para ello será necesario una nueva casta (o la vieja casta deshaciéndose del cansado enfoque de hacer las cosas sin ayuda de nadie), compuesta de líderes que se atrevan a ver toda la vida y la comunidad, que consideren el trabajo como una oportunidad extraordinaria de expresar todo lo que se tiene dentro y que confieran pasión y luz a la vida, y que tengan el valor de liderar desde el frente sobre las cuestiones, principios, visión y misión que se conviertan en la estrella que les sirva de orientación. Los líderes del futuro sólo pueden especular sobre los tangibles que definirán los retos más allá del milenio. Pero los intangibles, las cualidades que requiere el liderazgo, son tan constantes como la estrella polar. Se expresan en el carácter, en la fuerza que se lleva dentro y en el «cómo ser» de los líderes más allá del milenio.

---

* Perros musculosos y valientes parecidos a los bulldogs. (*N. del T.*)

Capítulo 13

Sobre los líderes futuros
Richard Beckhard

Richard Beckhard es un asesor organizacional especializado en trabajar con líderes en el campo del perfeccionamiento organizacional e institucional y en la gestión del cambio y de la complejidad. Es autor de The Fact-Finding Conference, Core Content, Organization Development *y* Explorations on the Teaching and Learning of Managing Large System Change. *Es coautor de* Changing the Essence: The Art of Making and Managing Fundamental Change *y* Organizational Transitions. *Beckhard fue profesor de comportamiento y dirección organizacional en la Escuela Sloan de Administración de Empresas del Instituto Tecnológico de Massachusetts, de cuyo profesorado fue miembro durante veintiún años. La Escuela Sloan le honró creando el Premio Richard Beckhard, concedido anualmente al mejor artículo sobre este tema publicado en la* Sloan Management Review.

Un primer principio del liderazgo es el de que es una relación entre un líder y sus seguidores. Sin seguidores no hay nadie a quien liderar. Un segundo principio es que los líderes que son efectivos conocen y gestionan conscientemente la dinámica de esta relación.

El líder es el centro de una serie de fuerzas, cada una de ellas con su propio orden del día. Esas fuerzas «demandan» que el líder se comporte de manera que promueva sus objetivos. Esta combinación de fuerzas forman un *sistema de demanda*. Cada fuerza, o *dominio*, como suelen llamarla a menudo, tiene sus propias demandas. Todas ellas han de ser gestionadas al mismo tiempo por el líder, puesto que todas convergen en él. La conducta del líder ante estas fuerzas forman el *sistema de respuestas*. El líder debe decidir cómo responder tanto a las demandas individuales como a las interacciones entre las distintas demandas.

Entre los dominios que es probable que hagan demandas al líder figuran el consejo de administración, el *staff* y los empleados, los voluntarios de la organización, los proveedores, los clientes, los medios de difusión, muchos niveles de la Administración pública, las asociaciones empresariales, los competidores, los grupos de intereses especiales y «el público» (esa expresión amorfa), la familia y los amigos y figuras clave tales como los sacerdotes o mentores.

Otros dominios están dentro de la persona. Incluyen la elección de valores que han de expresarse, el papel de las creencias para determinar el comportamiento, el grado de convicción y entrega necesarios, los retos del aprendizaje y el estilo personal preferido de gestión.

En respuesta a todas estas demandas, el líder tiene que equilibrar dos fuerzas: el grado de energía que ha de gastarse para obtener los resultados y lo que ha de gastarse en las relaciones.

Los retos del nuevo siglo

Los líderes del siglo XXI se enfrentarán con demandas mayores y más complejas que las existentes en la mayor parte del siglo que ahora termina. Hasta hace poco, los líderes tenían la posibilidad de dar forma a sus organizaciones de manera que respaldaban sus valores, sus posiciones y su estilo personales.

La explosión de la tecnología, el aumento de la conciencia de que las personas son el factor clave de la eficacia organizacional y la comprensión de que las organizaciones deben tener un orden del día económico y otro social, cualquiera que sea el sector en el que operen, han erosionado la autonomía del líder de la organización. En la sociedad actual el director general de una empresa rara vez goza de la libertad que se les otorgó a sus predecesores. Los consejos de administración, históricamente pasivos, se han convertido en participantes activos en el gobierno de las organizaciones y en la evaluación de la actuación del líder.

En el gobierno, el poder del líder *oficial* se ha reducido de un modo importante. El presidente de los Estados Unidos solamente puede controlar catorce de los centenares de comités del gobierno. Miembros del gabinete del presidente tienen que ser sensibles a los comités del Congreso que supervisan sus departamentos. Los comités agrícolas, por ejemplo, ejercen tanta influencia sobre el comportamiento del secretario de agricultura como el propio presidente. No existe ya una clara línea de autoridad.

Los líderes de las organizaciones no lucrativas tienden a ser más experimentados y competentes en el manejo de sus múltiples «circunscripciones». También tienden a sentirse menos cómodos y a ser menos competentes en las destrezas de gestión en comparación con sus colegas del sector privado.

Al reflexionar sobre los grandes líderes del siglo XX, enseguida recordamos a Franklin Delano Roosevelt, Harry S. Truman y John F. Kennedy como presidentes gigantes. Martin Lutero King, Jr., está solo como líder del cambio social. Sigmund Freud y Kurt Lewin proporcionaron un liderazgo significativo en la comprensión de la naturaleza humana. Los hombres de las ciencias sociales aplicadas Peter Drucker y Douglas McGregor son poderosos líderes del pensamiento. Alfred P. Sloan y George Eastman, y más recientemente Jack Welch, de la General Electric, y Robert Galvin, de Motorola, destacan como gigantes en el liderazgo de las organizaciones empresariales. En el sector voluntario, o terciario, Frances Hesselbein es la líder que destaca.

Estos gigantes poseen varios rasgos en común, entre ellos la gran fuerza de su ego, la aptitud para pensar estratégicamente, una orientación hacia el futuro y la creencia en ciertos principios fundamentales del comportamiento humano. Poseen fuertes convicciones y no dudan en exponerlas. Son políticamente sagaces. Saben cómo utilizar el poder tanto para la eficiencia como para el bien mayor tal como ellos lo ven. Son también empáticos por cuanto tienen la aptitud de «entrar en las mentes» de las personas con las que se relacionan.

Estos líderes varían en sus valores, sus estilos de gestión y sus prioridades. Algunos se preocupan fundamentalmente de cambiar las circunstancias de la sociedad, a otros les preocupa ser los mejores en su industria o campo. Sus estilos de dirección van desde el muy autocrático hasta el paternalista o el consultivo o el orientado al equipo. Varían también en sus actitudes hacia la humanidad y hacia los individuos. Varían en sus convicciones acerca de la autonomía o interdependencia de las organizaciones que encabezan.

Los futuros líderes probablemente corresponderán a los anteriores perfiles. Las diferencias es probable que procedan de la mayor complejidad del mundo en que funcionarán y del aumento exponencial en el ritmo de cambio que procederá de las explosiones de la tecnología y de las comunicaciones. El manejo de las tensiones entre estos progresos y las necesidades de los individuos será de una dificultad cada vez mayor. Los líderes tendrán que prestar atención a las cuestiones sociales de la protección del ambiente y del planeta, de la creación de una sociedad más justa así como atender al creciente interés de un número importante de personas por encontrar significación a sus vidas. La espiritualidad no será una palabra reservada al clero.

Los líderes también tendrán que adaptarse a los cambiantes papeles y relaciones de los diferentes sectores de la sociedad. ¿Cuál será la misión del comercio y de la industria —el sector privado— en el siglo XXI? Tradicionalmente han sido los que han producido la riqueza de la nación, y nosotros hemos debatido sobre la distribución de esa riqueza. ¿Qué orientación tomará ese debate? ¿Cuál será el papel del gobierno? ¿Cuál será el efecto de las regulaciones sobre la libertad de los líderes para controlar su propio destino? Si continúa la tendencia actual de recortar el apoyo del gobierno al sector social, los líderes de dicho sector tendrán que reexaminar su misión, su financiación y sus relaciones con los demás sectores.

Un reto importante será el de liderar y gestionar efectivamente las relaciones entre la misión o propósito de la organización, su interacción y asociaciones con otras instituciones y otros sectores, y sus declaraciones públicas de sus valores. Un reto conexo será el de utilizar efectivamente el papel de la organización como determinadora de cultura para definir las normas, recompensas y valores que componen la cultura y para subrayarlos a través del comportamiento personal.

Los líderes verdaderamente efectivos de los años futuros tendrán personalidades determinadas por fuertes valores y tendrán fe en la capacidad de los individuos para crecer. Tendrán una imagen de la sociedad en la que les gustaría que vivieran sus organizaciones y ellos mismos. Serán «visionarios», estarán muy convencidos de que pueden y deben conformar el futuro y actuarán con arreglo a esas creencias a través de su comportamiento personal.

Capítulo 14

Gestión en tiempo de paz y liderazgo en tiempo de guerra

Judith M. Bardwick

> *Judith M. Bardwick es presidenta y fundadora de Bardwick and Associates, una influyente firma de asesoría para la dirección. Desde 1978 se ha concentrado en las cuestiones relacionadas con la mejora de la efectividad organizacional y de la estructura de la dirección. Es una destacada experta en estos temas y ha combinado la respetada investigación de vanguardia con su aplicación práctica durante toda su carrera. Es autora de* Danger in the Comfort Zone, The Plateauing Trap, In Transition, *y* The Psychology of Women.

Por definición, los líderes lideran el cambio. Cuando la vida es ordenada, las tareas son predecibles y la mayoría de las cosas van bien, la gente no quiere ni necesita mucho liderazgo. Cuando se sienten cómodas y seguras, las personas desean el statu quo. La gente que se siente cómoda no está en ningún estado psicológico de necesidad que les lleve a adherirse a un líder y buscar el cambio. En esas circunstancias, quieren el liderazgo del tiempo de paz, o, más exactamente, la *gestión* de tiempo de paz. «Tiempo de paz» y «tiempo de guerra» no se refieren en este contexto al conflicto sino más bien a la diferencia entre las condiciones en que los acontecimientos son razonablemente predecibles, con un sentido de la comodidad y del control, y las condiciones en que poco puede preverse con exactitud, con poca comodidad o sentido del control. Desde el comienzo de los años 80 muchas organizaciones, pero especialmente las empresariales, han pasado de las condiciones de tiempo de paz a las de tiempo de guerra.

El tiempo de paz no tiene crisis ni caos, por lo que no se necesita ningún cambio importante. Más bien, la gente está contenta con lo que ya existe y el cambio implica una suave sacudida de un sistema existente, con el fin de mejorarlo lentamente. La gestión en tiempo de paz se compone de una modificación incremental de lo que ya existe, sin un rompimiento importante y, por consiguiente, sin grandes consecuencias emocionales. Sin ninguna sensación de urgencia, los líderes no tienen que ser especiales y no han de generar un sentimiento emocional. Son personas sencillas que ocupan cargos que confieren poder. Cualquiera que ocupe uno de esos cargos es considerado como un líder independientemente de lo que hace, porque no es necesario hacer mucho. Y eso está bien para los seguidores mientras la vida siga siendo cómoda y ordenada. (Esto explica el conflicto común entre aquellos que quieren liderar a otros a través de un cambio importante como si se estuviera en tiempo de guerra y los que se niegan a ser seguidores, insistiendo en que todavía es tiempo de paz.)

Cada vez encontramos un número menor de circunstancias en que los gestores en tiempo de paz puedan tener éxito porque, en conjunto, las condiciones de tiempo de paz han terminado. En esta era de la mundialización, «el peligro en la zona de comodidad» ha sido sustituido por la necesidad de encontrar la comodidad en un peligro interminable. Permítame el lector que ilustre lo que está cambiando con una pequeña anécdota. La importancia de la historia reside realmente en su misma normalidad.

Un día del año pasado, utilicé uno de los cuestionarios de mi empresa para medir las características organizacionales de una unidad de IBM en San José, California. Al final del día, cometí la equivocación de prometer volver al cabo de una semana con los resultados. Eso suponía poco tiempo para hacer llegar los datos de Filadelfia, donde serían analizados y desde donde me enviarían los resultados. El análisis se completó la noche antes de que yo regresara a San José. Durante la noche, los resultados me fueron enviados por fax a mi hotel en Connecticut, y los obtuve cuando me despedía del hotel. Estudié los datos durante el camino hacia el aeropuerto y durante otro par de horas en el avión. Hacia la mitad del vuelo, comprendí la significación de los resultados.

Estaba en un DC-10 que volaba a 885 km por hora a una altitud de 11.700 m. Mientras cruzábamos a gran velocidad el país, a gran altura, llamé a mi oficina de La Jolla, California. «Diana —dije—, necesito unos diagramas. ¿Me los podrías hacer?» «Por supuesto —contestó Diana—. Dígame lo que necesita.» Los diagramas que ella creó en el ordenador me fueron transmitidos por fax a mi hotel en San José y llegaron antes de que yo lo hiciera.

Este incidente que no tiene nada de excepcional es una perfecta ilustración de la manera en que la tecnología ha creado un mundo sin fronteras y, cada vez más, una economía sin fronteras. Sencillamente, tanto si se está dentro de un país como si se está entre diferentes naciones, la distancia y el tiempo son cada vez menos importantes. El resultado es que todo el mundo ha perdido o perderá la protección que la distancia y el tiempo le proporcionaban. Cada vez más, ya no importa en realidad dónde se trabaja. Esto da lugar a un mayor número de oportunidades y a una mayor competencia. En una economía sin fronteras, se puede llegar a nuevos clientes; pero con la misma facilidad, accederán los competidores a nuestros clientes.

El mundo ha cambiado y el cambio es permanente. La zona de comodidad está siendo sustituida cada vez más por un peligro interminable. A su vez, los gestores de tiempo de paz, personas que están muy cómodas en unas condiciones estáticas, tendrán que aprender a convertirse en líderes de tiempo de guerra, personas que se adhieren a un cambio importante porque en la turbulencia ven muchas más oportunidades que amenazas. Desafortunadamente, muchos gestores de tiempo de paz no querrán hacer un cambio tan brusco y tendrán que ser sustituidos. Las condiciones de tiempo de paz no son propicias para generar líderes de tiempo de guerra. En tiempo de paz, las personas no tienen la oportunidad de rectificarse en la piedra de esmeril que les enseña a no temer al cambio y a optar por una elección correcta aunque difícil.

La pobreza emocional, o el deseo de líderes, resulta de las condiciones del cambio, de la crisis y de la urgencia que yo denomino «tiempo de guerra». En la perturbación de las condiciones de tiempo de guerra, cuando el mundo causa miedo y el futuro es incierto, cuando la gente tiene miedo, terror, presentimientos y está agotada, las personas sienten la necesidad emocional de tener un líder, una persona en quien puedan confiar y con quien quieran llegar a un compromiso emocional. Los líderes evocan conexiones emocionales en sus seguidores sólo en la medida en que éstos estén emocionalmente necesitados.

Lo que los líderes hacen en tiempo de guerra

Cuando examino las organizaciones que están luchando con las transiciones turbulentas actuales, encuentro seis cosas que los líderes deben hacer que parecen especialmente críticas para crear un sentido de fuerte liderazgo y alcanzar el éxito. Los líderes deben (1) definir la actividad de la empresa, (2) crear una estrategia decisiva, (3) comunicar con persuasión, (4) comportarse con honradez, (5) respetar a los demás y (6) actuar.

DEFINIR LA ACTIVIDAD DE LA EMPRESA

La cuestión más importante en cualquier organización ha de ser «¿cuál es la actividad de nuestra empresa?». La respuesta a esta pregunta determina lo que la organización debe hacer... y lo que no debe hacer. En las economías sin fronteras, rápidamente cambiantes, la pregunta debe ser considerada de nuevo a menudo debido a que la respuesta puede cambiar rápidamente. Determinar la actividad de la empresa es el primer paso para establecer prioridades. Es ésta una importante responsabilidad del liderazgo porque, sin prioridades, los esfuerzos se malogran y se consigue poco. Los mejores líderes definen claramente la misión de la organización y sólo intervienen en lo que más importa. En la competencia de tiempo de guerra, los líderes deben aprovechar con habilidad el sentido natural de premura que surge de las amenazas externas y utilizarlo para reforzar continuamente la indispensable concentración de la atención en hacer lo que importa. Llevar a cabo la misión a pesar de los factores en contra, alcanzar los objetivos en la actividad de la empresa: eso es lo que une a la gente con un compromiso para el bien de todos.

El mejor liderazgo formula la misión y los valores de la organización de manera que a los miembros les resulte trascendente: los objetivos de la empresa se transmutan y la vulgaridad del trabajo ordinario se convierte en objetivos más altos que merecen esfuerzos heroicos e incluso sacrificios. Un ejemplo, relatado por Brian Dumaine en «¿Por qué trabajamos?» (*Fortune*, 26 de diciembre de 1994, p. 196) habla de la diferencia entre tres albañiles:

> En los días de las torres envueltas en la niebla, doncellas afligidas y caballeros valientes, un joven, que bajaba por un camino, se encontró con un cantero que golpeaba con fuerza una piedra con martillo y cincel. El muchacho le preguntó al cantero que parecía frustrado y enojado: «¿Qué estás haciendo?» El cantero le respondió con voz dolorida: «Estoy tratando de dar forma a esta piedra, y es un trabajo agotador». El joven continuó su viaje y pronto se encontró con otro hombre que cincelaba una piedra parecida y que no parecía ni enojado ni feliz. «¿Qué estás haciendo?», le preguntó el joven. «Estoy dando forma a una piedra para hacer un edificio». El joven siguió su camino y no mucho después encontró un tercer cantero que labraba una piedra, pero este trabajador cantaba alegremente mientras trabajaba. «¿Qué estás haciendo?», le preguntó el joven. El cantero sonrió y replicó «Estoy construyendo una catedral».

CREAR UNA ESTRATEGIA DECISIVA

Corresponde al liderazgo crear una estrategia que permita a la organización triunfar, crecer, prosperar y vencer a la competencia. En una economía sin fronteras, la pregunta «¿cuál es nuestra estrategia y cuáles son las estrategias de nuestros competidores?» Debe, como la pregunta «¿cuál es nuestra actividad fundamental?», formularse y responderse a menudo porque la estrategia tiene que derivarse de la realidad competitiva de la empresa. La estrategia es conceptual; una estrategia decisiva debe designar con exactitud lo que la organización hará mejor que ninguna otra con el fin de ser la escogida por el cliente.

Para que la estrategia tenga éxito, hay que prever, crear y orientar el cambio y crear el compromiso en los miembros de la organización. Debe ser tan posible, ingeniosa, audaz y factible que en sí misma genere la convicción de que aunque el viaje sea arduo, valdrá la pena emprenderlo porque la estrategia ha creado una importante ventaja competitiva. Definir la actividad de la empresa de manera sagaz y prudente y crear una estrategia convincente para vencer son factores críticos desde el punto de vista de persuadir a las personas de que ellas tienen líderes reales y de que se alcanzará el éxito.

COMUNICAR CON PERSUASIÓN

Los líderes saben que la confianza es una ventaja competitiva en el mundo de la competencia de confrontación. En el fondo, la confianza es una cuestión de predecibilidad. Las personas confían unas en otras cuando se les dice que algo va a suceder y sucede. Un cambio importante, por consiguiente, siempre amenaza la confianza y en consecuencia, en definitiva, amenaza la confianza en el liderazgo. La comunicación ineficaz o no existente, especialmente en tiempo de guerra, da por resultado un enorme aumento de la desconfianza, la confusión y el cinismo y un gran debilitamiento de la moral, de la fe en la organización y de la confianza en el liderazgo. Ése es el motivo de que la necesidad de la comunicación persuasiva sea especialmente crítica en períodos de una amenaza importante y de cambios.

Durante los períodos de cambio importante, la mayoría de las organizaciones envían demasiadas comunicaciones porque quieren evitar todas las consecuencias negativas que resultan cuando las personas no saben lo que va a sucederles. Pero cuando se envían demasiados mensajes o el nivel de ansiedad es alto, no se consigue gran cosa. Por consiguiente, las organizaciones tienen que limitar el número de sus comunicaciones y simplificar los mensajes que envían. Los líderes deben decidir cuáles son los pocos informes que las personas necesitan realmente conocer, y esos pocos deben ampliarse y expresarse mucho más simple y repetidamente de lo que nadie podría imaginar que fuera necesario. Y cuando los objetivos consisten en reducir la ansiedad y aumentar el compromiso con el líder y la misión, la comunicación más eficaz es la que se hace personalmente y en forma de diálogo.

COMPORTARSE CON HONRADEZ

Sin honradez, la confianza no se logra nunca. Los mejores líderes son transparentes: hacen lo que dicen; predican con el ejemplo. Las personas creen en ellos porque actúan en línea con los valores que adoptan. No juegan al maquiavelismo de la manipulación y la duplicidad. En ese sentido, son sencillos.

La honradez, creo yo, reside en parte en la valentía personal. Requiere ser veraz con uno mismo así como con los demás desde el punto de vista de lo que es genuinamente valorado y lo que se considera importante. Comportarse con honradez también significa ser coherente en las elecciones y modos de proceder. Además de valentía, los líderes deben tener cierta certidumbre acerca de la dirección que tienen que tomar y de qué camino elegir. A su vez, esto requiere que los líderes tengan una clara convicción acerca de los valores y una firmeza de propósito para distinguir entre lo correcto y lo erróneo, entre la sabiduría y la tontería.

RESPETAR A LOS DEMÁS

El mejor líder no desperdicia la inteligencia de las demás personas. Los líderes necesitan poseer un sentido esencial de la confianza que les permita sentirse cómodos cuando reciben aportaciones, incluso el desacuerdo de los demás. Aunque los mejores líderes suelen estar notablemente informados, especialmente acerca de la visión de conjunto, no son ni unos pobres hombres ni unos Genghis Khans, ni humildes ni arrogantes. Como consecuencia, no creen que sea degradante necesitar la aportación de otras personas. Los líderes eficaces de tiempo de guerra requieren la aportación de todo el que interviene. Prefieren el debate vigoroso antes de tomar decisiones, aunque una vez que han tomado una decisión, exigen la coincidencia, exigen que los demás actúen con entusiasmo, en línea con la decisión tomada, aunque antes se hubieran opuesto a ella.

En la actualidad, los subordinados en todos los niveles de una organización poseen experiencia, conocimientos y destrezas que podrían exponer si sus líderes fueran psicológicamente capaces de «escuchar». Escuchar a los demás, lo mismo que delegar en ellos, no es una cuestión de procedimiento. Es, en cambio, una cuestión de respeto.

ACTUAR

El directivo de tiempo de paz es como un oficial de abastecimientos que entiende mucho de planificación y logística, tareas en las que la gente trabaja con ahínco, pero en las que nadie resulta herido. Por el contrario, en tiempo de guerra, los líderes deben ser capaces de considerar la realización de lo insoportable. El liderazgo en tiempo de guerra es difícil: implica acciones en las que alguien será herido e incluso morirá con el fin de que el grupo en su conjunto viva. («Resultar herido» y «morir» se refieren aquí a los cambios tales como los despidos, la reducción del tamaño de la empresa, la venta o el cierre de unidades no rentables y la fusión y absorción de otras organizaciones.) El liderazgo en tiempo de guerra, por consiguiente, requiere fuerza de carácter, autodisciplina, valor y desviación respecto de lo que muchos creen que los directivos de tiempo de paz no necesitan.

La labor de los líderes consiste en inspirar confianza en las personas que están atormentadas por la duda. En tiempo de guerra, cuando las condiciones son ambiguas y las decisiones son difíciles, los líderes deben decidir, elegir y *actuar*. Comprenden que cuando no actúan son considerados como indecisos y débiles y esto aumenta la sensación de ansiedad, impotencia e inseguridad de las personas. Cuando los demás dudan de la aptitud, de la confianza o de la eficacia del líder, la misión se sabotea.

Así, los líderes tienen que ser percibidos como personas valerosas que actuarán y como personas que creen que el cambio crea más oportunidades que amenazas. Incluso aunque los líderes deben permanecer en un estrecho contacto con la realidad, deben también ser optimistas.

El liderazgo psicológico

Psicológicamente, los líderes lideran porque convencen a los demás de que ellos conocen las cuestiones mejor que ninguna otra persona. La gente les sigue porque ellos hablan de soluciones con convicción persuasiva, irradian confianza cuando los demás se sienten inseguros, y actúan con decisión. En la actualidad, y mucho más en el futuro, los líderes tienen que convencer a las personas de que enfrentarse con el cambio interminable no solamente es necesario sino que también tendrá como consecuencia algo que será mejor.

Las personas son líderes en tanto que crean seguidores. El liderazgo, en definitiva, es un vínculo emocional, algunas veces incluso es un compromiso apasionado entre los seguidores, el líder y los objetivos. El liderazgo es diferente de otras relaciones por cuanto los *líderes generan esperanza y convicción en los seguidores*. Son personas a quienes los demás perciben como capaces de hacer las cosas mejor. A nivel emocional, los líderes crean seguidores porque generan:

— Confianza en las personas que estaban asustadas.
— Certidumbre en las personas que vacilaban.
— Acción donde existía vacilación.
— Fuerza donde había debilidad.
— Pericia donde había confusión.
— Valentía donde había cobardía.
— Optimismo donde había cinismo.
— Convicción de que el futuro será mejor.

Por último, los líderes lideran porque crean un compromiso apasionado en otras personas para seguir su estrategia y triunfar. Al final, el liderazgo no es intelectual ni cognoscitivo: es emocional.

Capítulo 15

Una receta para la preparación de aglutinante

David M. Noer

> *David M. Noer es director general adjunto*
> *para capacitación y educación del Centro para*
> *el Liderazgo Creativo, con responsabilidad en*
> *todo el mundo por las actividades de capaci-*
> *tación y educativas del centro. Ha escrito cuatro*
> *libros:* Healing the Wounds, Multinational Peo-
> ple Management, How to Beat the Employment
> Game y Jobkeeping.

Mientras el contrato implícito habitual de trabajo entre el individuo y la organización continúa desenmarañándose, muchos
de nosotros luchamos con las cuestiones básicas tales como el
modo de liderar, motivar y planear en este nuevo ambiente inex-
plorado donde, nos guste o no, todos somos empleados temporales. La cuestión expresada cada vez más es «después de todos
los despidos, las jubilaciones anticipadas, la reducción del tamaño y la reestructuración, ¿cuál es el aglutinante que mantiene
unida la organización?».

Nota: Algunos fragmentos de este capítulo aparecieron originalmente en *Issues and Observations*, una publicación del Centro para el Liderazgo Creativo.

La búsqueda de ese aglutinante es quizá la investigación más acuciante con la que se enfrentan las organizaciones actuales. Un vívido ejemplo contemporáneo puede encontrarse en la angustia de un ejecutivo al que denominaremos Steve, y sus subordinados directos. Steve, el presidente de una organización de fabricación y ventas de tamaño medio y alta tecnología, y su equipo, luchaban con lo que finalmente confesaron ser un cambio permanente a una situación que ellos denominaban *la nueva realidad*. La magnitud de esta nueva realidad se había filtrado en la conciencia colectiva del grupo de Steve hasta que, como un fluido en sus pulmones, casi les ahogó. ¡No era el suyo un equipo feliz!

El marco de su nueva realidad, que había sido expresado con palabras muy concisas y personales, fue expuesto en dos trozos de papel que fueron fijados en la pared. Había seis puntos:

1. «Los despidos continuarán.» Esto significaba que continuarían «sacando» a sus amigos y colegas e introduciéndolos en el futuro. De hecho, no podían predecir un final a esa situación.
2. «Ni siquiera *nuestros* puestos de trabajo están seguros.» Había dos títulos debajo de este punto principal: «el que hace uso de la espada muere por la espada», que resumía un enérgico debate acerca de su cultura de reducción de costes, y «todos somos temporales».
3. «El antiguo sistema ha muerto.» La relación de la persona con la organización que la mayoría de ellos habían interiorizado era que la obligación del «buen» empleado era adaptarse y comportarse de acuerdo con las reglas y normas organizacionalmente sancionadas, y la obligación del «buen» empleador era cuidar del «buen» empleado durante una carrera profesional de cuarenta años.
4. «No somos felices campistas.» Cada uno de los miembros del equipo admitía sentir cierta combinación de enojo, ansiedad y frustración.
5. «Ya no sabemos cómo gestionar.» El grupo llegó a la conclusión de que necesitaban dos conjuntos muy distintos de destrezas para ayudar a cambiar por completo su organización: aptitudes para ayudar a los empleados a sacudirse

los efectos debilitadores de «la enfermedad del superviviente de los despidos» y las destrezas necesarias para liderar un personal liberado. Eran muy diferentes de las destrezas requeridas en el pasado.
6. «Se nos ha acabado el aglutinante.» Ninguna sustitución era evidente para el grupo en esa época para lo que ellos caracterizaban como el «aglutinante» que mantenía unida a la antigua organización.

Fue este último punto, la falta de aglutinante, el que hizo que un miembro del equipo se «desaglutinara». De su lamento se hacen eco los corazones de muchos líderes organizacionales: «¡todo aquello por lo que nos esforzamos con tanto ahínco en construir aquí se ha desintegrado!», dejó escapar impulsivamente. «¿Dónde está la lealtad en este nuevo contrato de trabajo? ¿Cómo podemos manejar un puñado de mercenarios?»

El dolor sentido por el equipo de Steve era real, y la frustración que experimentaban es compartida cada vez más por muchos líderes organizacionales que triunfaron con arreglo al contrato «antiguo», donde los individuos ponían su autoestima y sentido de la pertinencia en la cámara acorazada organizacional y la organización respondía cuidando de ellos durante una carrera profesional que duraba toda la vida. La dignidad personal, las ideas acerca de lo que constituían la lealtad y la motivación y los conceptos de liderazgo se forjaron bajo un paradigma muy diferente de aquel que ahora rige. Lo que les llevó allí no les mantendrá a ellos o a sus organizaciones allí. Sin embargo, es muy difícil marcharse. Tal como dijo un director general «Los perros viejos quizá puedan aprender nuevas habilidades, ¡pero es muy difícil! ¡Las viejas habilidades son las que nos permitieron ser perros viejos!»

La tarea fundamental es la de eliminar el viejo aglutinante, que era externo y se aplicaba de arriba abajo, y reemplazarlo con un nuevo adhesivo que sea interno y autoadministrado. El viejo aglutinante estaba compuesto de generosidad, jerarquía, burocracia (en el sentido positivo de esta palabra tergiversada) y movilidad hacia arriba. La lealtad equivalía a adaptarse y la principal propiedad del adhesivo era el paternalismo aplicado. Con el fin de producir un nuevo aglutinante, debemos entender cinco puntos básicos:

1. La motivación y el compromiso no están irrevocablemente ligados al empleo de por vida, a la lealtad organizacional ni a la adaptación.
2. Es posible —en realidad, es esencial para la supervivencia— realizar un excelente trabajo al servicio de los demás sin una garantía de empleo de por vida y sin poner todos los huevos (sociales, emocionales y económicos) en la misma cesta organizacional.
3. El compromiso y la productividad organizacionales no disminuyen por la lealtad a uno mismo, al equipo y a la profesión.
4. El liderazgo es muy diferente en un personal liberado que se ha desembarazado del miedo, las falsas esperanzas de ascensos o las distracciones de la política y de tratar de impresionar al jefe.
5. Cuando las personas permanecen en una relación personal porque así lo eligieron y saben que no tienen la opción sin culpa de abandonar, cuando los ejércitos están compuestos de voluntarios y no de reclutas y cuando las personas eligen permanecer en una organización a causa del trabajo y de los clientes, sabiendo que pueden no permanecer durante toda una carrera profesional, tienden a ser mucho más productivas y a estar más comprometidas. Éste es quizá el aprendizaje más profundo, al cual yo denomino *la paradoja de la libertad. La paradoja de la seguridad en el puesto de trabajo* es que cuando las personas eligen permanecer por razones correctas (el trabajo y el cliente), en oposición a razones erróneas (falsas esperanzas de seguridad en el puesto de trabajo), ¡su seguridad en el puesto de trabajo tiende a aumentar!

A veces, cuando trabajo con líderes organizacionales en su búsqueda de este esquivo nuevo aglutinante cierro los ojos e imagino un gran caldero de aglutinante en medio de la sala de conferencias. E imagino que la receta podría ser algo así:

— Llenar el caldero de aglutinante con agua potable, pura y clara de espíritu humano puro.
— Poner especial cuidado en no contaminar con ideas preconcebidas ni con un exceso de control.

— Llenar lentamente. Adviértase que el caldero sólo se llena desde el fondo hacia arriba. ¡Es imposible llenarlo desde arriba hacia abajo!

— Agitar a partes iguales el enfoque de cliente y la satisfacción y orgullo por el buen trabajo.

— Calentar hasta hervir y mezclar con una generosa porción de diversidad, una parte de autoestima y otra parte de tolerancia.

— Añadir responsabilidad.

— Hervir a fuego lento hasta que espese, removiendo con un liderazgo compartido y unos objetivos claros.

— Sazonar con un poquito de humor y una pizca de aventura.

— Dejar enfriar, guarnecer luego con una capa de valores fundamentales.

— Servir cubriendo todas las casillas del organigrama, prestando particular atención a los espacios en blanco. Con la aplicación apropiada, las casillas desaparecen y todo lo que puede verse es productividad, creatividad y servicio al cliente.

Esto es solamente una receta. Cada organización debe encontrar la suya. Y debe hacer su propia cocción. El nuevo aglutinante no está disponible en las estanterías de ningún almacén.

Parte III

Aprender a liderar para mañana

Capítulo 16

Los tres papeles que desempeña el líder en el nuevo paradigma

Stephen R. Covey

Stephen R. Covey es fundador y presidente del Centro Covey para el Liderazgo, que trabaja con más de la mitad de las 500 empresas de Fortune, *así como con millares de organizaciones medianas y pequeñas de los Estados Unidos y de todo el mundo. Covey es el autor de* The Seven Habits of Highly Effective People, *del que se vendieron más de cinco millones de ejemplares y está siendo publicado en más de treinta países y en veintiséis lenguas. Entre sus otros libros más vendidos figuran* Principle-Centered Leadership *y* First Things First.

El líder del futuro, el del próximo milenio, será el que cree una cultura o un sistema de valores centrados en los principios. Crear tal cultura en una empresa, en el gobierno, en la escuela, en el hospital, en la organización no lucrativa, en la familia o en otra organización será un reto tremendo e interesante en esta nueva era y sólo lo lograrán los líderes, ya sean los que surjan o los ya expertos, que tengan la visión, la valentía y la humildad

---

de aprender y crecer constantemente. Las personas y organizaciones que se apasionen por aprender —aprender porque estén en condiciones de escuchar, ver las tendencias que surgen, percibir y prever las necesidades del mercado, evaluar los éxitos y equivocaciones del pasado y absorber las lecciones que la conciencia y los principios nos enseñan, por mencionar sólo unos cuantos modos— tendrán una influencia duradera. Esa clase de líderes no se opondrá al cambio: lo adoptará.

Un mundo de aguas bravas

El mundo ha cambiado de un modo muy profundo. Este cambio continúa sucediendo en torno a nosotros constantemente. Es un mundo de aguas bravas. La revolución de los consumidores se ha acelerado enormemente. La gente está mucho mejor informada y es más consciente. Actúan fuerzas mucho más dinámicas y competitivas. Las normas de calidad se han hecho más rigurosas, especialmente en el mercado mundial, hasta el punto de que no hay manera de engañarlo. Quizá sea posible sobrevivir en un mercado local sin cumplir estas normas, quizá incluso en un mercado regional, pero ciertamente no en un mercado mundial.

En todos los sectores —empresarial, oficial, sanitario, social o no lucrativo— el mercado está exigiendo que las organizaciones se transformen. Deben ser capaces de producir servicios y mercancías y de entregarlos de un modo rápido, cordial y flexible y en un régimen constante que satisfaga las necesidades tanto de los clientes internos como la de los externos. Para ello se requiere un personal al que no sólo se le permita aportar toda su creatividad y talentos sino que se le faculte, aliente y recompense por hacerlo así. Aunque decenas de millares de organizaciones están profundamente implicadas en las iniciativas de calidad ideadas para producir esos resultados, la transformación no se logra. El motivo fundamental de que la mayoría de las iniciativas sobre la calidad no den resultado es el de la falta de confianza en la cultura: en las relaciones entre las personas. Del mismo modo que no se puede falsificar la calidad de clase mundial, tampoco es posible falsificar un alto grado de confianza. Tiene que salir de la honradez.

Tengo más fe en lo que la economía mundial está haciendo para impulsar la calidad que en cualquier otro factor. Nos está enseñando que los principios tales como la delegación de facultades, la confianza y la honradez controlan en definitiva los resultados efectivos que buscamos. Los líderes más eficaces son, en primer lugar, *modelos* de lo que yo llamo el liderazgo centrado en los principios. Se han dado cuenta de que todos estamos sujetos a las leyes naturales o a los principios rectores que obran independientemente de que los conozcamos o los obedezcamos. Nuestra eficacia se funda en el alineamiento con estos principios inviolables: las leyes naturales de la dimensión humana que son simplemente tan reales y tan invariables como en la dimensión física son las leyes de la gravedad. Estos principios están entrelazados en el tejido de cada sociedad civilizada y constituyen las raíces de toda organización que ha perdurado.

En la medida en que reconozcamos y vivamos en armonía con los principios básicos tales como la imparcialidad, el servicio, la equidad, la justicia, la integridad, la honradez y la confianza, avanzaremos hacia la supervivencia y la estabilidad por una parte o bien hacia la desintegración y destrucción por otra. Los principios son leyes naturales evidentes, sin necesidad de demostración, que no requieren confirmación externa. En realidad, el mejor modo de darse cuenta de que un principio tiene esas características es tratar de imaginar un mundo, o para el caso, *cualquier* sociedad, organización o familia eficaz y duradera que se base en su opuesto.

Los principios correctos son como las brújulas: siempre señalan el camino. No cambian ni se desvían, y si sabemos cómo interpretarlos, no nos perderemos ni nos confundiremos ni nos engañarán las voces y los valores opuestos. Proporcionan la verdadera orientación a nuestras vidas cuando navegamos por las «corrientes» de nuestros ambientes. Así, vemos que un núcleo invariable, centrado en los principios, es la clave para poseer la confianza, la seguridad, el poder, la orientación y la sabiduría para cambiar el modo en que abordamos las necesidades y oportunidades cambiantes que nos rodean.

Por consiguiente, el primer papel que tiene que desempeñar el líder es el de un modelo de liderazgo centrado en los principios. Siempre que una persona o una organización se centra en los principios, se convierte en un modelo —en un ejemplo— para otras personas y organizaciones. Es esa clase de modelo, esa clase de carácter, competencia y acción, lo que produce la confianza entre las personas, lo que hace que se identifiquen con este modelo y sean influidas por él. El modelo, pues, es una combinación de carácter, (quién es uno como persona) y competencia (lo que uno puede hacer). Estas dos cualidades representan las posibilidades del líder. Pero cuando realmente se *realizan* esas posibilidades —cuando junto al carácter se pone la acción— uno ha logrado ser un modelo.

Los tres papeles que desempeña un líder

¿Para qué, pues, sirve como modelo el líder centrado en los principios? Sugiero que el liderazgo puede dividirse en tres funciones o actividades básicas: explorar posibilidades, alinear y delegar facultades. Exploremos por turno cada una de estas funciones.

EXPLORAR POSIBILIDADES

La esencia y la fuerza de la *exploración* se encuentran en una visión y misión convincentes. La exploración se refiere al sentido más amplio de futuro. Consigue estimular la cultura e infundirle un propósito tremendo y trascendente. Pero ¿en relación a qué? En relación a satisfacer las necesidades de nuestros clientes y de otras personas con interés en la empresa. La exploración de posibilidades, pues, une nuestro sistema de valores y visión a las necesidades de los clientes y de otras personas interesadas en la empresa a través de un plan estratégico. A esto lo denomino el camino estratégico.

ALINEAR

La segunda actividad del líder es *alinear*. Consiste en asegurar que nuestra estructura organizacional, los sistemas y los procesos operativos contribuyan todos ellos a llevar a cabo nuestra misión y visión de satisfacer las necesidades de los clientes y otras personas interesadas en la empresa. No obstaculizan la misión, no compiten con ella y no la dominan. Están allí solamente para un propósito: contribuir a ella. Con mucho, la mayor potenciación del principio de la alineación tiene lugar cuando nuestra gente está en alineación con nuestra misión, visión y estrategia. Cuando las personas comprenden perfectamente las necesidades, cuando comparten un compromiso profundo para llevar a cabo la visión, cuando se les invita a crear y a mejorar continuamente las estructuras y sistemas que satisfarán las necesidades, entonces tenemos la alineación. Sin estas condiciones humanas, no podemos tener una calidad de clase mundial: lo único que tendremos serán programas frágiles. Por último, tenemos que aprender que los programas y los sistemas son algo esencial, pero que las *personas* son las que programan.

DELEGAR FACULTADES

La tercera actividad de un líder es la *delegación de facultades*. ¿Qué significa eso? Las personas tienen un enorme talento, ingenio, inteligencia y creatividad. La mayoría de estas cualidades se hallan en estado latente. Cuando se tiene una verdadera alineación hacia una visión común y una misión común, empezamos a llevar a cabo conjuntamente la misión con esas personas. El propósito individual y la misión están mezclados con la misión de la organización. Cuando estos propósitos se superponen, se crea una gran sinergia. Se enciende un fuego dentro de las personas que liberan su talento, ingenio y creatividad latentes para hacer cualquier cosa que sea necesaria y coherente con los principios en los que se está de acuerdo para realizar sus valores, visión y misión comunes para servir a los clientes y a las demás personas con interés en la empresa. Esto es lo que entendemos por delegación de facultades.

Pero luego tenemos que estudiar qué es lo que sucede. ¿Cuáles son los resultados? ¿Estamos realmente satisfaciendo las necesidades de los clientes y de las demás personas con interés en la empresa? Los datos y la información que indican si estas necesidades están siendo o no verdaderamente satisfechas deben ser facilitados a las personas y equipos a los que se les ha concedido facultades dentro de la cultura para que puedan utilizarlos y realizar las necesarias correcciones de rumbo y mejoras y continuar lo que quiera que haga falta para llevar a cabo la misión y satisfacer las necesidades.

Un nuevo paradigma de liderazgo

Estos papeles del liderazgo centrados en los principios que han de servir de modelo —exploración de posibilidades, delegación y alineación de facultades— representan un paradigma diferente de la opinión habitual sobre la dirección. Existe una diferencia muy significativa entre dirección y liderazgo. Ambas son funciones trascendentales, y debido a que lo son, es crítico comprender en qué consiste su diferencia de manera que no confundamos una con otra. El liderazgo centra la atención en hacer las cosas apropiadas; la dirección centra su atención en hacer las cosas bien. El liderazgo se asegura de que las escaleras por las que subimos se apoyen contra la pared apropiada; la dirección se asegura de que subamos las escaleras del modo más eficaz posible. La mayoría de los directivos y ejecutivos actúan dentro de los paradigmas o modos existentes de pensamiento. Pero los líderes tienen el valor de poner de manifiesto esos paradigmas, de determinar las suposiciones y motivaciones subyacentes, y de ponerlos en cuestión preguntando «¿todavía es cierto esto?» Por ejemplo:

—En la atención sanitaria, los nuevos líderes podrían poner en cuestión la suposición de que la medicina debe centrarse en el diagnóstico y en el tratamiento de la enfermedad. Algunas escuelas de medicina hoy ni siquiera enseñan nutrición aunque un tercio de todos los cánceres están relacionados con la nutrición y dos tercios de todas las enfermedades están ligadas al estilo de vida. Sin embargo, la comunidad médica sigue el camino del diagnóstico y del tratamiento de la enfermedad. Afirman que se ocupan de todo el conjunto —la salud y el bienestar de las personas—, pero tienen un paradigma de tratamiento. Afortunadamente, unos nuevos líderes están creando más alternativas con la medicina preventiva.

—En el derecho, los nuevos líderes podrían poner en cuestión la suposición de que donde mejor se practica el derecho es en los tribunales utilizando los litigios de confrontación consistentes en ganar o perder. Podrían pasar al uso de la sinergia y a la idea de que todos ganarán para impedir y zanjar las disputas. La resolución alternativa de las disputas suele acabar en un compromiso. Los nuevos líderes buscarán las opciones de «o todos ganan o no hay trato» que conducen a la sinergia. Ésta es algo más que cooperación: consiste en crear mejores soluciones. Requiere escuchar con empatía y valentía para expresar nuestros puntos de vista y opiniones de manera que muestren respeto por los puntos de vista de las otras personas. De la verdadera interacción surgen las percepciones sinérgicas.

—En los negocios, los nuevos líderes pondrán en cuestión la suposición de que la «satisfacción total del cliente» representa la ética definitiva del servicio. Se desplazarán hacia la satisfacción total de todo el que tiene interés en la empresa, atendiendo a todo el que tenga interés por el éxito de la explotación y tomando decisiones que beneficien a todas esas personas. Para generar esta nueva manera de pensar, los líderes tienen que crear un nuevo conjunto de destrezas de sinergia. Ésta procede de un modo natural de la calidad de la relación: de la amistad, de la confianza y del amor que une a las personas.

Si podemos coordinar el nuevo conjunto de destrezas de sinergia con la nueva manera de pensar en cuanto a la interdependencia, dispondremos del medio perfecto para lograr la ventaja competitiva. Cuando se tiene la manera de pensar y el conjunto de destrezas, se crean estructuras, sistemas y procesos eficaces que están alineados con nuestra visión y misión. Cada organización está perfectamente proyectada y alineada para obtener los resultados que obtiene. Si se desea lograr resultados diferentes, se necesita una nueva manera de pensar y un nuevo conjunto de destrezas para crear soluciones sinérgicas. Es simplemente un egoísmo inteligente tener presentes a todas las personas que tienen interés en la empresa cuando se toman decisiones, porque somos muy interdependientes.

¿Quién es el líder del futuro?

En muchos casos, el líder del futuro será el mismo que el líder del presente. No habrá ningún cambio de personal, sino más bien un cambio interno: la persona se convierte en el líder del futuro mediante una transformación de dentro afuera. ¿Qué es lo que impulsa a los líderes a cambiar y a estar más centrados en los principios? Creo que la principal fuente de cambio *personal* es el sufrimiento. Este sufrimiento puede proceder de la decepción, el fracaso, la muerte, la perturbación y ruptura de las relaciones con la familia o los amigos, el abuso de confianza, la debilidad personal, el desaliento, el aburrimiento, la insatisfacción, la falta de salud, las consecuencias de decisiones deficientes, la soledad, la mediocridad, el temor, el estrés económico, la inseguridad en el puesto de trabajo o la falta de equilibrio en la vida. Si no se experimenta sufrimiento, rara vez hay suficiente motivación o humildad como para cambiar. Lo más frecuente es que sencillamente no se sienta esa necesidad. Sin el sufrimiento personal, la gente tiende a estar demasiado profundamente instalada en sí misma y en su mundo como para levantarse por encima de sus propios intereses o de la política de las cosas corrientes, tanto en el trabajo como en el hogar. Cuando las personas experimentan un sufrimiento personal, tienden a estar más abiertas a un nuevo modelo de vida en el que los elementos comunes de la humildad y del sacrificio personal conducen al cambio de dentro afuera centrado en los principios.

La principal fuerza impulsora del cambio *organizacional* es la economía mundial. El nivel de calidad es ahora tan alto que a menos que hayamos delegado facultades en el personal y tengamos un espíritu de asociación con todos los que tienen interés en la empresa, no podremos competir, tanto si trabajamos en el sector privado como si lo hacemos en el sector público o en el social. Cuando nos enfrentamos a competidores que piensan más ecológicamente y más interdependientemente, al final la fuerza de las circunstancias nos impulsará a ser humildes. Eso es lo que está impulsando la búsqueda de calidad, el aprendizaje, el rediseño de los procesos y otras iniciativas. Pero muchas de estas iniciativas no van lo suficientemente lejos. El cambio de mentalidad no es bastante grande. Los intereses de todos aquellos que tienen algo que ganar en la empresa deben ser tratados de un modo orquestado.

O nos vemos obligados por las circunstancias a ser humildes o podemos elegir ser humildes a causa del reconocimiento de los principios que en definitiva rigen. Ser humilde es bueno, independientemente de la razón que nos impulse a ello. Pero es mejor ser humilde conscientemente y no a causa de las circunstancias.

El líder del futuro: una familia dentro de él

El líder del futuro tiene la humildad de aceptar los principios y el valor de alinearse con ellos, lo que exige un gran sacrificio personal. De esta humildad, valentía y sacrificio procede la persona íntegra. De hecho, me gusta pensar en esta clase de líder como si tuviera toda una familia dentro de él: la humildad y el valor son los padres, y la honradez su descendencia.

LA HUMILDAD Y EL VALOR, LOS PADRES

La humildad dice: «No soy quien manda: en definitiva los principios son los que rigen y controlan». Comprende que la clave del éxito a largo plazo es aprender a alinearse con los principios del «norte verdadero». Eso exige humildad porque la habitual manera de pensar es «yo soy el que manda, mi destino está en mis manos». Esta manera de pensar conduce a la arrogancia: la clase de orgullo que llega antes de la caída.

Los líderes del futuro tendrán el valor de alinearse con los principios e ir contra las tendencias naturales de las viejas suposiciones o paradigmas. Son necesarios un valor y una resistencia tremendos para decir «voy a alinear mi sistema de valores personales, mi estilo de vida, mi orientación y mis hábitos con los principios atemporales». El valor es la cualidad de cada principio en su punto más alto de prueba. Cada virtud se prueba en definitiva al más alto nivel. Aquí es donde el valor entra en juego.

Cuando hacemos frente directamente a un viejo enfoque, experimentamos el temor de arrancar un viejo hábito y sustituirlo por algo nuevo.

LA HONRADEZ, LA DESCENDENCIA

Del matrimonio de la humildad y el valor nace la honradez. Todos queremos ser conocidos y recordados como hombres y mujeres honrados. Ser honrado significa integrarnos con los principios. Los líderes del futuro deben ser hombres y mujeres honrados que interioricen estos principios. Los líderes crecen en sabiduría y cultivan un sentido de que existen oportunidades para todos. Si se es honrado, no se cae en un constante estado de comparación con los demás. Ni se siente la necesidad de politiquear, porque nuestra seguridad viene de dentro de nosotros mismos. Tan pronto como cambiamos la fuente de nuestra seguridad, todo lo demás fluye de ella. Nuestra seguridad, fuerza, sabiduría y orientación aumentan porque constantemente hacemos uso de la fuerza de estos principios a medida que los aplicamos.

Una nota final

Cada vez somos más penosamente conscientes del peligroso debilitamiento de nuestra estructura social. Las drogas, las pandillas, el analfabetismo, la pobreza, el crimen, la violencia y la desintegración de la familia, todo esto continúa en una espiral descendente. Los líderes del presente empiezan a reconocer que esos problemas sociales ponen en peligro *todos* los aspectos de la sociedad. Los líderes del futuro se dan cuenta de que las soluciones para estos problemas están más allá de los sectores de los que habitualmente se ha esperado que los resuelvan, es decir, el gobierno y los sectores sociales. Mi intención no es la de criticar a estos sectores. En realidad, creo que ellos serían los primeros en admitir que están destinados a fracasar sin una red más amplia de personas que estén dispuestas a echar una mano.

El problema es que, en su conjunto, se ha producido un acusado debilitamiento de la responsabilidad que las vecindades, comunidades, iglesias, familias e individuos sienten hacia el voluntariado. Ha resultado demasiado fácil absolvernos de la responsabilidad ante nuestras comunidades. Creo que es una responsabilidad de la familia y que todo el mundo debe tener un sentido de administración acerca de la comunidad: cada hombre, cada mujer y cada niño. Debiera existir cierto sentido real de administración en torno al servicio por parte de los jóvenes, especialmente de los que están en la edad más idealista, poco antes y poco después de los veinte años.

El líder del futuro será un líder en todos los campos de la vida, especialmente de la vida familiar. Las enormes necesidades y oportunidades de la sociedad exigen una gran responsabilidad hacia el servicio. No hay ningún lugar donde este espíritu de servicio pueda ser cultivado como en el hogar. El espíritu del hogar y también el de la escuela, es el de preparar a los jóvenes para salir y servir. Se supone que la gente ha de servir. La vida es una misión, no una carrera. Todo el espíritu de esta filosofía debe impregnar nuestra sociedad. Creo también que es una fuente de felicidad porque la felicidad no se consigue directamente. Llega solamente como un subproducto del servicio. Podemos obtener placer directamente, pero es pasajero.

¿Cómo pues, influimos en nuestros hijos hacia el espíritu de servicio y hacia la aportación significativa? En primer lugar, debemos mirar hacia dentro y preguntarnos: ¿Soy yo un *modelo* de este principio de servicio? ¿Se imagina mi familia que yo dedico mi tiempo y mis aptitudes a servirles a ellos y a la comunidad? En segundo lugar, ¿me he tomado tiempo para sumergirnos mi familia y yo en las necesidades de los demás miembros de la comunidad con el fin de crear un sentido de visión acerca de cómo mi familia y cada uno de nosotros, como individuos, podemos realizar aportaciones singulares y significativas para satisfacer esas necesidades (*exploración de posibilidades*)? En tercer lugar, como líder en mi hogar ¿he *alineado* las prioridades y estructuras de nuestra vida de manera que este deseo de servir sea apoyado y no socavado? Por último, ¿he creado las condiciones y oportunidades en el hogar que *faculten* a mis hijos para servir? ¿Fomento y apoyo el desarrollo de sus mentes y talentos? ¿Organizo las oportunidades de servicio para toda la familia y hago todo lo que puedo para crear un ambiente divertido en torno a esas actividades? Aunque la respuesta a cada una de estas preguntas sea negativa, todos tenemos todavía la capacidad de decidir lo que será nuestra vida a partir de hoy.

Esta capacidad inherente para elegir, para crear una nueva visión para nosotros, para escribir de nuevo nuestra vida, para empezar con un nuevo hábito o abandonar uno antiguo, para perdonar a alguien, para pedir perdón, para hacer una promesa y mantenerla en cualquier aspecto de la vida, es, ha sido siempre y siempre será el momento de la verdad para todo verdadero líder.

Capítulo 17

Formación de líderes tridimensionales

James F. Bolt

James F. Bolt es presidente y fundador de Executive Development Associates (EDA), una importante firma de asesoría especializada en el diseño de programas personalizados de formación de ejecutivos y desarrollo de liderazgo que apoyan directamente la estrategia empresarial. Antes de fundar EDA, Bolt estuvo en Xerox Corporation durante más de dieciséis años, donde fue responsable para todo el ámbito de la empresa de la formación de ejecutivos, de la capacitación para la dirección y de la planificación de la sucesión de ejecutivos. Bolt es autor de Executive Development: A Strategy for Corporate Competitiveness.

«Se necesita ejecutivo para llevar al siglo XXI a una empresa de las 500 *de Fortune. Tiene que ser imaginativo, auténtico, valiente y ciudadano del mundo. Los adictos al trabajo no deben solicitar este empleo.»*

Si apareciera un anuncio semejante en la sección de anuncios por palabras de cualquier periódico dominical importante, la respuesta de los aspirantes a directores generales sería probablemente abrumadora. Pero del sinnúmero de resúmenes y currículum vitae repletos de títulos universitarios, pocos, suponiendo que hubiera alguno, satisfarían los requisitos del anuncio. Más bien, los líderes de las empresas norteamericanas están «perdidos en la acción». En una época en la que el liderazgo es más decisivo que nunca para nuestra supervivencia, hay una grave escasez de personas cualificadas para llevar a una empresa al próximo siglo. Esta crisis no se limita a las empresas sino que afecta a todos los medios de acceso a la sociedad. Perturbadora e incómoda, con frecuencia no se expresa, pero yace en la superficie del subconsciente. Las más recientes elecciones políticas de los Estados Unidos indican una fuerte manifestación de este desencanto.

El retraso en la competitividad de Estados Unidos

Aunque la escasez de líderes es una cuestión mundial, el vacío de liderazgo de los Estados Unidos está subrayado por la espectacular reorganización de la economía del mundo, un mundo en que el cambio, la inestabilidad y la impredecibilidad son las constantes principales. Las grandes empresas norteamericanas, en otro tiempo los gigantes económicos del mundo, luchan hoy por su supervivencia. La furiosa embestida de la competencia extranjera, la tendencia hacia la desregulación, la responsabilidad ambiental y social e incluso el escándalo son algunos de los factores que han impulsado prácticamente a todas las empresas hacia un ambiente profundamente emocional.

Las fuerzas del cambio, incluida la competencia, la diversificación, la mundialización y el progreso tecnológico han tenido su efecto en una industria tras otra en los Estados Unidos. Considérese que sólo hace veinticinco años, los Estados Unidos dominaban el 35 % de la economía mundial. En la actualidad, apenas llega al 20 %. Hace solamente una generación, el Japón sólo suponía el 2 % de la economía mundial. Hoy representa más del 10 %, en gran parte a costa de los Estados Unidos. El Japón ha acabado siendo el acreedor más rico del mundo y ahora los Estados Unidos gozan de la dudosa distinción de ser el deudor más grande del mundo.

«Durante lo que queda de siglo —escribe John Kotter en *The Leadership Factor* (1988, p. 15)—, probablemente continuaremos viendo un mundo empresarial que tendrá un aspecto fundamentalmente distinto del de los años 50 y 60». Advierte además que dentro de este paisaje irreconocible y tumultuoso, existe una necesidad crítica de liderazgo: será un mundo de una intensa actividad competitiva entre organizaciones muy complejas... será un mundo en el que incluso los mejores "directivos profesionales" serán ineficaces a menos que sepan también liderar. En general, será un mundo en el que, para la gestión, el factor liderazgo será cada vez más importante... para la prosperidad e incluso para la supervivencia».

¿Hay una crisis de liderazgo?

La falta de liderazgo es evidente en toda la sociedad. Dondequiera que dirijamos la vista, observamos una grave falta de fe en el liderazgo por parte de nuestras escuelas, organizaciones religiosas y gobiernos. Para parafrasear un artículo que *Business Week* publicó en 1990, si los marcianos descendieran a algún lugar de los Estados Unidos y nos pidieran que les lleváramos hasta nuestros líderes, tendríamos que pensar más de dos veces adónde podríamos llevarlos.

Por supuesto, esta cuestión no se limita a las organizaciones norteamericanas. En todo el mundo, las empresas abordan el siglo XXI con un grave déficit de líderes empresariales equipados para hacer frente a las complejidades, la volatilidad y las nuevas reglas del mercado mundial.

La crisis de creación de liderazgo

Basándome en mis entrevistas durante los últimos trece años a centenares de directores generales de las 500 empresas de *Fortune* y a otros altos ejecutivos así como en los resultados de cuatro encuestas cuantitativas realizadas por mi firma durante el mismo período de tiempo, afirmo que esta crisis de liderazgo es en realidad una crisis de *creación de liderazgo*. Es esta crisis de creación de liderazgo la que me lleva a reconocer que nuestros líderes están «perdidos en la acción». Creo que esta crisis la han provocado los dos factores principales de capacitación y desarrollo. En primer lugar, los métodos habituales utilizados para capacitar y formar a los ejecutivos no han avanzado al mismo tiempo que los monumentales cambios que tienen lugar en el mundo, y en segundo lugar, las experiencias y el perfeccionamiento en el puesto de trabajo no producen el liderazgo que necesitan nuestras organizaciones.

LA ANTICUADA FORMACIÓN DE LOS EJECUTIVOS Y LA CAPACITACIÓN PARA EL LIDERAZGO

El hecho de que los métodos de formación de ejecutivos y de capacitación para el liderazgo estén anticuados no significa que la actitud hacia la formación de ejecutivos haya permanecido estática. Nuestras encuestas confirman que la formación de los ejecutivos, en otro tiempo relegada a cuestiones secundarias, se ha convertido en una prioridad de las empresas. También demuestran que el ímpetu más poderoso que hay detrás de esta elevación es la influencia de la competencia mundial. Enfrentadas con la necesidad de nuevos niveles de productividad, de eficacia en relación con el coste y de calidad así como con la necesidad de renovar las culturas empresariales con nuevos valores, estilos de dirección y estrategias empresariales, las empresas que prevén acontecimientos futuros recurren cada vez más a los programas personalizados e internos de formación de ejecutivos para ayudarles a alcanzar sus objetivos estratégicos y para actuar como catalizadores del cambio organizacional.

Dicho con brevedad, los esfuerzos de desarrollo en las empresas importantes son ahora estratégicos. Con más frecuencia que antes se encaminan directamente hacia la creación de las capacidades que los ejecutivos necesitan para proporcionar liderazgo en su ambiente empresarial turbulento y rápidamente cambiante. Además, los que respondieron a las encuestas clasificaban invariablemente el liderazgo como su primera prioridad en la formación de ejecutivos.

A pesar de esta mayor atención, afirmo que los métodos de capacitación utilizados por la mayoría de las empresas —y más todavía los utilizados en las universidades y otras instituciones— no producen y no producirán el liderazgo que necesitamos y deseamos. En su mayor parte, los líderes potenciales reciben la misma formación que sus predecesores: una formación que era apropiada a las exigencias de una época diferente. A continuación indicamos algunas de las principales deficiencias de los programas actuales de formación de ejecutivos y de liderazgo:

1. *La capacitación no es completa.* En su obra de 1989, *The Managerial Mystique*, el profesor de la Escuela de Comercio de Harvard Abraham Zaleznik, escribe que el liderazgo está compuesto de «contenido, humanidad y moralidad. Estamos terriblemente escasos de las tres cualidades en nuestras colectividades» (p. 144). La formación de los ejecutivos se ha centrado fundamentalmente en las destrezas empresariales. Además, la mayoría de los seminarios sobre el liderazgo han presentado éste como una cuestión aislada aparte de los retos individuales y empresariales con los que se enfrentan los ejecutivos, sugiriendo que el liderazgo puede simplemente añadirse a las demás destrezas, de un modo muy parecido a como se mejora una lengua extranjera antes de ir al extranjero. Esa capacitación insuficiente produce líderes que no están plenamente formados. Los ejecutivos que buscan un conjunto completo de formación deben conformarse a menudo con adquirirlo fragmentariamente. Para perfeccionar las destrezas del liderazgo, pueden asistir a los cursos ofrecidos por empresas que se dedican a la capacitación para la dirección. Para mejorar sus destrezas empresariales, podrían dedicar un verano a un programa universitario para ejecutivos. Este enfoque ad hoc es ineficaz.

2. *La capacitación ofrece un «arreglo rápido».* La creencia que el liderazgo puede perfeccionarse a través de un seminario aislado de un día o una semana de duración es poco realista. Para ser eficaz, la capacitación debe ser continua y de largo plazo.

3. *La capacitación es general y está anticuada.* Hasta hace poco, en los programas universitarios se solían ignorar los problemas del mundo real. Un reciente artículo publicado en *Business Week* señalaba la falta de pertinencia de los programas de formación de ejecutivos, ofrecidos por algunas de las más prestigiosas universidades del mundo: «Ellos [los directivos partici-

pantes] se quejaban de tener que debatir casos prácticos anticuados de los años setenta, que juzgaban de escasa pertinencia para el mundo actual. Algunos se quejaban de que todavía siguen enseñándose casos que ellos estudiaron hace casi veinte años cuando eran estudiantes de la licenciatura de administración de empresas». Los programas de estudios menores de administración de empresas tienden a ser también demasiado generales y carentes de temarios significativos basados en la estrategia. Pocos enfoques dan a los participantes la oportunidad de integrar el contenido de un programa con las cuestiones orientadas a sus propias organizaciones. El aprendizaje, tiende entonces a continuar siendo conceptual porque los ejecutivos nunca tienen la oportunidad de ponerlo en práctica en la vida real.

4. *En la capacitación se hace caso omiso del liderazgo.* Una de las quejas fundamentales de Zaleznik es que muchos de los llamados programas de capacitación para el liderazgo lo son en realidad de capacitación para la gestión, y tienden a estar funcional y técnicamente orientados. Nuestros rigurosos programas de administración de empresas a nivel de estudiantes y profesionales han producido legiones de gestores impecablemente adiestrados con soberbias aptitudes cuantitativas y de gestión. Estos ejecutivos descubrieron más tarde que se les había enseñado cómo gestionar, pero que nunca se les había dado la oportunidad de aprender el modo de liderar.

La capacitación sobre la marcha

Muchos creen que casi el 80 % de la formación normal de los ejecutivos es el resultado de la experiencia en el puesto de trabajo. Desgraciadamente, esa clase de experiencia ha alentado históricamente las destrezas de gestión en lugar de las destrezas de liderazgo. En su mayor parte, nuestros directivos desarrollan las destrezas de liderazgo por casualidad en la escuela de la experiencia de la vida. Además, son productos de un sistema que proporciona pocas oportunidades en el puesto de trabajo para desarrollar destrezas de liderazgo. Estos ejecutivos forman parte de un sistema que confunde la gestión con el liderazgo. Warren Bennis distingue claramente entre las dos cosas: los gestores, da él a entender, están más implicados en el modo de hacer, en el corto plazo y en el resultado final del balance, mientras que los líderes tienen que tener visión, misión, propósito estratégico y saber soñar.

El mundo posee una gran abundancia de gestores de excepcional talento. La mayor parte de la capacitación sobre la marcha produce ejecutivos unidimensionales con demasiadas destrezas cuantitativas y analíticas. Tienen una perspectiva técnico-funcional estrecha como consecuencia de pasar toda su carrera profesional en un mismo campo. Con frecuencia son poco amigos de asumir riesgos —temen tomar decisiones— debido a las graves consecuencias que tienen las equivocaciones, y tienden a imitar a sus jefes para asegurar su progreso. A menudo descuidan a la familia y a los amigos para poder satisfacer las demandas de un sistema que con demasiada frecuencia fomenta y recompensa la adicción al trabajo.

Son pocos los que tienen alguna experiencia laboral fuera de su país. Por su estrecho enfoque doméstico, estos ejecutivos reflejan la etnocentricidad. Muchos han aprendido que es más deseable estar en su país de origen, donde no correrán el riesgo de ser olvidados. Los cometidos internacionales, en realidad, son considerados frecuentemente como perjudiciales para las carreras profesionales. A los directivos que no asumen tareas internacionales les puede resultar muy difícil volver a un puesto de trabajo de nivel apropiado o a uno en el que se utilice su experiencia internacional. «Algunas firmas muy conocidas —escribe John Kotter en *The Leadership Factor*— incluso han utilizado sus actividades internacionales como un vertedero para los directivos que han fracasado» (p. 128).

«Capaces de gestionar, pero inadecuados para liderar» es una descripción apropiada de estos ejecutivos. Cuando se les pone en cargos de liderazgo, su estilo suele ser tradicional y autoritario, lo que se demuestra por su necesidad de esforzarse excesivamente en la actividad de dirección, de ser considerados expertos en todo, de resolver todos los problemas, de tomar todas las decisiones y de mantener el control. De su experiencia han aprendido que eso es lo que da resultado. Es indiscutible que el sistema de capacitación y perfeccionamiento en el puesto de trabajo produce gestores capaces. Pero ahora nos encontramos en medio de un mundo en el que incluso los mejores son ineficaces a menos que puedan además liderar.

El liderazgo tridimensional: lo que ahora se impone

En lugar de un sistema que ha atendido a producir gestores unidimensionales, propongo una estructura tridimensional, holística, del desarrollo del liderazgo, un proceso completo en el que se reconozca que los ejecutivos necesitan maneras de pensar, conocimientos y destrezas enormemente distintos de los del pasado. La estructura tridimensional exige el desarrollo de las destrezas *empresariales, de liderazgo y de eficacia personal* del individuo. (Véase la figura 17.1.) Cada una de ellas es un elemento esencial de la ecuación del liderazgo. No es suficiente ser un consumado experto empresarial. Un ejecutivo debe ser también un líder excelente además de poseer destrezas excepcionales de eficacia personal.

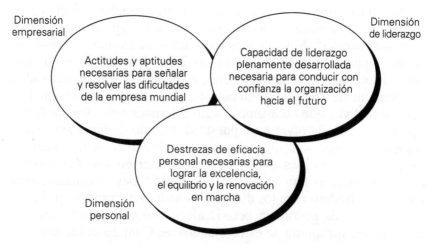

Dimensión empresarial

Dimensión de liderazgo

Actitudes y aptitudes necesarias para señalar y resolver las dificultades de la empresa mundial

Capacidad de liderazgo plenamente desarrollada necesaria para conducir con confianza la organización hacia el futuro

Destrezas de eficacia personal necesarias para lograr la excelencia, el equilibrio y la renovación en marcha

Dimensión personal

FIGURA 17.1. **La estructura tridimensional**

La dimensión *empresarial* ha sido habitualmente el centro de atención de buena parte de la formación de los ejecutivos. La estructura tridimensional no reduce su importancia. Por el contrario, refuerza la dimensión de liderazgo y la dimensión personal para equilibrar e integrar los tres campos. Tradicionalmente, la dimensión de *liderazgo* ha sido descuidada en la formación de los ejecutivos porque muchas personas suponen que no puede enseñarse: o se ha nacido con ella o no. Continúa siendo un tema controvertido de la capacitación de los ejecutivos. La dimensión *personal* se ha visto afectada a causa de la opinión muy extendida de que las cuestiones empresariales deben separarse de las personales. Se ha hecho caso omiso de ella debido a una cultura empresarial que recompensa a los individuos que se consumen con la empresa. Se basa en la absurda idea de que las cuestiones personales y familiares las dejamos con facilidad en el umbral de la empresa cuando vamos a trabajar y luego dejamos las cuestiones y tensiones laborales en la oficina cuando salimos de ella, lo cual es absurdo. En el mundo real todo llega a nosotros de una vez y así es como tenemos que hacerle frente.

Los verdaderos líderes tienen que aprovechar todas las facetas de su potencial con el fin de liderar, no simplemente las pocas que necesitan para gestionar. Jack Sparks, presidente retirado de Whirlpool Corporation, ha dicho que los directores generales futuros no pueden tener la cabeza enterrada en una cartera ni en un tubo de ensayo ni en un ordenador.

La dimensión empresarial se desarrolla proporcionando a los ejecutivos las aptitudes necesarias para señalar y resolver las dificultades empresariales críticas. La dimensión empresarial del modelo tridimensional empieza donde terminan la mayor parte de los currículum de tipo licenciado en administración de empresas: resolviendo las cuestiones a las que el director general del mañana tiene que hacer frente. Entre las áreas de desarrollo podrían figurar la creación de nuevas clases de organizaciones, la construcción de organizaciones centradas en el mercado y en el cliente, la institucionalización del liderazgo de la calidad total, el liderazgo del cambio, la victoria en el mercado mundial, la creación de una organización de aprendizaje, el fomento de la innovación y la potenciación de la tecnología.

La dimensión de liderazgo debe diferir de otros enfoques por la concentración en un estudio de una amplia gama de teorías y destrezas clásicas y contemporáneas. Partiendo de esta base, los ejecutivos pueden perfeccionar su propia expresión personal del liderazgo, basándose en la honradez y en la autenticidad. Deben aprender el modo de encarnar el liderazgo. En la dimensión del liderazgo se reconoce que la pericia por sí sola no es suficiente. Por el contrario, el liderazgo es una combinación de competencia y de carácter. La dimensión personal se basa en la creencia de que los individuos no pueden ser líderes efectivos si son ineficaces en sus vidas personales. Los ejecutivos deben aprender las destrezas necesarias para lograr la excelencia y la renovación continua. La dimensión personal se concentra en ayudar a aclarar y a desarrollar el propósito, la visión, los valores y los talentos individuales e integrar los objetivos y las prioridades del trabajo en su vida personal. Entre otros temas deben incluirse la autoconcesión de facultades y la responsabilidad personal; la apreciación de la naturaleza, la ciencia, las artes y las humanidades; el bienestar emocional y físico y el desarrollo de una actitud correspondiente al aprendizaje continuo. En la figura 17.2 ofrecemos un ejemplo de un currículum en el que se abordan las tres dimensiones.

Los retos de
la empresa

Liderar en un mercado mundial.
Crear y liderar un mercado y una organización centrada en los clientes.
El liderazgo de la calidad total.
Desarrollar y liderar una organización innovadora, creativa y que responda a las necesidades de los clientes.
Crear una organización de aprendizaje.
Potenciar la tecnología.
Liderar el cambio organizacional en gran escala.
Valorar y beneficiarse de la diversidad.
Pensar estratégicamente.

El liderazgo

Teoría y práctica clásica y contemporánea del liderazgo.
Desarrollar y encarnar un fuerte criterio personal del liderazgo.
Imaginar, alistar y delegar facultades.
Fomentar y potenciar la diversidad.
Autenticidad, honradez, ética.
Fomentar la valentía y la voluntad de actuar.

Visión personal, propósito, valores, talentos objetivos y prioridades.
Integrar las prioridades de la vida y del trabajo.
Autoliderazgo y autoconcesión de facultades.
Comprender y apreciar la naturaleza, la ciencia, las artes y las humanidades.
Bienestar emocional y físico.
Manera de pensar correspondiente al aprendizaje continuo y responsabilidad personal para crecer.

La eficacia
personal

Nota: Los retos empresariales deben adaptarse a los retos específicos de nuestra organización.

Figura 17.2. **El enfoque del desarrollo de la estructura tridimensional**

La estructura tridimensional es una poderosa combinación de maneras de pensar, conocimientos y destrezas cuyo total es mucho mayor que la suma de sus partes. Un ingrediente importante es la valentía: el distintivo del verdadero líder. La valentía es necesaria para crear una visión, para poner en cuestión el statu quo y para asumir riesgos. No se trata del valor de los actos heroicos, dicen Joseph Badaracco y Richard Ellsworth, autores de *Leadership and the Quest for Integrity* (1989, p. 28), sino más bien «el valor para hacer y decir lo que uno cree que es correcto, y no lo que es conveniente, familiar o que goza de una aceptación general; el valor de actuar con arreglo a la visión que se tiene para la organización». Valentía es también la aptitud para admitir las propias deficiencias y para reconocer la necesidad de un aprendizaje y un perfeccionamiento continuos. El valor para admitir el error es característico de un líder que reconoce que las lecciones generadas por el fracaso son tan valiosas como las que se desprenden del éxito. La estructura tridimensional es un enfoque práctico para dar rienda suelta a esta valentía.

Evidentemente, la formación del ejecutivo tridimensional no es corriente en la actualidad. Sin embargo, como ha dicho Stanley M. Davis, autor de *Future Perfect* (1990, p. 56), «en el año 2001, cuando probablemente la nueva economía haya madurado, observaremos nuestro enfoque holístico de la dirección y nos maravillaremos de que alguna vez haya podido ser de otro modo».

La puesta en práctica de la estructura tridimensional

¿Cómo pueden las empresas utilizar en su provecho el desarrollo del liderazgo tridimensional? Indicamos a continuación cinco maneras prácticas en que las organizaciones pueden aplicar la estructura tridimensional y algunas preguntas que se deben formular para orientar el desarrollo:

1. *Formación interna de los ejecutivos*. Un punto de partida podría ser la evaluación de los programas existentes de forma-

ción interna de ejecutivos o la preparación de nuevos programas de formación de ejecutivos. La estructura puede considerarse como un continuo (véase la tabla 17.1) que permite a las organizaciones señalar los vacíos que existen entre donde ellos caen en el continuo y donde quieren estar. ¿Cuáles son las deficiencias de sus programas internos? Por ejemplo, ¿están suficientemente resueltas la eficacia del liderazgo y la eficacia personal, o los esfuerzos se orientan exclusivamente a los campos técnico y comercial?

2. *Una directriz para los programas externos.* Las empresas pueden utilizar la estructura tridimensional como pauta para su selección de los programas externos de formación de sus directivos y ejecutivos. ¿Abordan suficientemente los programas considerados las tres dimensiones del desarrollo?

TABLA 17.1. **El ejecutivo tridimensional: un continuo**

Dimensión	De	A
Empresarial	Lo doméstico	La perspectiva general
	Lo cuantitativo y analítico	Lo mundial
	Lo técnico y funcional	Complemento completo de las destrezas y juicio empresariales
De liderazgo	La actitud propia de la dirección	El estudiante del liderazgo
	El centro de atención en un enfoque del liderazgo	La imaginación, el alistamiento y la concesión de facultades
	Lo que no está claro acerca del liderazgo personal	El criterio personal del liderazgo; la honradez y la autenticidad
De eficacia personal	La poca atención	El propósito, la visión, los valores y los objetivos
	El adicto	El que se autoconcede facultades
	Los otros intereses sacrificados	La integración del trabajo y de la vida; intereses amplios

3. *Planificación de la sucesión.* La estructura tridimensional puede utilizarse como componente clave del proceso para seleccionar los líderes futuros. ¿Hasta qué punto están bien formados los ejecutivos en cada una de las tres dimensiones en este momento? ¿Dónde están las lagunas? ¿Qué tareas, experiencias o capacitaciones son necesarias para llenar esas lagunas? La estructura puede utilizarse para ayudar sistemáticamente a preparar a los ejecutivos para los futuros papeles de liderazgo.

4. *Una plantilla para el sistema de recursos humanos.* El modelo tridimensional puede servir de plantilla para el sistema entero de recursos humanos de una organización. Puede utilizarse como base para el reclutamiento, la contratación, el despido, la planificación de la sucesión, los ascensos internos y los incentivos. Si necesitamos ejecutivos tridimensionales, ¿por qué no contratar, ascender y recompensar a las personas que están lo más próximas posible a dicho modelo?

5. *Un instrumento de autoevaluación.* A los ejecutivos se les insta a que realicen autoevaluaciones para ver cuánto miden en relación con sus oponentes como líderes. Pueden utilizar el continuo de la tabla 17.1 para clasificarse en las tres dimensiones. Pueden también buscar retroinformación de las personas que son lo suficientemente expertas y sinceras para proporcionar una información sincera con el fin de determinar cuáles son las lagunas en su formación individual. A continuación de este autoanálisis inicial, puede crearse un plan de autocrecimiento personal encaminado a llenar las lagunas en la formación que se determinaron en la autoevaluación de la estructura tridimensional. El departamento de recursos humanos puede ser útil para determinar cuáles son las experiencias específicas de desarrollo para llenar esas lagunas.

Fijar la mirada en el horizonte

La supervivencia organizacional, es evidente, está directamente ligada a nuestra voluntad de cultivar líderes. El liderazgo es el factor que en definitiva determinará nuestro éxito o fracaso. Las organizaciones ya no pueden confiar exclusivamente en la superioridad tecnológica para lograr el dominio económico: los cambios rápidos de tecnología hacen obsoleto lo que sólo ayer se consideraba de vanguardia. En la estructura tridimensional se reconoce que nuestra fuerza debe derivarse de la fuerza de los individuos. Se reconoce que la mayoría de las personas sólo utilizan una fracción de su potencial para liderar y que las dificultades con las que se encuentran en estas organizaciones requieren el pleno desarrollo y la expresión de una amplia gama de aptitudes de liderazgo. Plantea una cuestión exasperante: ¿puede el talento de liderazgo ser una fuente de ventaja competitiva?

Capítulo 18

Nuevas destrezas para los nuevos papeles del liderazgo

Caela Farren, Beverly L. Kaye

*Caela Farren es la directora general de Farren
Associates, de Annandale, Virginia, y es socia fun-
dadora de Career Systems, una importante casa
editorial de productos y servicios para el perfeccionamiento de los profesionales. Beverly L. Kaye
es directora general de Beverly Kaye and Associates y directora adjunta de Career Systems, de la
cual es también cofundadora. Es autora de* Up Is
Not the Only Way. *Farren and Kaye son coautoras
de* Designing Career Development Systems.

Durante el último cuarto de siglo, hemos sido testigos de un
período de cambio espectacular a escala mundial. El antiguo
bloque soviético se halla en desorden. La pesadilla de la amenaza de la guerra nuclear se ha desvanecido evidentemente. Las
tecnologías de la información y de la comunicación surgen en un
sistema nervioso electrónico mundial. Las epidemias letales de
los virus y de la violencia aumentan constantemente y están fuera de control. La interdependencia se ha multiplicado por mil:

---

en los años setenta fueron precisas todas las naciones de la OPEP para hacer tambalear al mundo. En 1995 un solo especulador bancario, no supervisado, con un modem, pudo sumir en el pánico el mercado monetario internacional. Somos todos pasajeros del mismo barco frágil, arrojados por una marea alta de incertidumbre hacia las costas medio vislumbradas del próximo milenio.

Un nuevo contrato del puesto de trabajo

En medio de esta convulsión, dos tendencias tienen una relación especialmente importante con nuestro análisis del liderazgo. La primera es *la naturaleza cambiante del puesto de trabajo.* Somos testigos de una transformación de las condiciones del trabajo humano tan generalizada y básica que sólo cabe compararla con la introducción de la agricultura o de la revolución industrial en cuanto al efecto producido. La fabricación de precisión que antes requería los esfuerzos de centenares de trabajadores especializados puede ahora realizarse con mayor velocidad y exactitud mediante sistemas automatizados con unos cuantos operarios capacitados. Las legiones de administradores y funcionarios de nivel medio que en otro tiempo fueron necesarios para supervisar nuestras burocracias están siendo reemplazados por terminales interconectadas en red y por un puñado de discos flexibles. Podemos sostener los más altos niveles de productividad de la historia humana con menos personas que nunca.

Desgraciadamente, somos menos hábiles para encontrar una utilización productiva de todas las personas que este proceso ha desplazado. No nos equivoquemos: se trata de un cambio estructural permanente, no de un ajuste económico temporal. Los puestos de trabajo están convirtiéndose en obsoletos por centenares de millares y no volverán. Las organizaciones están eliminando capas de jerarquía y funciones ajenas en una feroz competencia para lograr velocidad y flexibilidad. Muchas funciones como el reclutamiento, la administración de las prestaciones, la distribución del producto y la contabilidad se encargan a contratistas que utilizan a su vez empleados temporales o a tiempo parcial. El empleo seguro y la fidelidad del empleado, en otro tiempo el *quid pro quo* esencial del puesto de trabajo norteamericano, se están convirtiendo rápidamente en conceptos arcaicos. Tal como desembrollan las expectativas tradicionales de la carrera profesional, la gente se encuentra con que se les ha asignado el papel de artesanos independientes, buscando el más alto postor para sus destrezas en régimen de corto plazo. En este nuevo puesto de trabajo, la clave para el éxito de una carrera profesional es elegir un oficio o profesión, desarrollar una cartera de aptitudes vendibles dentro de ella y luego buscar las oportunidades para aplicar dichas aptitudes a objetivos organizacionales específicos.

Una segunda tendencia importante es *la erosión de la confianza* en el liderazgo tradicional o, quizá, para ser más exactos, la erosión de la confianza en la casta de los directivos, que ocupan cargos estructurales que requieren liderazgo pero que no lo proporcionan. Acosados por las olas de un cambio económico y social, las personas buscan respuestas de sus acostumbradas fuentes de liderazgo, y no las obtienen, por lo menos no de un modo satisfactorio. Desgraciadamente, es difícil nombrar una institución importante que no se haya desacreditado por el escándalo ni se haya escindido por la disensión durante los últimos veinticinco años. Presidentes y generales, capitanes de empresa y delegados, héroes deportivos y reformadores sociales han sido expuestos a pequeñas y grandes decepciones. Cada nuevo escándalo es magnificado y triturado hasta la náusea por la máquina insaciable de los medios de comunicación.

Cuando acudimos en busca de orientación a nuestros supuestos líderes, con harta frecuencia sus respuestas son astutas, miopes o interesadas. Parece que deseamos de ellos remedios y soluciones rápidos, a menudo poco realistas. En cambio, lo que podemos conseguir son «médicos cuentistas» que ofrecen lemas y placebos destinados a manipular nuestra percepción de los problemas en lugar de ofrecer soluciones efectivas para los mismos. En las dos últimas elecciones nacionales de los Estados Unidos, la repugnancia del público por su liderazgo establecido la expresó votando abrumadoramente *contra* los titulares de cargos que fueron identificados con el «no hay novedad». Las personas están mucho menos dispuestas a confiar en las declaraciones o motivos de los que ostentan la autoridad porque sus expectativas más básicas han sido invariablemente defraudadas.

Fuera del coso público, encontramos este mismo descontento generalizado. Esta insatisfacción se manifiesta cada vez más en los cambios de estructura de las organizaciones en las que los líderes tienen que practicar su oficio. Las estructuras clásicas de las organizaciones que se caracterizaron por las formas autocráticas en que eran dirigidos los trabajadores o porque se les decía lo que tenían que hacer, cómo hacerlo y cuándo hacerlo (prestando poca atención, si es que se prestaba alguna al *por qué* había que hacerlo), están dando paso a formas democráticas de organizaciones que se caracterizan por un estilo colaborador y participativo. Los trabajadores exigen tener voz en las decisiones y en los procesos de decisión que les afectan. Para ser un verdadero líder en un ambiente así, se requiere un enfoque completamente distinto y un conjunto diferente de destrezas. Cuando el liderazgo se distribuye entre un personal estrechamente vinculado, la coordinación y el control dejan de ser funciones en las que se hace un uso intensivo de la mano de obra y que requieren una clase especial de mandarines. A medida que cambia el puesto de trabajo, también lo hace la naturaleza del liderazgo organizacional. Este nuevo ambiente del puesto de trabajo plantea la importante cuestión: si el papel fundamental del líder ya no consiste en «decir» a los trabajadores cómo tienen que hacer su trabajo, ¿cuál es el papel del líder en este nuevo arreglo de colaboración?

Creación de carreras para la potenciación del liderazgo

Si las apelaciones a la autoridad tradicional es probable que se encuentren con el escepticismo o el resentimiento, ¿qué es lo que legitima el ejercicio del liderazgo en el nuevo lugar de trabajo? Para expresar la pregunta de otro modo, ¿cómo se puede liderar un grupo mientras se está dentro de él en lugar de estar por encima de él? Ya no podemos asumir una coincidencia de intereses entre el trabajador y la organización, pero con un poco de ingenio podemos crear una mutualidad de intereses. Si aceptamos la premisa de que las personas son esencialmente contratistas de sus servicios en el lugar de trabajo, entonces la clave para reclutar su cooperación es la de crear proyectos de colaboración que mejoren su cartera profesional al tiempo que progresan los objetivos estratégicos de la organización. Las personas trabajarán con entusiasmo en un proyecto que se vea claramente que va a beneficiar su trayectoria profesional. El enfoque del arte del liderazgo cambia de dirigir e instruir a facilitar y activar.

Hay muchas maneras y muchas oportunidades de ayudar a las personas a desarrollar su carrera profesional. Estas acciones pueden dividirse en las cinco amplias categorías que se describen a continuación. Cada categoría es un papel distintivo del liderazgo que corresponde a una fase diferente del proceso de desarrollo de la carrera profesional. Estos papeles son los de *facilitador, evaluador, pronosticador, asesor* y *activador*. Para engranar con los intereses de la carrera de las personas como base para el liderazgo, es necesario destacar en los cinco papeles.

1. *Facilitador*

Ayuda a las personas a determinar cuáles son sus valores de carrera, sus intereses laborales y sus destrezas vendibles

Ayuda a las personas a reconocer la importancia de la planificación a largo plazo de su carrera

Crea un clima abierto y de aceptación en el que los individuos pueden discutir sus inquietudes sobre su carrera profesional

Ayuda a las personas a comprender y expresar lo que necesitan que les proporcione su carrera

2. *Evaluador*

Proporciona una retroinformación sincera a los miembros del equipo en lo que se refiere a su actuación y reputación

Aclara las normas y expectativas por las cuales será evaluada la actuación de las personas

Escucha a las personas para enterarse de lo que es importante para ellas acerca de su puesto de trabajo actual y de sus esperanzas de mejorarlo

Señala la relación entre la actuación, la reputación y los objetivos de carrera de las personas

Indica las acciones específicas que los individuos pueden emprender para mejorar su actuación y reputación

3. *Pronosticador*

Proporciona información acerca de la organización, la profesión y el sector industrial

Ayuda a las personas a localizar y a acceder a fuentes adicionales de información

Señala las tendencias emergentes y los nuevos acontecimientos que pueden afectar a las perspectivas de la carrera de las personas

Ayuda a las personas a comprender las realidades culturales y políticas de la organización

Comunica al equipo la orientación estratégica de la organización

4. *Asesor*

Ayuda a las personas a determinar diversos objetivos de carrera potencialmente deseables

Ayuda a los individuos en su selección de objetivos realistas de carrera

Relaciona los objetivos potenciales de carrera con las necesidades empresariales y con el intento estratégico de la organización

Señala las posibles fuentes de apoyo y los obstáculos para alcanzar los objetivos de carrera

5. *Activador*

Ayuda a los individuos a desarrollar planes detallados de acción para alcanzar sus objetivos de carrera

Ayuda a las personas a alcanzar sus objetivos disponiendo de contactos útiles con las personas de otros campos del sector industrial y de la organización

Analiza las aptitudes de los miembros del equipo y los objetivos de carrera con otras personas que pueden proporcionarles oportunidades futuras

Conecta a las personas con los recursos que necesitan para poner en marcha sus planes de acción de carrera

Cada uno de estos papeles del liderazgo tiene que ser examinado detalladamente. Sin embargo, aquí centraremos nuestra atención en el papel del pronosticador.

Liderar desde el futuro

En la mayor parte de nuestras decisiones de carrera se tienen en cuenta solamente los factores que poseen una importancia personal inmediata y visible. Como consecuencia, la gente a menudo no consigue ver más allá de su puesto de trabajo actual o de su organización tal como existe en la actualidad para advertir las tendencias críticas que se están produciendo en los sistemas mayores de los cuales son miembros ellas también. Esta perspectiva bastaba cuando las personas podían esperar, de manera realista, el trabajar para un solo empleador durante veinte o treinta años. En la actualidad, sin embargo, es indispensable que estudiemos la gama más amplia de sistemas que afectan a nuestra carrera. Solamente una vista panorámica del presente puede abarcar todos los factores que necesitamos considerar para prever el cambio y planear con eficacia para el futuro. La aportación decisiva al liderazgo del pronosticador es ayudar a los demás a lograr este mayor conocimiento. Esto se logra practicando asiduamente dos destrezas orientadas al futuro: *la observación de las tendencias* y *la imaginación*.

La observación de las tendencias consiste en prestar una concienzuda atención a los acontecimientos nuevos o inesperados en el ambiente del equipo de trabajo y en hacer conjeturas acerca de cómo podrían afectar a las opciones de carrera de las personas. Algunos de estos acontecimientos pueden ser súbitos y profundos, tales como la práctica sustitución de la máquina de escribir por la tecnología y el tratamiento de textos en los años 80. Otros son graduales como la próxima jubilación de un colega especializado de categoría superior. La observación de las tendencias es un modo de pensar acerca de cómo se conforma el futuro y lo que eso significará para la organización y para los miembros del equipo de trabajo. Para ser un eficaz observador de las tendencias, hay que ser un aprendiz perpetuo, estudiar los informes de la prensa y de las revistas del sector industrial o profesionales, y explorar la cultura y las personas que nos rodean en busca de indicios de lo nuevo y lo previamente no reconocido. El aspirante a observador de tendencias debe examinar cinco niveles distintos: *los sectores industriales, las profesiones, las organizaciones, los puestos de trabajo* y *los individuos*.

LOS SECTORES INDUSTRIALES

Los sectores industriales son conjuntos de organizaciones que suministran productos o servicios para satisfacer una necesidad humana común. Existen porque requieren ciertas cosas básicas con el fin de cuidarnos nosotros y unos a otros. Por ejemplo, la gente necesita viajar de un sitio a otro (industria del transporte), necesita comer (industria de la agricultura y de la elaboración de alimentos) y necesita organizar sus comunidades para la seguridad y el orden (servicios gubernamentales). Aunque las organizaciones individuales van y vienen junto con las mareas económicas, las industrias son tan duraderas como las necesidades básicas de las que surgen. Los nuevos conocimientos y la tecnología cambian periódicamente en que las personas satisfacen necesidades tales como la atención sanitaria, pero ¡podemos contar con la continua existencia de una industria de la atención sanitaria mientras las personas sean mortales! Así, centrar la atención en la propia industria como un índice de tendencias significativas es mucho más seguro que centrar la atención en una única organización.

Una segunda característica útil de los sectores industriales para los observadores de las tendencias se sigue directamente de esta propiedad esencial de las industrias: cambian con lentitud. Se necesita tiempo para que un nuevo paradigma de tecnología impregne un sector industrial. Podemos detectar las tendencias del sector industrial y prepararnos con más facilidad que para los acontecimientos del ambiente de ritmo más rápido de las organizaciones individuales. Incluso dentro de la industria de la informática, modelo de rápida transformación, las aptitudes esenciales necesarias para cualquier sector dado de la industria cambian con más rapidez que las de toda la industria en su conjunto.

Desgraciadamente, pocas personas siguen correctamente la pista de las tendencias que surgen en su propio sector industrial, y mucho menos en otros. En realidad, cuando a los equipos de trabajo se les pregunta, les suele resultar difícil reconocer a qué sector industrial pertenece su propia organización. Esta falta de claridad es perturbadora tanto desde el punto de vista del liderazgo como desde el punto de vista del desarrollo de la organización. Indica que las personas no reconocerán los cambios críticos en su sector industrial hasta que hayan llegado a un punto en que la organización se vea obligada a responder a ellos. Las organizaciones sufren también por su falta de atención a las tendencias de la industria. A menudo, a sectores enteros de personas se les permite que sus destrezas se queden atrás respecto del nivel de su industria hasta que llega el día en que son despedidos en masa. Esto supone un tremendo coste para la moral y para la productividad así como una pérdida de experiencia irreemplazable. La observación de las tendencias es una importante destreza de liderazgo precisamente porque puede ayudar a evitar este imprudente despilfarro animando a la gente a prepararse para nuevos acontecimientos en su sector industrial.

LAS PROFESIONES

Una profesión es un oficio o disciplina con su propia historia, aptitudes básicas, normas de práctica reconocidas y personas expertas que la ejercen. Para dominar una profesión, suelen necesitarse una educación o capacitación formal y un período prolongado de aprendizaje. A diferencia de los trabajos individuales, que se crean y eliminan de la noche a la mañana, las profesiones persisten durante largos períodos de tiempo. Por consiguiente, se hallan entre los sistemas más estables disponibles para la observación de las tendencias.

La viabilidad de una profesión en una organización determinada depende de si esa profesión contribuye o no a las aptitudes esenciales. Si para llevar a cabo su misión la organización depende directamente de las aptitudes esenciales de una profesión, las personas de dicha profesión tienen un horizonte de planificación más largo para su carrera. A las personas cuyas profesiones aportan aptitudes secundarias para la misión central de la organización debe advertírseles que planifiquen sus carreras en términos de crecimiento dentro de la profesión en lugar de dentro de la organización. Por este motivo, siempre es aconsejable vigilar con atención las tendencias dentro de las profesiones y considerar cómo se relacionan estas tendencias con los objetivos estratégicos de la organización.

Dada la tendencia existente hacia organizaciones más pequeñas con estructuras más planas, pocas personas pueden esperar de un modo realista seguir ascendiendo en la organización en puestos de trabajo con responsabilidades y beneficios cada vez mayores. El crecimiento dentro de una profesión es un valioso camino alternativo para el desarrollo de carrera que los líderes pueden utilizar para reclutar la colaboración de buena gana de miembros del equipo. La tremenda satisfacción y la autoestima pueden encontrarse en el desarrollo de la excelencia en una profesión que ha sido elegida. Estar al corriente de los últimos progresos en un campo profesional es un proceso de aprendizaje continuo que mantiene la mente alerta y las destrezas aguzadas. La adquisición de nuevas aptitudes en una profesión aumenta el conjunto vendible de las aptitudes de los miembros de nuestro equipo.

Las profesiones también ofrecen la ventaja de la *conexión*. Por lo general, las profesiones consagradas promueven redes de contacto entre quienes las ejercen. Estos contactos se producen a través de una gran diversidad de coloquios e incluso conferencias, revistas y otras publicaciones, tablones de anuncios electrónicos y asociaciones profesionales. La participación en las redes profesionales enlaza a las personas, la información y los recursos de carrera más allá de los límites de la organización corriente. Las redes son valiosos recursos para el observador de tendencias especializado.

LAS ORGANIZACIONES

Las organizaciones son el nivel de sistema de trabajo en el que con más frecuencia piensan las personas cuando planifican sus carreras. Ello es comprensible: las organizaciones son tangibles y concretas mientras que las industrias y las profesiones son abstractas. Sin embargo, paradójicamente, para los fines de la observación de tendencias, las organizaciones suelen figurar entre los elementos *menos estables* de todo el sistema de trabajo y carreras laborales. Como consecuencia de las condiciones turbulentas antes descritas, las organizaciones cambian con demasiada rapidez para ser indicadores seguros del futuro. La misión esencial de una organización puede permanecer estable a lo largo del tiempo, pero los puestos de trabajo específicos y las subunidades funcionales pueden desaparecer de la noche a la mañana. En una organización determinada, los líderes debieran animar a las personas a elaborar planes flexibles y contingentes para el futuro. Es importante prestar atención hacia dónde se encamina la organización, pero hay que estar preparados para las desviaciones y los cambios de orientación no anunciados. La observación eficaz de tendencias en una organización requiere destrezas políticas. Es importante cultivar una red de contactos para ensanchar nuestras fuentes de información. También es importante mantenerse al corriente sobre los acontecimientos en toda la organización para prever los cambios en su estructura de poder y en su orientación estratégica. Deben observarse los puntos fuertes y débiles globales de la organización y de sus distintas unidades de trabajo. Los acontecimientos fuera de nuestro inmediato campo de trabajo pueden limitar o aumentar las oportunidades de carrera de los miembros de nuestro equipo.

PUESTOS DE TRABAJO

Cuando planeamos nuestro futuro, tendemos a pensar en términos de puestos de trabajo concretos. Esta conexión, que parece tan clara, oculta un escollo peligroso. En realidad, los puestos de trabajo son el contexto de más corta vida y menos estable para la planificación de una carrera laboral. A medida que un mayor número de organizaciones adopta los equipos autodirigidos como unidad básica de trabajo, los puestos de trabajo *per se* se hacen menos distintos. Por consiguiente, la tendencia a observar en lo que respecta al trabajo es dónde hay oportunidades para ciertos tipos de aprendizaje.

En las épocas de cambio rápido, los puestos de trabajo son oportunidades temporales para adquirir experiencias, conocimientos, aptitudes y contactos. Estos activos móviles pueden entonces aplicarse a los planes de carrera profesional basándose en sistemas de industrias y profesiones más estables. Se tarda algún tiempo en aprender desde un puesto de trabajo y en crear un historial de cumplimiento. Sin embargo, debido a que los puestos de trabajo son tan efímeros, el tiempo es un recurso poco fiable. Al ofrecer a las personas la oportunidad de desarrollar sus fuerzas en campos particulares que las prepararán para el futuro, el trabajo se convierte en un incentivo en sí mismo.

LOS INDIVIDUOS

La planificación de la carrera profesional es sólo un aspecto de un proceso más amplio de planificación de la vida. Las decisiones que toman las personas sobre la carrera deben reflejar un futuro que ellos han proyectado basándose en la comprensión realista de sí mismas. Como facilitador, el líder, ayuda a las personas a lograr esa comprensión. Como pronosticador, el líder busca ciertas tendencias en el desarrollo de cada individuo con consecuencias para el papel que desempeña en el futuro del equipo de trabajo.

¿Qué aspectos de un individuo son pertinentes para la observación de las tendencias? La fase de desarrollo de la persona es un factor que sin duda debe considerarse. Antes hemos advertido que tanto las industrias como las profesiones surgen del terreno común de las necesidades humanas básicas. Estas necesidades se encuentran enraizadas en unos cuantos retos fundamentales de la vida con los que cada persona adulta debe enfrentarse de alguna manera, tales como la salud, la vivienda, el recreo, el trabajo y la familia. Aunque estos retos son constantes en nuestra vida, nuestras necesidades en cada campo evolucionan y cambian con el tiempo. Los riesgos que nos estimulaban durante los días de exploración juvenil pueden ser desagradables más tarde en nuestra carrera. La pasión por el éxito personal puede evolucionar y convertirse en un deseo de instruir a un sucesor para que prosiga nuestro trabajo. A medida que los miembros de la familia envejecen, quizá necesitemos dedicar más tiempo a prodigar cuidados en el hogar y menos a resolver problemas en el trabajo. Cuando pensamos en lo que era nuestra vida hace diez o veinte años, podemos prever cualquier número de cambios probables en nuestras circunstancias y necesidades. Nuestros planes de carrera deben ser coherentes con estas tendencias. Como líderes, podemos ayudar a las personas a dirigir sus esfuerzos hacia las tareas que les prepararán para lo que ellas desean o pueden esperar que suceda en su vida en el futuro. Otro factor individual que hay que considerar es el conjunto de aptitudes y destrezas de una persona. Las aptitudes son campos generales de competencia mientras que las destrezas son acciones o actividades concretas que sustentan una aptitud global. Las aptitudes y las destrezas son algo parecidas a las profesiones y los puestos de trabajo. Las aptitudes tienden a ser duraderas y para dominarlas se requieren años de aprendizaje continuo, las destrezas están engranadas con tareas de corto plazo. Por ejemplo, la programación de ordenador es un campo de aptitud; la familiaridad con los lenguajes de programación tales como el COBOL o el C es una acumulación de destrezas separadas. La aptitud de programación persiste, mientras que los lenguajes concretos de programación van y vienen según los cambios de tecnología. En la mayoría de las organizaciones y profesiones, un número limitado de aptitudes son absolutamente esenciales para el éxito, y otras son simplemente «agradables de poseer». Como pronosticador, el líder puede ayudar a las personas a analizar las aptitudes que necesitarán desarrollar con el fin de aumentar o desarrollar su vendibilidad.

La observación de tendencias en cada uno de los cinco niveles antes descritos es una destreza decisiva para el líder como pronosticador. Exige la buena voluntad para buscar personas, información y otros recursos así como una sana dosis de imaginación para hacer conjeturas. Sin embargo, la observación de las tendencias depende de la interpretación que uno haga de lo que ya está presente o es probable que ocurra. Los pronosticadores necesitan también otra destreza de liderazgo orientada al futuro: deben ser capaces de *imaginar* lo que parece imposible en las presentes circunstancias y reclutar a otros para hacer que sea una realidad.

Gary Hamel y C.K. Prahalad, en su análisis del propósito estratégico en *Competing for the Future*, proporcionan numerosos ejemplos de este proceso en acción. Cuando Canon era un fabricante japonés poco importante de equipo fotográfico, se fijó el objetivo, que era evidentemente absurdo, de acabar con el dominio mundial de Xerox en el campo de las fotocopiadoras. Canon no solamente triunfó en esa empresa quijotesca sino que siguió, para repetirla, patentando y concediendo licencias de descubrimientos en campos afines tales como el de la tecnología de la impresora por láser. Una visión del futuro que es lo suficientemente compulsiva y completa como para absorber los mejores esfuerzos de los hombres y mujeres entregados a su tarea que pueden literalmente llevarnos a la luna. El papel del líder como pronosticador consiste en expresar un futuro tan lleno de interesantes posibilidades que nadie sea capaz de descansar hasta lograrlas. Ninguna tendencia actual conduce inevitablemente a este futuro imaginado: exige un acto de fe y una cantidad atroz de intenso trabajo.

Aquí tenemos lo que es quizá el más indispensable de todos los papeles del liderazgo. Los líderes son puentes que unen a las personas con el futuro. Incluyen las visiones de los demás en las suyas, crean alianzas y asociaciones basándose en aspiraciones compartidas. Examinar el futuro con mucha antelación nos hará unos líderes más eficaces hoy y nos llevará a través de nuestros tiempos inseguros al futuro que nos atrevamos a crear.

Capítulo 19

La tarea fundamental del liderazgo: el autoliderazgo

Richard J. Leider

Richard J. Leider es fundador y socio de The Inventure Group, una firma de capacitación de Minneapolis, Minnesota. Es autor de Repacking Your Bags, The Power of Purpose, The Inventurers *y* Life Skills. *Leider es conferenciante, escritor y organizador de seminarios y es un líder nacionalmente reconocido en el campo del desarrollo de carreras profesionales.*

Vivimos una era de rediseño organizacional. Para llegar a ser o para seguir siendo competitivos, los líderes deben a menudo realizar mejoras a través del cambio radical, o del rediseño. En el contexto del cambio radical, ¿qué responsabilidad de carrera, si es que hay alguna, tienen los líderes con sus seguidores? ¿Cómo pueden los líderes conseguir energía discrecional y urgencia en la actuación a menos que hayan creado también una nueva relación con sus empleados? Y ¿cómo pueden los líderes crear tales relaciones efectivas a menos que tengan relaciones efectivas consigo mismos a través del autoliderazgo?

El material blando es el material duro

Las personas no pueden ser rediseñadas. Las organizaciones no pueden obligar a los individuos a aceptar que se deleguen facultades en ellos, y los líderes no pueden delegar facultades en las personas para ser innovadoras o valientes o para elegir modos de proceder que no les resulten familiares o sean incómodos. Los individuos tienen que concederse facultades a sí mismos. Solamente los individuos pueden optar por aceptar una nueva dirección o arriesgar las reputaciones de sus careras para lograr una nueva visión, porque todo cambio es un autocambio. Todo rediseño exige importantes elecciones de autoliderazgo.

Por estas razones, y debido a que los seres humanos son seres humanos, les resulta difícil enfrentarse con el cambio. Muchas organizaciones y sus líderes han descubierto que «el material blando es el material duro» para crear el cambio radical. A menudo, los líderes tienden a asustarse del aspecto humano del liderazgo del cambio porque el aspecto humano de la empresa no es el que mejor dominan. Se sienten más cómodos con las tareas técnicas o financieras que con las cuestiones humanas. Dicen «No quiero entrar en toda esa materia blanda. Y sólo quieren conseguir resultados».

Yo simpatizo con esa actitud, pero dos decenios de trabajo con los líderes en situaciones de cambio me han convencido de estas tres cosas:

1. Todo cambio es un autocambio. No podemos conseguir el resultado que necesitamos hoy sin entrar en «esa materia blanda». Todo cambio es una elección. No hay modo de realizar el cambio de un modo agradable y ordenado.
2. Con el autocambio obtenemos emociones. No hace falta tener un título en psicología para ayudar a la gente a que se ayude a sí misma. Se requiere un arte de liderazgo con las personas que les hace sentirse escuchadas. Se requiere «ese material blando»: nuestro corazón. La palabra *heart* (corazón) está compuesta de dos palabras: *hear* (escuchar) y *art* (arte). La esencia del proceso de cambio es el

arte de escuchar. Escuchar es absolutamente esencial para cambiar.

3. El cambio requiere autoliderazgo. En los años noventa se tiende a que todos nosotros tengamos más responsabilidad y a que asumamos más control de nuestras vidas. Los líderes deben examinar continuamente su interior para decidir qué es lo que quieren, qué es lo que valoran y para qué quieren ser valerosos.

El cambio real depende de la motivación y del autoliderazgo tanto de los líderes como de los seguidores. Un elemento crítico para apoyar cualquier esfuerzo de cambio es estimular de nuevo la motivación y los talentos de todo el mundo y proporcionar apoyo para utilizarlos eficazmente en la organización. Incluso en el nuevo mundo de los equipos, la elección individual sigue siendo la clave para crear un equipo que actúe excelentemente. No se puede crear un gran equipo con un conjunto de partes pasivas.

La nueva realidad de las carreras: TÚ, S.A.

A pesar del cambio radical, el trabajo no le está dando resultado en la actualidad a muchas personas. Los empleados de todos los niveles, en todas las organizaciones, grandes y pequeñas, no saben ya a quién pertenecen o si es que pertenecen en absoluto. Personas que históricamente suponían que sus organizaciones «cuidarían de ellas» no están preparadas cuando las nuevas realidades organizacionales convierten su seguridad en el puesto de trabajo en la nueva realidad de las carreras: TÚ, S.A. Ahora en primer lugar trabajan para sí mismos y para sus organizaciones en segundo lugar.

Frecuentemente, las personas se quejan de que su trabajo, al que solían estimar, se ha convertido en algo penoso para ellas. O de que están haciendo el doble hoy de lo que hacían antes, pero disfrutando de ello sólo la mitad. No obstante, se muestran reticentes a expresar estas quejas a los líderes de su organización porque se sienten vulnerables. Los nuevos «intrapreneurs» (los empleados de las grandes empresas que gozan de libertad y apoyo económico para la creación de nuevos productos, servicios, etc.) cuestionan la significación de lo que están haciendo y se sienten poco leales a la autoridad empresarial, sin embargo, quieren aportar sus talentos. Están naturalmente abrumados, frustrados y cansados de vivir en el «shock posterior al cambio». Se muestran escépticos acerca de los nuevos líderes que son aceptados como panaceas para lo que aflige a su organización.

El cambio de «dependencia de la carrera» a «autoliderazgo de la carrera» no es solamente obligatorio sino también inevitable en las organizaciones rediseñadas de la actualidad. El líder que puede reconocer este cambio esencial a TÚ, S.A., y que es capaz de construir sobre él, tiene una enorme ventaja estratégica al reclutar talentos para un lugar de trabajo preferido. Y los lugares de trabajo preferidos atraerán a los trabajadores críticos autoliderados necesarios para el éxito.

El autoliderazgo es la esencia del liderazgo

Las nuevas realidades del TÚ, S.A. de hoy requieren otro nuevo «contrato de carrera» con arreglo al cual los líderes ayudan a los seguidores a desarrollar y dominar las destrezas móviles de carrera necesarias en el siglo XXI y los empleados adoptan un espíritu de urgencia competitiva y de aprendizaje del comportamiento. El autoliderazgo es el núcleo en torno al cual se crea un nuevo contrato de carrera. Consta de propósito personal, valores, visión y valentía. Es el carácter que cada persona aporta al papel de liderazgo.

El autoliderazgo es la esencia del liderazgo. Se basa en conocerse a sí mismo y en buscar asesoramiento fiable. Los líderes de un mundo cambiante necesitan hacer inventario de sus atributos personales que se adhieren al cambio o de los que se resisten a él. A menos que comprendan la visión que les motiva para liderar, el propósito que les estimula y los valores que les facultan, ¿cómo pueden hacer elecciones valientes en un mundo caótico? El autoliderazgo es la esencia de todo cambio individual, de equipo y organizacional. El liderazgo imaginativo exige valentía. La unidad del equipo exige el alistamiento individual. El cambio organizacional exige autocambio. Por consiguiente, los líderes necesitan tejer la hebra de oro del autoliderazgo a través de todas sus filosofías, procesos, programas e instrumentos de cambio desde el comienzo hasta el final. Este concepto engañosamente sencillo provoca el jarabe de pico de muchos líderes que contrasta claramente con el poco tiempo y escasos recursos que realmente le conceden. A muchos líderes se les percibe como todo forma y nada de esencia, como prototipos de «no hacer lo que se predica». Los líderes deben referirse continuamente a sus propios propósitos, valores, visión y valentía personales. Deben enfrentarse no solamente con la amenaza externa del fracaso competitivo sino también con la amenaza interna todavía mayor de la falta de integridad de liderazgo, porque en el siglo XXI, el autoliderazgo es el reto fundamental del liderazgo: una destreza de supervivencia.

Para que la cuestión sea más interesante, tampoco en el hogar están fáciles las cosas para los líderes estos días. Las familias y sus relaciones están llenas de nuevos problemas para los que muchos líderes no están preparados. La mayoría de los líderes trabajan con más ahínco y durante más tiempo. Los matrimonios que en otro tiempo habían luchado con la «destrucción interna», pero que permanecían inalterados durante años, ahora se rompen. (La destrucción interna es el arte de morir sin aparentarlo; el matrimonio parece bueno por fuera, pero está muerto por dentro: no hay vitalidad.) Las ganancias están a menudo en una carrera con los gastos y éstos parecen ser los que ganan. Los retos de los líderes de hoy en el trabajo y en el hogar están compuestos de tensiones constantes y difíciles. No hay que extrañarse de que muchos líderes se pregunten si todo eso vale la pena y no puedan imaginar cómo manejar todo ello.

Muchos grandes pensadores, desde Tales («Conócete a ti mismo») hasta William Shakespeare («Sé fiel a ti mismo») pasando por el Mahatma Gandhi («Tú debes ser el cambio que deseas ver en el mundo»), nos han instado a mirar en nuestro interior para la guía del liderazgo. Hoy son más los líderes que se han tomado en serio estos consejos, y por un buen motivo.

Veinte consejos para el autoliderazgo

He aquí veinte consejos para el autoliderazgo de hoy:

1. La calidad y la profundidad de nuestro liderazgo se refleja en nuestras relaciones con nuestros colegas y con nuestros seguidores. Tenemos que estar convencidos de nuestros *valores porque ellos revelan quiénes somos realmente como líderes*.

Consejo

Reconozca su nivel de tensión. Observe los indicios de tensión: falta de memoria, fatiga crónica, insomnio, cambios en el apetito, aumento de los enfriamientos, dolores de cabeza o lumbalgias, abandono de las relaciones, o mayores cambios de humor. Si no está usted seguro de que tiene un problema, pregunte a su familia o a sus amigos si han observado cambios en usted.

2. No somos impotentes para elegir nuestras condiciones de vida y de trabajo. Tenemos la posibilidad de elegir, y esas elecciones son el secreto de nuestro *poder*. La voluntad de ejercer nuestras opciones es la fuente de energía para el liderazgo.

Consejo

Consiga el control donde pueda. La labor del líder incluye fuerzas estresantes más allá de su control. Busque campos personales de los que usted pueda hacerse cargo. Programe el tiempo de tal manera que pueda dar cabida a su necesidad de hacer ejercicio o de asistir a acontecimientos familiares.

3. Debemos reconocer nuestras *adicciones* para descubrir si somos fieles a nuestra esencia o si vivimos en una cárcel autoimpuesta impulsados por otros o por las expectativas de nuestra organización.

Consejo

Equilibre su estilo de vida. Los líderes que se sienten víctimas son con frecuencia perfeccionistas, idealistas o adictos al trabajo que nunca pueden complacerse verdaderamente a sí mismos. Piense en otro aspecto de su vida que le gustaría desarrollar además de su trabajo: ¿su mente?, ¿su cuerpo?, ¿su espíritu?

4. Los cambios verdaderos proceden del cambio de nuestros *mapas mentales*. La alta energía procede de una visión personal clara y apasionada.

Consejo

Tómese diariamente un tiempo para estar solo. Para aclarar las situaciones es esencial tomarse por lo menos quince minutos al día con el fin de reflexionar sobre la situación general y para fijar y revisar prioridades con arreglo a ello.

5. Como mejor podemos realizar la *evaluación* del liderazgo es basándonos en nuestros propios registros completos de lo que hacemos en lugar de los registros parciales e incompletos de cualquier otra persona.

Consejo

Haga lo que le gusta u obtenga asesoramiento sobre su carrera profesional. Podemos consumirnos haciendo lo que nos gusta, pero no nos agotamos ni nos oxidamos. Si usted se está agotando, quizá no le guste en realidad lo que está haciendo y es posible que necesite reinventar su trabajo.

6. Debemos hacer *inventario* de nuestros talentos de liderazgo si queremos beneficiarnos en el futuro de las lecciones del pasado.

Consejo

Examine su trabajo. Lleve un cuaderno de notas durante una semana en el que anote usted todo lo que instintivamente le gusta hacer y todo lo que le disgusta intensamente hacer en el trabajo. Pregúntese sinceramente: «¿Cuánto tiempo dedico a hacer lo que de un modo natural me gusta hacer?» Luego centre su atención en sus puntos fuertes y haga lo conveniente con sus deficiencias.

7. Debemos decidir personalmente con arreglo a qué *criterios* queremos medir nuestro legado de liderazgo.

Consejo

Renueve una relación con un mentor o instructor. Un buen instructor puede ayudarle haciéndole comprender los obstáculos en su trabajo, en su vida personal y ofreciéndole una nueva perspectiva de sus valores y criterios para lograr el éxito. Pregúntese: «¿Quiénes son hoy mis maestros?» «¿Quién es la primera persona a la que acudiría para que me asesorara sobre el liderazgo?»

8. Reinventarnos nosotros mismos es un *proceso continuo de aprendizaje* que dura toda la vida. Debemos llegar a sentirnos cómodos con la realidad de que la satisfacción siempre conduce a la insatisfacción.

Consejo

Propóngase salir de su zona de comodidad. Persiga un empleo de no liderazgo en una organización profesional o comunitaria. O emprenda una nueva experiencia de aprendizaje fuera de su elemento. El riesgo y las dificultades pueden renovar sus pilas.

9. Debemos establecer sólidos *sistemas de apoyo* —un consejo de administración personal— que pueda llevarnos a través de los caprichos del cambio.

Consejo

Elija un consejo de administración personal. ¿Quiénes son las personas cuya sabiduría y asesoramiento personal valora usted? ¿A quién seleccionaría usted para incluirlo en el equipo de asesoramiento para su vida, trabajo y liderazgo personal?

10. Debemos asumir los *riesgos* para iniciar conversaciones valientes que nos mantengan en un diálogo sincero y creativo cara a cara con nuestros colegas y seguidores.

Consejo

Deje de hacer algo. Cuando están atareados, los líderes tienden a comprometerse excesivamente. Decir no y decirlo en serio reducirá su tensión y le devolverá su sentido del control. Examine su calendario y elija dejar de participar en un comité o misión.

11. Debemos desarrollar un *plan B* personal incluso antes de que hayamos logrado terminar con éxito el plan A.

Consejo

Diseñe por escrito un plan B. ¿Qué haría usted si le despidieran mañana y tuviera que buscar clientes, en lugar de un puesto de trabajo? ¿Qué haría usted exactamente para que la gente pudiera retribuirle por ello?

12. No debemos hacer el papel de «víctimas» de las fuerzas externas: necesitamos asumir el *control* de nuestros calendarios.

Consejo

Imagínese su semana ideal. Recientemente, *The Wall Street Journal* escribió acerca de una encuesta sobre las actitudes norteamericanas respecto del tiempo. Una de las preguntas más interesantes era esta: «¿Sacrificaría usted los ingresos de un día a cambio de un día libre cada semana?» Los resultados demostraron que muchas personas lo harían. ¿Lo haría usted también? ¿Cómo le parece a usted que es una semana ideal? Esbócelo en un papel.

13. Primero debemos tomar las *decisiones importantes de la vida* que son la materia prima de las decisiones sobre la carrera profesional.

Consejo

Programe una «comprobación del corazón». «¿Cuándo tuvo usted por última vez una verdadera conversación sobre las "prioridades de la vida"?» O ¿cuándo hizo una visita franca a alguien próximo a usted? Piense en sus amistades. ¿Cuándo fue la última vez que usted le preguntó a alguien cómo estaba y se detuvo el tiempo suficiente para escuchar la respuesta? ¿Está preocupado porque usted y su socio ya no se hablan? Programe esta semana una comprobación de corazón con alguien próximo a usted.

14. Debemos mezclar nuestras prioridades y concesiones mutuas en nuestra vida personal y en el trabajo o de lo contrario nos arriesgamos a desperdiciar nuestra moneda más valiosa: el tiempo.

Consejo

Imagínese en el año 2000. ¿Dónde estará usted cuando el reloj dé las campanadas de media noche el 31 de diciembre de 1999? Cambie impresiones sobre su carrera ideal y sobre su supuesto hipotético de vida con alguien próximo a usted.

15. Trabajar con un claro sentido del *propósito personal* crea el éxito con la realización: una declaración de propósito personal por escrito reduce la ansiedad en épocas de cambio.

Consejo

Hágase la gran pregunta. El hecho es que muchos de nosotros somos desalentados por el propósito. Si se nos pide que describamos el propósito de nuestra vida, nosotros suponemos que tiene que ser algo que pueda ponerse en una placa mural, algo inspirador, como dedicarnos a la paz mundial. Aunque algunos líderes sí tienen un abrumador sentido del propósito, otros muchos no lo tienen. No obstante, es importante formular continuamente la gran pregunta: «¿Por qué me levanto por la mañana?» ¿Cómo respondería usted a esa pregunta?

16. Debemos vivir con una clara intención y establecer un contacto coherente con un *poder superior* mayor que nosotros mismos.

Consejo

Encuentre un lugar donde escuchar. Pasamos gran cantidad de tiempo corriendo por todas partes tratando de imaginar lo que tenemos que hacer, pero primero necesitamos resolver qué es lo que queremos *ser.* Insista en tomarse descansos espirituales regulares. Imagínese en un lugar tranquilo, favorito: un lugar donde poder escuchar. Varios minutos allí le renovarán su esencia espiritual. Inspire profundamente cuatro veces, inspire y expire lentamente, para profundizar en su luz interior. Déle a su esencia espiritual espacio para crecer.

17. Liderar desde un claro sentido personal del propósito crea *valentía.* La verdadera valentía atrae a los verdaderos seguidores.

Consejo

Revise el programa de esta semana. Sólo somos tan buenos como los compromisos de nuestros calendarios. El modo de dedicar nuestro tiempo define nuestra manera de vivir y de liderar. ¿Está usted dedicando tiempo a los valientes adalides del cambio de su organización? ¿Dejan sus agendas de reuniones tiempo para «conversaciones valerosas»?

18. La clave de una gran actuación es la *honradez*: hacer pocas cosas, pero coherentemente. La honradez de liderazgo se crea o se destruye por las pequeñas cosas cotidianas que llegan a ser modelos.

Consejo

Practique realmente las técnicas que conozca de manejo del estrés. Probablemente conoce usted muchas. Una técnica sencilla consiste en dejar los quince minutos primeros para los compromisos de manera que no tenga usted que precipitarse. ¿Cuál es la técnica de manejo del estrés que conoce y a la que necesita volver?

19. El *exceso de estrés* procede principalmente de vivir reactivamente. El estrés puede derribarnos o darnos energía. La diferencia está en la forma en que lo percibamos.

Consejo

El autoliderazgo consiste en cuidar de uno mismo. La forma de empezar el autoliderazgo es ser sincero consigo mismo. ¿Hasta qué punto goza usted de buena salud? ¿Posee usted la energía y vitalidad necesarias para llegar al final de la carrera? Planee pronto un chequeo físico.

20. A las personas les atrae lo que se celebra. *Celebre* los muchos aspectos de la celebración.

Consejo

Alégrese. La celebración es un proceso gradual. Observe los primeros pasos hacia el cambio telefoneando, redactando notas y afirmando su progreso a lo largo del año. Y vuelva a encontrar su sonrisa si es que la ha perdido.

Capítulo 20

La parte de seguimiento del liderazgo
Douglas K. Smith

> *Douglas K. Smith es un autor y asesor que se interesa por la actuación, la innovación y el cambio organizacionales. Es autor de* Taking Charge of Change, *una exploración de vanguardia de los principios, estrategias y visiones de la dirección esenciales para la actuación y el cambio impulsados por el comportamiento. Es también coautor de* The Wisdom of Teams, *que es generalmente reconocido como el principal libro escrito sobre la disciplina requerida para la actuación del equipo. Smith ha compartido la creación de la «organización horizontal», un conjunto de principios para proyectar las organizaciones, que la revista* Fortune *ha denominado «modelo para los próximos cincuenta años».*

En la organización del siglo XXI, todos los líderes deben aprender a ser seguidores si es que quieren tener éxito en su liderazgo. Los cambios profundos y continuos en la tecnología, la demografía, los gobiernos y la economía han hecho obsoleto al líder omnisciente. Sí, los líderes deben continuar fijando la orientación, tomando decisiones difíciles e inspirando el compromiso en aquellos que les siguen. Y deben encontrar modos de «ir por delante» Y, al hacerlo así, poner su propio sello singular de personalidad y talento en el empeño. Pero eso ya no es suficiente. Los líderes en todos los niveles y en todas las situaciones deben prestar una concienzuda atención a las situaciones en que su opción más efectiva es seguir, y no porque la jerarquía exija que «obedezca» sino porque la actuación les exige que confíen en las aptitudes y la perspicacia de otras personas.

Por supuesto que la mayoría de nosotros hemos conocido y respetado a las personas que «lideran desde atrás». Muy pocos de entre nosotros, sin embargo, hemos tratado de emularlos. Más bien les hemos considerado personas inusitadamente «buenas», almas admirables que sin duda eran excepciones en la actividad frenética, en el ambiente darwiniano de las organizaciones. Tales juicios fueron quizá exactos en la mayor parte del siglo XX. Pero la mayoría de los problemas críticos de actuación de hoy exigen que nos levantemos del cómodo sofá de los juicios morales del tipo «lo bueno frente a lo malo» y que adoptemos una actitud más proactiva y práctica y nos preguntemos: «¿Qué deben hacer los líderes para asegurar los resultados deseables?» Más que en cualquier otra época de la historia, la respuesta radica en hacernos seguidores: seguidores de nuestra misión y propósito, seguidores de nuestros principios para gestionar hacia ese propósito, y seguidores por parte de *todas las personas* que hará que se materialice la visión de la organización.

¿Por qué ser seguidores?

La actuación organizacional ya no es un asunto bien ordenado. Hace diez o veinte años, si preguntábamos cómo actuaba una organización del sector privado, nuestro respondiente enumeraba los indicadores financieros y de mercado, a continuación las aportaciones funcionales y luego las individuales. Todos los parámetros serán cuantitativos, serán expresados en unidades monetarias o volumétricas y reflejarán los logros periódicos (anuales, mensuales, semanales, diarios). Si preguntamos cómo marchan las organizaciones no lucrativas o públicas, en el mejor de los casos oiremos hablar del alcance de su propósito, seguido de nuevo rápidamente por las aportaciones funcionales e individuales.

En este mundo, los líderes y los seguidores estaban estrictamente divididos. La jerarquía de mando y control exigía que los empleados de primera línea siguieran y que el director general o el director ejecutivo liderara. Todos los que estaban en medio lideraban a los que estaban abajo y seguían a los que estaban encima. Liderar significaba tomar decisiones y proporcionar orientación. Seguir significaba obedecer. Las organizaciones eran como máquinas. Las mejores organizaciones eran las máquinas mejor lubricadas y más eficaces. Las personas —ya fueran líderes o seguidores— eran ruedas dentadas.

Hoy, si preguntamos cómo está actuando una organización, lo más probable es que quien nos conteste exprese cualquier descripción con cautela e incertidumbre. «¿Quién sabe?» colorea cualquier respuesta futura. La mayoría de nosotros sabemos que el elegante plano de los indicadores financieros, de mercado, funcionales e individuales ya no es suficiente. El accionista ya no es el rey. Tampoco lo es el cliente. En cambio, todas las organizaciones deben equilibrar continuamente su actuación en favor de cada «electorado» que cuente. En el sector lucrativo, siempre significa accionistas, clientes y empleados. En los organismos oficiales y en las organizaciones no lucrativas significa beneficiarios, inversores y empleados. Y en uno y en otro sector, *empleados* significa todo el mundo que trabaja para la organización, no sólo las personas que están debajo de la cumbre. El director general también es un empleado.

Para actuar de un modo equilibrado, se requiere ahora excelencia, tanto funcional como transfuncional, basada en las aportaciones tanto individuales como de equipo. Los objetivos y logros deben ser continuos además de periódicos. Y lo que más importa puede ser cualitativo (por ejemplo la moral) además de cuantitativo. Por último, la velocidad (la duración del ciclo) y la especificidad (cero defectos) se han unido al volumen y al dinero como parámetros clave.

Considerada como un todo mezclado, esta agenda de actuaciones de tipo «ambos/y» exige enfoques de organización de ese mismo tipo. Hoy, la gente que pertenece a una organización eficaz debe pensar además de hacer, gestionar a otros y gestionarse a sí mismos, tomar decisiones y efectuar el trabajo real. Deben imaginar el mejor modo tanto de dividir el trabajo como de integrarlo de nuevo. Y deben hacer de modo y manera que se aseguren las ventajas tanto del hábito fijo como de la flexibilidad. Finalmente, todos deben saber cuándo han de ser responsables de los resultados tanto individualmente como mutuamente.

Pocos individuos que sólo sean seguidores contribuirán a tales organizaciones. Tampoco lo harán muchos de los que solamente lideran. En cambio, todos deben aprender el modo de liderar y seguir a la vez. Es de sentido común que la persona que realiza el trabajo sabe mejor cómo hacer que ese trabajo sea más conforme a los clientes y a otros factores ambientales. El supervisor de esa persona más vale que sepa cuándo y cómo seguir. Cada vez más los retos de la actuación exigen la actuación en tiempo real de múltiples destrezas y perspectivas entre un pequeño número de personas que trabajan en equipo. Los mejores líderes de equipo saben que la actuación de éste depende de que el equipo tenga el mando, y no sólo un individuo del equipo. Por consiguiente, los líderes de los equipos —lo mismo que todos los miembros del equipo— deben saber cuándo tienen que ser seguidores.

Cuando la actuación de la organización depende más de conseguir una excelencia continuamente mejor y transfuncional que de mejorar la excelencia funcional, todas las personas que contribuyen a ese proceso deben saber cómo seguir y servir a quienes están «aguas arriba» y «aguas abajo» respecto de ellos. ¿Qué son, después de todo, los clientes internos sino personas cuyas necesidades debemos seguir y atender? Por último, los líderes máximos que esperan estimular a las energías y la actuación de las personas a través de visiones ricas y prometedoras deben saber cuándo han de ser seguidores de la interpretación de dichas visiones por parte de su gente con el fin de beneficiarse verdaderamente de la creatividad y significación que requiere cualquier empeño impulsado por una visión.

Las organizaciones de mayor éxito de la actualidad están guiadas por un propósito. Pero ¿cómo puede un propósito impulsar una organización si las personas que la componen no saben cuándo y cómo seguirlo? Las organizaciones más eficaces de la actualidad actúan de acuerdo con una serie de importantes principios y no con unos gruesos manuales de normas y reglas. Pero ¿cómo puede la gente aplicar dichos principios si no saben cómo seguirlos? Las organizaciones más poderosas de hoy hacen real la idea de que «las personas son nuestro activo más importante». Pero ¿cómo pueden hacerlo a menos que todo el mundo sea líder y seguidor al mismo tiempo?

El problema del seguimiento

El seguimiento sufre de un grave problema de imagen. Pocos niños aspiran a hacerse mayores para convertirse en seguidores. El seguimiento no está incluido en los criterios de selección para las universidades, escuelas profesionales, becas o premios. En realidad, en la escuela, en los libros y en los periódicos, en las películas y en la televisión el seguimiento está a menudo condenado en cuanto se le considera una negación estúpida de la naturaleza humana. Se nos invita a una dieta fija de chicas que asedian a las figuras de la música pop, de miembros de determinados cultos y de masas a quienes se les ha lavado el cerebro y se nos advierte de modo terminante contra el horror y la miseria de la condición de seguidor.

La primera vez que la mayoría de nosotros chocamos con esta paradoja es cuando solicitamos un puesto de trabajo a nivel de ingreso. Después de ser contratados y de aprender rápidamente la extraordinaria importancia de seguir las instrucciones desde arriba, nos encontramos no obstante con que todo el discurso público dentro de la organización se refiere al liderazgo. El corolario a aquello de que «las personas son nuestro activo más importante» es, inevitablemente, «queremos que todo el mundo sea un líder». ¿Cómo es que muchas empresas, organizaciones sin fin de lucro o instituciones oficiales tienen cursos de capacitación para seguir a un líder?

En algunos aspectos, esto es raro. Aun antes de que el mundo cambiara completamente, la mayoría de las personas eran en realidad seguidores. Por supuesto, es una cuestión de orgullo en los adultos más maduros reconocer la dignidad y utilidad de ser subordinados leales, personas formales que saben cuál es su papel y con las que el jefe o el líder siempre puede contar. Pero el honor en esto siempre ha sido más bien privado, evocando más bien imágenes de apretones de manos y obsequios de relojes de oro más que de reconocimiento público con grandes titulares. «Los verdaderos líderes», creemos nosotros, están hechos de una materia más dura, más iconoclasta. Por consiguiente, incluso en sus aspectos más admirables, la condición de seguidor ha continuado siendo un secreto indecente, un fenómeno oculto al que pocos de nosotros nos adherimos y celebramos invariablemente de manera entusiasta.

En lo que ahora es un mundo de «ambos/y», continúa soportando una carga de tipo «uno u otro/o» en el centro de la cual se encuentra el propio interés. Una de dos: o se es líder o se es seguidor. A veces, el egoísmo dicta que seamos seguidores porque no tenemos otra opción. Está en la descripción de nuestro puesto de trabajo. Pero uno siempre busca «el progreso», la oportunidad de romper los vínculos del seguimiento y avanzar hasta una posición de líder. Basta con examinar un organigrama para ver quiénes son los líderes y quiénes son los seguidores.

Los únicos individuos que se apartan de este modelo basado en el cargo son aquellas personas especiales que son tan desinteresadas que, al seguir a los demás, ocupan realmente una base más alta de liderazgo. Y no se suponga que estoy describiendo aquí figuras históricas como Gandhi. Todos nosotros hemos conocido «santos» organizacionales comparables que, al ignorar siempre su propio egoísmo, acumulan una base moral para liderar de hecho. Las opiniones y las influencias de las personas se buscan siempre en apoyo de cualquier cambio o iniciativa críticos. Expresado de otro modo, el puro seguimiento es un acto sutil de liderazgo.

Por supuesto, en las organizaciones existen muy pocas personas como esas. El egoísmo es una fuerza demasiado fuerte. Y en eso, creo yo, radica una gran parte de la respuesta a la pregunta de cómo cambiar la imagen y la práctica del seguimiento desde el ineficaz pasado de tipo «uno u otro/o» a un futuro más prometedor de tipo «ambos/y». La actuación exige ahora que todos aprendamos *cómo y cuándo promovemos más efectivamente nuestro propio interés al convertirnos en seguidores*. En realidad, yo expresaría esto de un modo aún más vivo. En la compleja realidad interdependiente en que vivimos ahora, nuestro egoísmo —y por supuesto nuestra supervivencia— exige que seamos tan expertos en seguir a otros como lo somos en conseguir que nos sigan a nosotros.

Nuestro egoísmo exige que aprendamos la realidad de ambos/y al seguir y al liderar. Esto empieza con abandonar una referencia posicional ante la cuestión de quiénes son los seguidores y quiénes los líderes. La posición o cargo fue un poderoso motor para las organizaciones que contaban con las personas como si fueran ruedas dentadas. Pero las organizaciones actuales necesitan redes más rápidas y flexibles de personas comprometidas y a las que se les han concedido facultades, no robots humanos que aportan a las máquinas organizacionales una eficiencia como de ruedas dentadas. En la actualidad, los retos de la actuación —no el cargo— son los que deben determinar cuándo debemos seguir y cuándo debemos liderar.

La parte de seguimiento que hay en el liderazgo

Todo el mundo debe aprender cuándo y cómo ejercer la parte de seguimiento del liderazgo y la parte de liderazgo del seguimiento. Saber cuándo seguir no es un asunto bimodal de tipo uno u otro/o. A diferencia del cargo o posición que se ocupa, que sigue siendo estático durante períodos importantes de tiempo, los objetivos y exigencias de la actuación cambian constantemente. La actuación tiene lugar en tiempo real, no en tiempo organizacional. Como consecuencia, aprender cuándo hay que seguir es un reto constante que coexiste *simultáneamente y en paralelo* con el saber cuándo hay que liderar. Considérense, por ejemplo, los indicadores de cuándo un líder debe seguir en cada una de las tres situaciones corrientes de actuación:

1. *En la actuación individual*: Como líderes, debemos seguir a otro individuo, independientemente de la jerarquía:

   Si ese individuo, a través de la experiencia, la destreza y el discernimiento está mejor enterado.
   Si el crecimiento de ese individuo exige que invirtamos más en su destreza y confianza en sí mismo que en la nuestra.
   Si solamente ese individuo, no nosotros, tiene la aptitud (el tiempo y la oportunidad) para conseguir que lo que hay que hacer se haga.

2. *En la actuación del equipo*: como líderes, debemos ser seguidores del equipo:

Si el propósito y los objetivos de actuación del equipo lo exigen.
Si el equipo, no nosotros, debe desarrollar destrezas y confianza en sí mismo.
Si el enfoque de trabajo acordado del equipo requiere que nosotros, como todos los demás, realicemos trabajo efectivo.

3. *En la actuación organizacional*: como líderes, debemos seguir a otros, independientemente de la jerarquía.

Si el propósito y los objetivos de actuación de la organización lo exigen.
Si lo requiere la necesidad de ampliar la capacidad de liderazgo de los demás en la organización.
Si el «vivir» la visión y los valores nos impone hacerlo así.

¿Cómo podemos ejercer la parte de seguidores del liderazgo? ¿Cómo podemos ir más allá de escuchar simplemente para seguir realmente? Éstos son algunos de las destrezas y comportamientos críticos que pueden hacer de nosotros unos seguidores efectivos:

—*Formular preguntas en lugar de dar respuestas*: Al hacer preguntas tales como «¿qué cree usted que debemos hacer?» o «¿cómo sugiere usted que procedamos?», nos ponemos un paso detrás de otra persona. Si permanecemos o no detrás, por supuesto, depende de nuestra intención de seguir realmente la sugerencia o la respuesta de esa otra persona.

—*Proporcionar oportunidades para que otros nos lideren*: Esto va más allá de la idea habitual de buscar oportunidades de crecimiento para otras personas. A menos que la oportunidad en cuestión suponga un peligro real para el resultado de nuestra actuación personal, no nos situamos realmente como seguidores.

—*Realizar trabajo efectivo en apoyo de otros en lugar de que ocurra solamente lo inverso*: Al arremangarnos y aportar el mismo trabajo difícil a los esfuerzos y resultados de otras personas, nos ganamos su apreciación como alguien en quienes ellos pueden confiar, independientemente de la posición jerárquica o funcional relativa que mantengamos cada uno de nosotros.

—*Ser alguien que pone en contacto a los demás en lugar de ser un «conmutador central»:* Además de seguir a otras personas, debemos aprender a ayudarlas a ser seguidoras las unas a las otras. Esto requiere trascender la idea de que somos el «conmutador central» a través del cual fluyen todas las decisiones. Por el contrario, necesitamos buscar todas las oportunidades posibles para ayudar a las personas a encontrar sus mejores colaboradores. «¿Le ha preguntado usted a Sara o a Rafael lo que opinan?» es a menudo la única aportación requerida para facilitar el esfuerzo que se precisa en un momento determinado, aunque luego debamos ofrecer nuestro esfuerzo y apoyo a todo lo que las personas en cuestión sugieran.

—*Buscar la comprensión común en lugar del consenso:* La significación peyorativa inherente a la gestión del consenso no tiene nada que ver ni con el liderazgo efectivo ni con el seguimiento efectivo. Los líderes que saben cuándo y cómo han de convertirse en seguidores crean una profunda comprensión común, no un consenso superficial, en torno al propósito, objetivos y enfoque inmediatos. Se someten a sí mismos y a los otros a la disciplina de asegurar que todos los aspectos de cualquier desacuerdo son plenamente comprendidos por todos, reconociendo que la mutua comprensión es mucho más útil que cualquier decisión particular para elegir el camino A en lugar del camino B. Todas las personas seguirán unos propósitos y objetivos convincentes y entendidos por todos más fácilmente que las «cosas preparadas de antemano» inherentes al consenso.

Conclusión

Pocos de entre nosotros necesitamos ser persuadidos acerca de las aportaciones que debemos hacer como líderes. El seguimiento, sin embargo, presenta un dilema más complejo en la víspera del siglo XXI. Ni nosotros ni nuestros colegas tendremos éxito si seguimos dividiéndonos mecánicamente en líderes y seguidores. En cambio, debemos encontrar la oportunidad, la aportación y el honor en *todo momento en ambos papeles*. Eso requerirá que nos despojemos de cualesquiera connotaciones desfavorables del seguimiento y las sustituyamos por significaciones razonables orientadas a la actuación.

No creo que podamos llevar a cabo esto con un eufemismo que retrate a todo el mundo como líderes y a nadie como seguidores. Con ello a pocos adultos se podrá engañar durante mucho tiempo. El sentido común nos dice que, en todas las situaciones, alguien debe liderar y alguien debe seguir. «El exceso de cocineros —como sabemos todos— echa a perder el caldo.» Además, cuando las organizaciones se achatan ellas mismas al decir que «todo el mundo es un líder», ignoran el aprendizaje difícil y esencial acerca del seguimiento que todos los líderes jerárquicamente designados deben adquirir con el fin de hacer que la promesa del liderazgo en los demás se cumpla.

Necesitamos crear una cultura organizacional diferente, una en la que de modo consciente se practiquen y celebren tanto las destrezas de seguimiento como las de liderazgo en toda su gente. En esta cultura, las personas no son «elementos del activo». Están cambiando continuamente de sitio las colaboraciones de los individuos que hacen que tengan lugar la actuación y el cambio. En dichas colaboraciones, los individuos constantemente siguen y lideran unos a otros en cualquier combinación que dé mejor resultado para la tarea inmediata, luego vuelven a fraguar en torno a diferentes seguidores y líderes para la tarea que se les viene encima. En esos momentos, cuando algunos hacen el papel de seguidores, no lo hacen como santos ni como siervos sino como seres humanos que tratan de cambiar la situación para mejorarla.

Capítulo 21

Credibilidad × aptitud

Dave Ulrich

Dave Ulrich es profesor de administración de empresas en la Escuela de Comercio de la Universidad de Michigan y socio de Global Consulting Alliance. Es coautor de Organizational Capability: Competing from the Inside/Out, Human Resources as a Competitive Advantage: An Empirical Assessment of HR Competencies and Practices in Global Firms, *y* The Boundaryless Organization. *Ulrich es redactor jefe de* Human Resource Management. *Pertenece a la National Academy of Human Resources y ha sido citado por* Business Week *como uno de los diez principales educadores del mundo en administración de empresas y como el principal educador en recursos humanos.*

El ordenador que estoy utilizando para redactar este capítulo es a la vez complejo y sencillo. La complejidad procede de los chips de memoria intrincadamente diseñados y fabricados, del código de software y de otros avances tecnológicos. Pocas personas comprenden completamente todas las piezas complicadas que deben reunirse para realizar este trabajo informático. Pero, para mí, es sencillo. Lo enciendo, veo la pantalla, pulso las teclas y aparecen en ella las letras, pulso otras teclas y mi documento es almacenado de manera que puedo imprimirlo más tarde. Francamente, no comprendo todas las matemáticas, ingeniería y ciencias que hacen funcionar el ordenador, pero puedo sin embargo utilizarlo productivamente.

Análogamente, el liderazgo es a la vez complejo y sencillo. Las complejidades del liderazgo son paradójicas: es un arte y una ciencia, implica cambio y estabilidad, hace uso de los atributos personales y requiere relaciones interpersonales, convierte las visiones y los resultados en hechos, honra el pasado y existe para el futuro, gestiona las cosas y lidera a las personas, es transformacional y transaccional, sirve a los empleados y a los clientes, requiere aprendizaje y «desaprendizaje», se centra en los valores y se ve en los comportamientos. El liderazgo, como el funcionamiento interior del ordenador, es un conjunto complejo de relaciones, sistemas y procesos que pocas personas dominan por completo.

Sin embargo, en un mundo de cambio sin precedentes, de información inmediata, de redes mundiales y de crecientes expectativas de los empleados y de los clientes, los líderes del futuro deben descubrir modelos sencillos que accedan a los complejos fundamentos del liderazgo fructuoso. Aquí, mi atención se centra en el teclado, en el modelo excesivamente simplificado, pero útil, del líder del futuro. Siguiendo esta lógica, el liderazgo del futuro (1) actúa para convertir las aspiraciones en hechos, (2) se basa en cinco supuestos, y (3) requiere credibilidad personal y aptitud organizacional.

El propósito del liderazgo: convertir las aspiraciones en hechos

El resultado del liderazgo efectivo es sencillo. Debe convertir las aspiraciones en hechos. Las aspiraciones llegan de muchas maneras: estrategias, objetivos, misiones, visiones, previsión y planes. Prescindiendo de la palabra, los líderes crean aspiraciones. Las aspiraciones exitosas tienen ciertas características determinantes:

— Se centran en el futuro, imaginándose lo que puede ser.
— Conectan e integran toda la cadena de valor de una empresa (proveedores, clientes y empleados) y no sólo lo que sucede en el interior de la firma.

—Crean energía y entusiasmo acerca de lo que puede ser.
—Se sirven de los corazones (emoción), de las mentes (cogniciones) y pies (acción) de los empleados.

Sin embargo, la labor del líder no es simplemente la de aspirar, sino también la de actuar. Convertir las aspiraciones en hechos es traducir una declaración de intenciones en una serie de comportamientos. Los líderes del futuro no se limitarán a «querer convertirse en el destacado proveedor mundial» o a «prever el cambio de los valores de los clientes a través de empleados totalmente entregados a su labor». Por el contrario, intencionadamente y a propósito crearán actuaciones que hagan realidad estas aspiraciones. No bastará con escribir enunciados de valores; estos enunciados tendrán que crear valor. No será suficiente dirigir reuniones de trabajo para generar ideas; las ideas o las visiones tendrán que reflejarse en los comportamientos cotidianos. No será suficiente declarar una intención; los líderes tendrán que cumplir lo prometido.

Los supuestos del liderazgo

Para convertir las aspiraciones en hechos, los supuestos acerca de los líderes futuros tendrán que cambiar de cinco maneras.

DEL LIDERAZGO EN LA CUMBRE DE LA EMPRESAS AL LIDERAZGO COMPARTIDO

En la mayoría de los artículos y libros sobre el liderazgo se ha destacado el papel del director general o del individuo de categoría superior en una organización como *el* líder que hace que las cosas ocurran. A nosotros nos gusta poder identificar a nuestros héroes y líderes por su nombre: Jack Welch está creando un cambio de cultura en General Electric; Louis Gerstner está reinventando IBM; Arthur Martínez está transformando Sears y Roebuck; Larry Bossidy ha activado Allied-Signal; George Fisher está fundamentalmente dando nueva forma a Eastman Kodak, etc.

Los futuros y verdaderos héroes empresariales serán líderes innominados que convertirán las aspiraciones en hechos dentro de las empresas. (Véase *The Real Heroes of Business and Not a CEO Among Them*, por Bill Fromm y Len Schlesinger, 1993; y *Winning the Service Game*, por Benjamin Schneider y David E. Bowen, 1995.) Estos líderes probablemente no saldrán en la portada de *Business Week, Fortune* o *Forbes*. Serán los individuos que conviertan de modo cotidiano las aspiraciones en hechos. Serán los empleados que harán un esfuerzo adicional para servir a los clientes superando callada e invariablemente las esperanzas de éstos. Serán los ejecutivos de nivel medio que contratan y cuidan de los empleados sin dar importancia a su labor. Los líderes futuros serán menos visibles e identificables por los aplausos del público, pero serán más importantes para el cliente. Personalmente tengo menos trato con los ejecutivos de Sears que con los dependientes que satisfacen mis necesidades y me defienden.

DE LOS ACONTECIMIENTOS QUE SÓLO SE PRODUCEN UNA VEZ A LOS PROCESOS CONTINUOS

A menudo, el liderazgo ha sido enmarcado en función de acontecimientos únicos tales como conferencias, vídeos, sesiones de planificación estratégica u otras actividades impulsadas por los acontecimientos. A medida que el liderazgo se va arraigando en la empresa y reside menos en la cumbre, los acontecimientos que sólo ocurren una vez han de ser sustituidos por procesos continuos. En lugar de celebrar reuniones fuera de los locales de la empresa para debatir y tomar decisiones importantes, los líderes del futuro tomarán parte en un «acontecimiento natural en un lugar natural». (Steve Kerr acuñó esta frase cuando trabajaba en la actividad de cambio cultural de General Electric denominado «período de entrenamiento».) Tuvieron que dominar el arte de hacer participar a los empleados y de tomar decisiones en las reuniones de *staff*, en las visitas a los lugares de actividad, y en la comunicación diaria con los grupos de empleados así como en otras situaciones in situ.

A los futuros líderes les preocupará menos decir lo que van a hacer y estarán más interesados en hacer lo que han dicho que harán. El liderazgo simbólico será siempre importante, pero el cumplimiento constante, fiable y predecible de las promesas será el fundamento del liderazgo.

DE LOS ADALIDES INDIVIDUALES A LAS VICTORIAS DE EQUIPO

En un mundo cada vez más interdependiente, el liderazgo debe crearse a través de las relaciones más que a través de los resultados individuales. Los líderes del futuro tendrán que dominar el arte de formar equipos y de aprender a trabajar con equipos que carecerán de límites. En lugar de proceder de héroes individuales, los éxitos futuros procederán de equipos que compartirán los recursos y aprenderán a olvidarse de la ambición personal en interés del equipo. Los líderes que aprenden a colaborar a través de los equipos en lugar de dirigir mediante decretos comprenden el valor del éxito del equipo. En casi todos los deportes de equipo, los buenos equipos vencerán a la buena técnica. El mejor jugador de la liga rara vez está en el equipo que gana la mayoría de los partidos.

Los líderes futuros tendrán que dominar el trabajo en equipo. Tendrán que comprender el modo de trabajar con otros y a través de otros porque ninguna persona puede posiblemente dominar todas las fuentes divergentes de información necesarias para tomar buenas decisiones. De ese modo, la diversidad, como lo prueban los equipos compuestos de individuos con talentos diferentes, se convierte en una ventaja competitiva.

DE LOS QUE RESUELVEN LOS PROBLEMAS A LOS PRECURSORES

Dos individuos quieren cruzar un río. El primero señala cuidadosamente de dónde quiere salir, luego señala cada una de las piedras que pisará antes de dar el primer paso. El segundo examina la otra orilla del río y señala en general de dónde saldrá, luego encuentra las primeras pocas piedras y se pone en marcha. El primer individuo es el que resuelve problemas. Habitualmente, a los líderes se les ha enseñado a resolver problemas, a definir adónde se encaminan en términos explícitos (por ejemplo, los resultados económicos o las ganancias de cuota de mercado) y a asegurarse de que todos los pasos hasta el final están detallados antes de actuar. En el futuro, debido al enorme ritmo del cambio, nunca podrá precisarse cuál va a ser el estado final. Los líderes tienen que determinar una dirección, luego dar pasos hacia esa dirección con la confianza de que progresarán continuamente. Estos líderes son como los precursores que se trasladaron al Oeste norteamericano sin fijarse como resultado un emplazamiento concreto, pero con la convicción de que la dirección en la que se encaminaban era la correcta.

Los líderes futuros necesitarán ser precursores que asuman riesgos, creen nuevos caminos, determinen nuevos enfoques para los viejos problemas y tengan valores y creencias firmes que impulsen sus actos.

DEL PENSAMIENTO UNIDIMENSIONAL AL PENSAMIENTO PARADÓJICO

El mundo clásico de las ideas sobre el liderazgo está limitado por las respuestas correctas. Las destrezas de liderazgo están netamente expuestas y «empaquetadas» de manera que el individuo pueda ser más eficaz. En el complejo mundo del futuro, los límites han de ser eliminados y los líderes deben aprender a vivir con paradojas persistentes y dominarlas. Las paradojas se producen cuando dos exigencias en competencia tiran de alguien en direcciones al parecer opuestas. Se esperará que los líderes satisfagan a los clientes y a los empleados, que reduzcan los costes y aumenten el negocio, que innoven con nuevos productos y aumenten la cuota de productos antiguos, que sirvan a las necesidades del mercado local y respondan a las condiciones del ámbito mundial, que determinen una visión y creen acción. Aprender a servir a múltiples personas interesadas en la empresa y a manejar las paradojas continuas será el nuevo reto de los líderes futuros. Éstos tendrán que aprender a convivir con la ambigüedad y a equilibrar las demandas en competencia.

Por último, estos nuevos supuestos acerca del liderazgo —que es compartido, que implica procesos continuos, que se centra en las victorias de equipo, que requiere precursores y acepta la paradoja— formarán el marco para el líder del futuro. Estos supuestos obligarán a los líderes a aprender, desaprender y volver a aprender continuamente. Cuando los líderes comprendan las consecuencias de estos supuestos, podrán responder a las dificultades del liderazgo del próximo siglo.

La responsabilidad del liderazgo: credibilidad × aptitud

Un simple cometido del liderazgo que hace realidad el objetivo de convertir las aspiraciones en hechos, basándose en los supuestos definidos, procede del concepto de *credibilidad × aptitud*. Los buenos líderes del futuro deben ser personalmente creíbles. Los líderes creíbles tienen hábitos, valores, rasgos y aptitudes personales para engendrar la confianza y el compromiso de aquellos que han de seguir su dirección. Quizás uno de los mejores ejemplos de credibilidad personal fue el liderazgo de Mahatma Gandhi, quien afirmó que su vida era su propio mensaje. En una ocasión dijo: «Vosotros debéis observar mi vida, cómo vivo, me siento, como, hablo y me comporto en general. La suma de todas esas cosas es mi religión» (citado en Keshavan Nair, *A Higher Standard of Leadership*, 1994, p. 15). Gandhi creía que su vida personal le confería la credibilidad que le permitía tener éxito como líder.

Los buenos líderes del futuro deberán también ser capaces de crear aptitud organizacional. Ésta procede de los líderes que son capaces de formar, estructurar, poner en práctica y mejorar los procesos organizacionales para alcanzar los objetivos de la empresa. Muchos grandes líderes tienen la aptitud de dar forma a las organizaciones. En Harley-Davidson, Rich Teerlink ha trabajado para crear una organización más fuerte mediante la capacitación y la organización de su personal. Se sabe que dijo: «Si usted concede facultades a estúpidos conseguirá decisiones estúpidas con mayor rapidez». Opina que las organizaciones más capaces proceden de empleados con más talento y más comprometidos.

En este modelo sencillo, un líder debe engendrar credibilidad personal y crear aptitud organizacional (véase la figura 21.1). A algunos líderes se les enseña a ser personalmente creíbles, a pro-

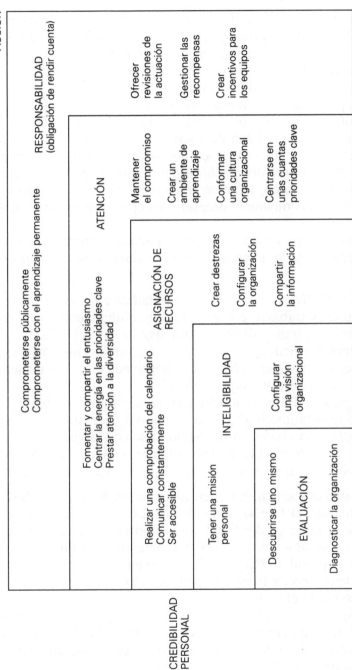

FIGURA 21.1. **El cometido del liderazgo: credibilidad × aptitud**

mover buenos hábitos, a llevar vidas virtuosas y a crear carácter moral. Todos estos atributos personales son nobles y valiosos. Sin embargo, ser solamente un individuo creíble no será suficiente para el líder del futuro. Yo puedo gustar, generar confianza, respeto y disfrutar de la compañía de un individuo, pero esta afinidad personal no sustentará mi liderazgo.

Por otra parte, algunos líderes están para alinear y ajustar las organizaciones. Movilizan recursos, dan forma a visiones, diseñan procesos y sistemas e incorporan responsabilidades. Estos líderes hacen competitivas a las organizaciones, pero si no crean credibilidad personal, también fracasarán. No serán capaces de crear el vínculo emocional necesario en épocas de cambio rápido y turbulento.

En esta perspectiva del liderazgo, pueden formularse dos preguntas generales de diagnóstico para evaluar la calidad del liderazgo:

1. *Credibilidad.* ¿Merece credibilidad este líder por parte de quienes trabajan con él? ¿Los individuos confían, respetan, admiran y disfrutan trabajando para este líder? ¿Se sienten vinculados personal y emocionalmente con este líder los que trabajan como subordinados, los compañeros, los clientes o los supervisores?

2. *Aptitud.* ¿Posee este líder aptitud para hacer que tenga éxito la organización? ¿Posee la aptitud necesaria para configurar una visión, crear compromiso con la visión, elaborar un plan de ejecución, desarrollar aptitudes y hacer responsable a la gente para conseguir que estas cosas sucedan?

En estas dos sencillas dimensiones deben basarse muchos de los requisitos del liderazgo del futuro. Los líderes que demuestren poseer tanta credibilidad como aptitud engendrarán entusiasmo y rendimiento, resolverán y obtendrán resultados, compromiso y aptitud. Serán individuos que tengan un carácter firme y que además creen fuertes organizaciones que no dependan de su carácter para el éxito.

La figura 21.1 muestra los cinco pasos que necesitarán dar estos líderes para convertir las aspiraciones en hechos tanto a nivel personal (creación de credibilidad) como organizacional (creación de aptitud):

1. *Evaluación.* Los líderes necesitarán evaluar sus fuerzas y debilidades personales y organizacionales. Esta evaluación sincera deberá ayudarles a ver el mundo tal como es, no como a ellos les gustaría que fuera. El reconocimiento de las debilidades y el ser capaz de potenciar los puntos fuertes permite a los líderes conocerse a sí mismos y conocer sus organizaciones lo suficientemente bien como para progresar.

2. *Inteligibilidad.* Los líderes necesitan expresar con claridad sus objetivos y orientaciones personales y organizacionales. Las misiones personales y las visiones organizacionales se convierten en útiles medios para expresar una orientación.

3. *Asignación de recursos.* Los líderes necesitan asignar recursos. Los recursos personales comprenden el tiempo y la accesibilidad. Los líderes que no gestionan sus calendarios no consiguen crear credibilidad porque nunca tienen tiempo para nadie ni para nada. Análogamente, los líderes necesitan asignar recursos dentro de una organización para reforzarla. La creación de aptitudes a través de la capacitación, la configuración de los equipos y el rediseño de los procesos de trabajo así como el compartir la información se convierten en medios de asignar energía organizacional.

4. *Atención.* los líderes necesitan centrar su atención. Ganan credibilidad apasionándose por unas cuantas prioridades y prestando atención a aquellos cuyos intereses no pueden ser satisfechos por «la mayoría de votos». Los líderes ayudan a las organizaciones a centrar su atención al especificar unas cuantas prioridades clave, persiguiendo implacablemente dichas prioridades y creando una cultura organizacional de resolución.

5. *Responsabilidad.* Los líderes necesitan asegurar que se va a rendir cuentas. Sin un proceso de «volver e informar», los objetivos personales se convierten en deseos, no en realidades. Análogamente, resulta crítico crear un sistema de gestión de la actuación donde se esperen comportamientos organizacionales y se dé cuenta de ellos.

La credibilidad personal y la aptitud organizacional son los factores fundamentales que impulsan estos procesos. Convertir las aspiraciones en hechos es tarea del líder.

El liderazgo del futuro

Dados el propósito, los supuestos y el cometido de los líderes del futuro, queda todavía una pregunta sencilla: ¿Reconocería yo a un líder si lo viera? Los líderes del futuro serán conocidos:

— Menos por lo que dicen y más por lo que hacen.
— Menos por su título y cargo y más por su pericia y competencia.
— Menos por lo que controlan y más por lo que configuran.
— Menos por los objetivos que fijan y más por las actitudes que crean.
— Tanto por la gran credibilidad personal como por las excepcionales aptitudes organizacionales.

Éstos son sencillos axiomas que forman el camino del liderazgo para el futuro, pero que requerirán complejas intelecciones por parte de los líderes con el fin de permanecer en el camino. Ellos son el teclado de la más compleja dinámica del liderazgo exitoso, pero con estas teclas, los líderes triunfarán.

Capítulo 22

Aprender de los antiguos líderes

Warren Wilhelm

> *Warren Wilhelm es director adjunto de forma-*
> *ción empresarial de AlliedSignal Inc. y cuenta*
> *con más de veinticinco años de experiencia en la*
> *gestión de recursos humanos. Ha enseñado ges-*
> *tión de recursos humanos en las escuelas de co-*
> *mercio universitarias de las Universidades de*
> *Harvard, Colorado y Babson y fundó y desde*
> *1981 a 1989 dirigió una firma de asesoría, el Hu-*
> *man Resource Consulting Group. Desde 1989 a*
> *1993 fue director de perfeccionamiento organiza-*
> *cional y de dirección de Amoco Corporation,*
> *donde era responsable del cambio de cultura de*
> *la empresa. Wilhelm es también presidente de la*
> *Global Consulting Alliance.*

Los líderes del futuro serán diferentes de los del pasado y de los de hoy. ¿Verdadero o falso?

La respuesta, por supuesto, es que serán ambas cosas. Ciertas características del liderazgo eficaz parecen ser omnipresentes y duraderas, mientras que otras parecen cambiar con el tiempo. Definiendo lo que parecen ser las características fundamentales del liderazgo eficaz, podemos tirar del hilo de la continuidad a través del tiempo. Y embelleciendo el hilo con las oportunas perturbaciones causadas por los avances técnicos, el cambio y la reconfiguración societales, las guerras, los acontecimientos naturales y otros fenómenos pasajeros, podemos determinar cuál es la dinámica del liderazgo que lo hace más o menos eficaz en cualquier punto determinado de la historia humana.

Determinar meramente las características del liderazgo y de los líderes eficaces es insuficiente para definir el liderazgo del futuro, pero es algo con lo que empezar. Tal como ha ocurrido a través de los tiempos, los líderes eficaces del futuro poseerán ciertas aptitudes o características fundamentales que les permitirá ser eficaces. Utilizando como fundamentos estas características esenciales, deben aprenderse aptitudes dinámicas que permitan al talento sin refinar configurarse de manera que haga que los demás se conviertan en seguidores de buena gana y a menudo con entusiasmo.

Las características fundamentales, el *sine qua non* de los líderes eficaces del futuro, serán muy parecidas a las que siempre han tenido. Incluyen una inteligencia básica, valores claros y firmes, altos niveles de energía personal, la aptitud y el deseo de crecer constantemente, la visión, la curiosidad contagiosa, una buena memoria y la aptitud para hacer que los seguidores se sientan bien consigo mismos. Cada una de estas características y el conjunto integrado que forman, será necesario, pero insuficiente, para el liderazgo eficaz del futuro. Primero examinaré cada una de las características fundamentales, luego describiré la dinámica que permite que sean unidas al comportamiento para producir esa pequeña proporción de los seres humanos que se han convertido en verdaderos líderes.

De todas las características, la inteligencia no es la más básica. La aptitud para ver más y con mayor rapidez, para razonar de un modo más efectivo, para asociar todos los aprendizajes que uno ha tenido hasta ahora en su vida, hacen que los demás sean atraídos hacia el líder y se unan en relaciones simbióticas. Puede argumentarse que la inteligencia sin refinar, por sí misma, es insuficiente para el liderazgo, que los líderes deben también ser diestros en la aplicación de su inteligencia al mundo real y a las actividades cotidianas. Aunque en la mayoría de los casos esto es verdad, la inteligencia sin refinar, aplicada o no, es el elemento básico de construcción del liderazgo.

El liderazgo sin dirección carece de utilidad. Si no está informado por ideas acerca de lo bueno y lo malo, lo correcto y lo erróneo, lo valioso y lo carente de valor, no solamente es incoherente sino peligroso. A medida que el ritmo de cambio en nuestro mundo continúa acelerándose, los valores firmes fundamentales son cada vez más necesarios para orientar el comportamiento de liderazgo. Tales valores actúan como estructuras sociales. Permiten a los líderes tomar decisiones acerca de la dirección en la que han de liderar y de cómo proceder. Sin valores, el, en otro caso, liderazgo eficaz puede ser muy destructivo socialmente, como lo han demostrado dictadores como Hitler y Saddam Hussein. Es la combinación interactiva de la inteligencia y de los sólidos valores sociales lo que permite a los líderes llevar adelante el progreso positivo de la humanidad.

Como siempre, los líderes más eficaces del futuro tendrán altos y persistentes niveles de energía. El liderazgo es un trabajo arduo. Aunque los niveles básicos de energía parecen estar determinados genéticamente, casi siempre es verdad que los líderes eficaces actúan con altos niveles de energía personal. Los buenos líderes no solamente consumen energía: también la reinvierten, recombinan y utilizan para estimular el crecimiento personal.

Los líderes tienen siempre necesidad de crecer constantemente como intelectos, depósitos de información y guías de comportamiento, basando este crecimiento en su sabiduría acumulada. A medida que el mundo produce información con mayor rapidez y nuestra aptitud para transmitir y comunicar información aumenta a un ritmo acelerado, es necesario que los líderes sean capaces de absorber y utilizar esa información para mejor comprender el mundo y liderar con mayor conocimiento de causa.

Los líderes eficaces tienen la visión requerida para ver las cosas de un modo diferente que los demás. Recogen y ordenan los mismos datos que todos vemos, de maneras que les permiten concebir fenómenos nuevos e inadvertidos. Una característica fundamental de todos los líderes eficaces es la aptitud para imaginar adónde tratan de ir y de expresarlo claramente a los seguidores potenciales de modo que conozcan cuál es su papel personal para alcanzar lo que han imaginado.

Cuando nuestro planeta se encoge y la información se mueve de un modo prácticamente instantáneo alrededor del globo, es necesario que los líderes eficaces formen y modifiquen constantemente su visión del mundo. Su pensamiento y actuación estarán determinados por esa visión y es esencial pensar tan ampliamente como sea posible y estar completamente al corriente. Crear y modificar constantemente una visión del mundo será más difícil en el futuro que en el pasado simplemente a causa del ritmo de cambio más rápido y de la mayor disponibilidad de información.

Para estimular esta visión del mundo y mantenerla constantemente al día, se requerirá una gran curiosidad y un insaciable deseo de información. Se exigirá a los líderes que busquen continuamente vastas cantidades de información, que la analicen y que modifiquen sus actividades de liderazgo basándose en ella. La curiosidad y el deseo de información parecen ser fenómenos que se autorregeneran. Es decir, cuanto más sabemos, más queremos saber. El líder eficaz siempre encontrará maneras de recibir y analizar las crecientes cantidades de información. Una vez analizada, esta información procesada informa luego los comportamientos y las actividades persuasivas que convencen a los otros de que las orientaciones elegidas por el líder son las mejores que hay que seguir.

En el futuro, una memoria duradera, de gran capacidad y bien aguzada, será tan necesaria para los líderes eficaces como siempre lo ha sido. La memoria no sólo apoya la información reuniéndola y analizándola sino que también permite a los líderes crear los lazos interpersonales tan necesarios para la continuidad del liderazgo. La capacidad del líder para recordar aspectos de las vidas personales de sus seguidores, mostrando con ello su interés, es uno de los aglomerantes que hace que los seguidores continúen unidos al líder.

Los líderes eficaces deben ser fácilmente «referibles». Es decir, los seguidores se sienten bien con su líder porque les hace sentirse bien consigo mismos. El poder referente es el poder derivado por los líderes de sus seguidores cuando éstos se automejoran por su relación con los líderes. Denominado a menudo carisma, y permanentemente resistente a la explicación científica, esta referibilidad de los líderes es no obstante un componente importante de su eficacia.

He descrito aquí las características básicas que se necesitarán para el liderazgo eficaz en el futuro. Estas características, aunque necesarias, serán insuficientes para producir un liderazgo eficaz por sí mismas. Es el entretejerse, la interacción dinámica de las características día a día y minuto a minuto lo que hace posible el liderazgo verdaderamente eficaz. Construidas sobre un fundamento, las características proporcionan comportamientos que permiten a quienes poseen la materia prima del liderazgo transformarla en actuación eficaz de liderazgo. Estos comportamientos incluyen la empatía, la predecibilidad, la capacidad de persuasión, la aptitud y la voluntad de liderar mediante el ejemplo personal y las destrezas de comunicación.

Los mejores líderes han sido siempre capaces de ponerse en las mentes y en la situación de los otros. Esta empatía permite al líder comprender y predecir el comportamiento de una persona y hace que esa otra persona se dé cuenta de que el líder aprecia su situación. El líder puede entonces actuar basándose en los comportamientos y las respuestas predecibles de los que son liderados.

Todos nosotros tenemos una tendencia natural a reducir la impredecibilidad en nuestro mundo de manera que podamos aumentar el control personal sobre nuestras vidas. Es más fácil para otros seguir a los líderes predecibles y que exhiben un comportamiento constante que a los líderes que son impredecibles. La relación líder-seguidor supone que el líder tendrá cierto poder sobre el seguidor. Nadie en una posición de menor poder con respecto a otro quiere que el comportamiento del otro más poderoso sea impredecible. Esa situación es peligrosa y perturbadora. Las personas sensatas tratan de salir de tales situaciones tan rápidamente como pueden.

Los líderes eficaces son persuasivos. Ingieren y digieren grandes cantidades de información y la reelaboran de manera que pueda convertirse en argumentos persuasivos. Utilizan entonces estos argumentos para persuadir a otros de ciertos valores o actuaciones. La mayor parte de la persuasión se realiza en ausencia de otra forma de poder sobre quienes están siendo persuadidos, así la aptitud para persuadir es en sí misma una fuente importante de poder de liderazgo.

El liderazgo mediante el ejemplo personal ha sido siempre una de las formas más efectivas de liderazgo. Es también una de las más difíciles. Tal como vemos a diario en nuestros cosos públicos y políticos, los seguidores exigen de sus líderes niveles significativamente más altos de conducta personal de la que se exigen a sí mismos. Por consiguiente, los líderes tienen un menor número de grados de libertad de comportamiento que aquellos a quienes están liderando. El liderazgo eficaz requiere un grado de control sobre los impulsos libidinosos y cierta denegación de la gratificación personal, que muchas personas no están dispuestas a soportar. Esta disminuida libertad personal es un precio del liderazgo. A aquellos que no están dispuestos a pagarlo, por cualificados que puedan estar por otra parte, se les niega rápidamente el derecho a permanecer en su papel de líder.

Por último, en la esencia del liderazgo eficaz está la aptitud para comunicarse. El líder eficaz ha de dominar todas las formas de comunicación escritas y orales, electrónicas y digitales, la comunicación mediante gráficos y a través del comportamiento, mediante el arte y la música, con la expresión de la emoción y más. La adquisición de tal maestría suele requerir casi toda una vida. Pero el maestro erudito de la comunicación se convierte en un líder más eficaz, justificando la inversión necesaria para alcanzar este estado.

Empleando como fondo el lienzo de toda la humanidad, he pintado un cuadro de esa minúscula proporción que se convierte en nuestros líderes más eficaces. Cuando miramos el cuadro, vemos que los líderes del mañana no serán tan diferentes de los de ayer. Los hilos comunes de la aptitud para el liderazgo parecen extenderse desde el comienzo de la historia escrita hasta donde somos capaces de ver en el futuro. Algunas características de los líderes parecen ser genéticas, otras tienen que ser cuidadosamente aprendidas. Es el conjunto de las características fundamentales de los líderes efectivos y la dinámica de sus comportamientos lo que produce el liderazgo eficaz, como quiera que sea definido. Por consiguiente, nuestro consejo a los que aspiren a ser líderes en el futuro debe ser que estudien a los líderes eficaces del pasado. Analice el lector su composición intelectual, moral y de comportamiento. Busque ingredientes comunes. Añada luego esos ingredientes a su propia combinación, construya sobre ellos y aprenda gradualmente las aptitudes de liderazgo que sólo pueden ser una minúscula extensión de las aptitudes combinadas de los millones de líderes del pasado.

Capítulo 23

Pregunte, aprenda, trate de averiguar más y crezca

Marshall Goldsmith

Marshall Goldsmith es director fundador de Keilty, Goldsmith & Company (KGC), una firma de asesoría radicada en San Diego, California; socio de Global Consulting Alliance y miembro de la junta directiva de la Fundación Drucker. Entre sus clientes figuran muchas de las principales empresas de Estados Unidos, y los procedimientos de retroinformación sobre liderazgo que KGC ha contribuido a desarrollar han sido utilizados por más de un millón de personas en setenta organizaciones diferentes en todo el mundo. En 1974, los que constituyen su firma fueron reconocidos como los codiseñadores de uno de los programas más innovadores de perfeccionamiento del liderazgo de los Estados Unidos. Goldsmith fue clasificada por The Wall Street Journal *como una de las diez asesorías principales en el campo del perfeccionamiento de los ejecutivos.*

Durante una charla en el Consejo Asesor de la Fundación Drucker en 1993, Peter Drucker dijo lo siguiente: «El líder del pasado era una persona que sabía cómo *decir*. El líder del futuro será una persona que sepa cómo *preguntar*». El modelo jerárquico clásico del liderazgo no funcionará eficazmente para las organizaciones importantes del mundo cambiante del futuro. En los «viejos tiempos», se contrataba a una persona para un cargo, aprendía lo que tenía que hacer y —por lo general a causa de alguna forma de eficiencia funcional— era ascendida a un puesto de dirección. Luego, como directivo, esta misma persona podía decir a *unas cuantas* personas lo que tenían que hacer. A continuación, si la persona era diestra o tenía suerte, seguían más ascensos hasta que finalmente se convertía en un ejecutivo que podía decir a *muchas* personas lo que tenían que hacer.

En la mayoría de los casos, el líder del futuro no *sabrá* lo suficiente para decirle a la gente lo que tiene que hacer. El mundo cambia con demasiada rapidez. Nadie será lo bastante inteligente como para mantenerse al corriente. Tal como Edgar Schein advierte en este libro, los líderes necesitarán implicar efectivamente a otras personas y lograr la participación «porque las tareas serán demasiado complejas y la información estará demasiado ampliamente distribuida para que los líderes puedan resolver los problemas por sí mismos».

Si los líderes no son capaces de mantenerse a la altura de un mundo rápidamente cambiante, los manuales detallados de normas no les servirán de nada. Muchas organizaciones han funcionado históricamente basándose en la escuela de dirección fundamentada en el lema de que «sólo hay un mejor modo». Un ejemplo clásico fue el de la vieja Bell System. La idea fundamental estaba muy clara: «Hay un mejor modo de hacer las cosas. Resolvamos cuál es ese modo, pongámoslo en un manual y asegurémonos de que todo el mundo lo hace así». Un antiguo ejecutivo de Bell System, que más tarde llegó a ser un ejecutivo de alto nivel en una «Baby Bell», observó jocosamente: «En la vieja Bell System teníamos reglas, reglamentos y directrices sobre cómo hacerlo todo salvo ir al cuarto de baño, y probablemente ¡asignaron un equipo especial para estudiar eso!». A continuación dijo que esta reglamentación era el ideario de *ayer* no el de *mañana*.

¿Funcionó la vieja Bell System con sus estanterías llenas de manuales de normas? ¡Claro que sí! Funcionó en un mundo relativamente estable sin competidores agresivos. Sin embargo, tal como los líderes de la nueva AT&T se dan cuenta ahora, el viejo modelo de liderazgo de «mando y control» no alentará la creatividad ni el estado de respuesta necesario para conseguir que se haga el trabajo del futuro.

Un ejemplo clásico de una organización del nuevo mundo es AT&T Wireless Services (antes McCaw Cellular Communications), a la que AT&T pagó doce mil millones de dólares para absorberla. En el mundo cambiante de las comunicaciones celulares, en cuestión de meses, una empresa puede pasar de estar en la vanguardia de la tecnología a quedarse en la era de los dinosaurios. Por ejemplo, imaginemos que AT&T Wireless necesitara realizar cambios importantes a causa de los problemas en el mercado local, pero que antes de que pudieran realizarse los cambios:

1. Los empleados tuvieran que expresar sus preocupaciones a través de cada uno de los niveles del sistema de AT&T.
2. Tuviera que asignarse un equipo especial.
3. Debieran redactarse nuevos manuales de normas.
4. Hubiera que difundir los nuevos procedimientos a lo largo de la estructura jerárquica hasta los empleados locales.

¿Qué sucedería? Se perdería el mercado local, los brillantes empleados de carácter emprendedor abandonarían la empresa para trabajar para los competidores, y AT&T perdería una parte importante de su inversión de doce mil millones de dólares. AT&T es un gran ejemplo de una organización que se ha dado cuenta de que el éxito del pasado no garantiza el éxito en el futuro. En la AT&T de hoy, se capacita a los líderes para que «rompan el molde», deleguen facultades en la gente y se esfuercen constantemente en adquirir nuevas comprensiones.

¿En qué diferirá el líder del futuro del líder de ayer? Los líderes del pensamiento representados en este libro describen diversidad de diferencias. Yo quiero describir un proceso clave: el líder eficaz del futuro constante y eficientemente *preguntará, aprenderá, tratará de averiguar más* y *crecerá*. El líder que no pueda continuar aprendiendo y creciendo no tardará en quedar anticuado en el mundo siempre cambiante del futuro.

Pregunte, pida

El líder eficaz del futuro preguntará constantemente, recibirá retroinformación y solicitará nuevas ideas. El líder de mañana solicitará de las personas que tienen interés en la empresa ideas, opiniones y retroinformación. Entre las fuentes decisivas de información se hallarán los clientes presentes y posibles, los proveedores, los miembros del equipo, los colegas transfuncionales, los informes directos, los gestores, otros miembros de la organización, los investigadores y los líderes del pensamiento (figura 23.1). El líder preguntará de diversas maneras: a través de inventarios de liderazgo, encuestas de satisfacción, llamadas telefónicas, audiomensajería, correo electrónico, Internet, transmisiones por satélite y diálogo personal.

La tendencia a preguntar es ya muy clara. Hace veinte años, muy pocos altos ejecutivos *alguna vez* pedían retroinformación.

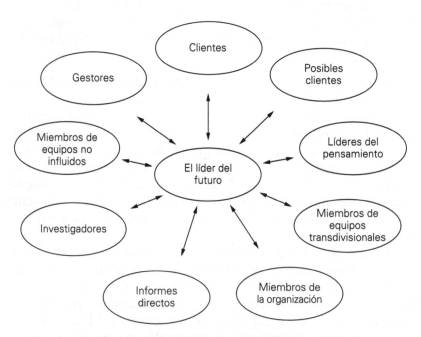

FIGURA 23.1. **El reto: buscar la aportación de información, pero no ahogarse en un mar de información**

En la actualidad, la mayoría de los líderes más respetados de América del Norte piden *de un modo regular* retroinformación en empresas tales como American Express, General Electric, Eastman Kodak, McKinsey & Co., Merck, Motorola, Nortel y Pfizer. Esta tendencia aumenta también rápidamente en todo el mundo.

Un líder mundial que dedica una gran cantidad de su vida a preguntar y pedir es George Weber, el secretario general de la Federación Internacional de Sociedades de Cruz Roja y de Media Luna Roja (IFRC). Con un *staff* de ámbito mundial en el que figuran representantes de noventa y cinco países y una base de clientes que se extiende por todo el globo, George está continuamente pidiendo a las personas clave interesadas en la empresa ideas sobre cómo él y su organización pueden satisfacer mejor las necesidades de las personas más vulnerables del mundo. Cree que la IFRC sólo puede seguir siendo viable mediante una petición e interrogación interna y externa constantes.

Aparte de la evidente ventaja de ganar nuevas ideas y comprensiones, el que los líderes de categoría superior hagan preguntas tiene una ventaja secundaria que puede incluso ser más importante. El líder que pregunta está proporcionando un modelo de papel a desempeñar. La formulación sincera de preguntas demuestra una voluntad de aprender, un deseo de servir y una humildad que pueden constituir una inspiración para toda la organización.

Aprenda

Peter Senge ha escrito mucho acerca de la futura importancia de la organización de aprendizaje. La organización de aprendizaje tendrá que ser liderada por personas que modelen el aprendizaje continuo en su propio comportamiento cotidiano. Dos claves para el aprendizaje son: (1) saber escuchar y (2) reflexionar después de pedir y recibir información. Pedir la aportación de información y luego «matar al mensajero» que trae malas noticias es peor que no preguntar ni pedir en absoluto. Los líderes tendrán que proporcionar reconocimiento y apoyo a las personas que tengan el valor de decir la dura verdad antes de que las cuestiones se conviertan en desastres. Otro reto importante para el líder del futuro será la priorización. Los líderes correrán el peligro de ahogarse en un mar de información (véase la figura 23.1). Hay más que aprender de lo que cualquier ser humano pueda tratar con eficacia. Un líder de Sun Microsystems informó de que recibía aproximadamente doscientos mensajes de correo electrónico *al día*. Los líderes tendrán que centrar su atención en los pocos campos decisivos para el cambio de cada fuente importante de información.

Aunque el líder del futuro necesitará recibir aportación de información con más frecuencia y de más fuentes, el tiempo disponible para analizar esta información puede realmente estar disminuyendo. En la actualidad, los líderes viven en un mundo que se caracteriza por la reducción de los tamaños y por el rediseño continuo. Necesita lograr que se trabaje más y con mayor rapidez, y que eso se consiga con un *staff* de apoyo considerablemente menor. En el sector privado, no existen indicios de que vaya a *disminuir* la competencia mundial en el futuro o de que los líderes vayan a tener más tiempo y disponer de más *staff*. En el sector social, no hay indicios de que las necesidades humanas vayan a disminuir o de que los gobiernos se vayan a ocupar de más problemas sociales. Los líderes que sepan preguntar, que analicen la información y aprendan de manera muy eficiente tendrán una tremenda ventaja competitiva sobre sus competidores más lentos y menos proactivos.

Trate de averiguar más

Keilty, Goldsmith & Company realizaron recientemente un estudio sobre el efecto de pedir retroinformación y tratar de averiguar más, con más de ocho mil líderes de las 100 de *Fortune*. Cada ejecutivo de la empresa pedía retroinformación procedente de informes directos utilizando un Inventario de Liderazgo que había sido diseñado para reforzar los nuevos valores de la empresa. Después de recibir un informe sumario confidencial de retroinformación, a cada directivo se le pidió lo siguiente:

1. Elija de uno a tres campos clave para la mejora y el desarrollo de un plan de acción para el cambio deseado.
2. *Responda* a los colaboradores agradeciéndoles la retroinformación, cambiando impresiones sobre el plan de acción e implicándoles en el proceso de cambio.
3. Haga el *seguimiento* con los colaboradores para comprobar el progreso y recibir ayuda ulterior.

A los directivos se les pidió que dedicaran de cinco a quince minutos solamente para responder en forma de diálogo. Se les pidió también que dedicaran sólo unos cuantos minutos al seguimiento pidiendo un «informe del progreso» y nuevas sugerencias.

Aproximadamente dieciocho meses después de haber suministrado inicialmente retroinformación, a los colaboradores se les pidió de nuevo que proporcionaran retroinformación a sus directivos utilizando el Inventario del Liderazgo. Se añadieron otras dos preguntas al inventario concernientes a:

1. El grado de cambio en la eficacia del liderazgo del ejecutivo.
2. El grado de seguimiento del ejecutivo.

Los resultados del estudio fueron espectaculares, pero no sorprendentes. El grado de cambio en la efectividad percibida del liderazgo estaba claramente relacionado con el grado de seguimiento (véase la figura 23.2). Los directivos a los que se consideraba que no habían practicado el *seguimiento* fueron percibidos sólo ligeramente más eficaces como grupo de lo que lo eran dieciocho meses antes. Aunque el 46 % fueron clasificados como más reactivos, más de la mitad fueron clasificados en el sentido de que no habían cambiado o de que eran menos eficaces. Los directivos clasificados en el sentido de que habían *realizado cierto seguimiento* experimentaron un cambio muy positivo en las puntuaciones, siendo clasificado como más eficaz el 89 %. Casi la mitad de los líderes de este grupo (45 %) fueron clasificados en la más alta de dos categorías (+ 2 o + 3) y casi ninguno (3 %) fue considerado como menos eficaz. *El seguimiento constante o periódico* tuvo un efecto espectacular y positivo. Más de la mitad de los líderes (el 55 %) fueron clasificados en la categoría más alta posible obteniendo el 86 % la calificación de + 2 o + 3.

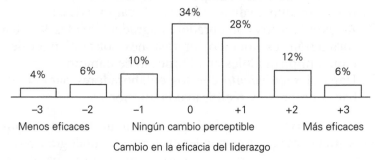

Directivos que no trataron de averiguar más

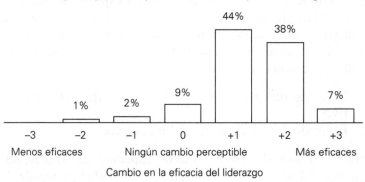

Directivos que respondieron y trataron hasta cierto punto de averiguar más

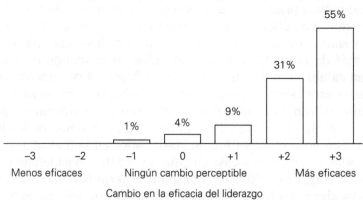

Directivos que respondieron y realizaron un seguimiento constante (periódico)

FIGURA 23.2. **Hallazgos sobre la relación entre el seguimiento (tratar de averiguar más) y la efectividad percibida del liderazgo**

Estudios similares a éste han sido realizados en otras seis empresas importantes con líderes de más de veinte países. Hasta ahora, los resultados han sido notablemente invariables. Se han realizado también estudios concernientes al efecto de la petición de retroinformación y seguimiento en los miembros de los equipos y en los clientes externos. Los resultados señalan una pauta muy similar: los miembros de equipos y los proveedores que piden retroinformación que responden de un modo positivo y que tratan de averiguar más son considerados por sus compañeros miembros del equipo y por los clientes externos como personas que aumentan espectacularmente su eficacia.

El tratar de averiguar más mediante el seguimiento será el reto clave para el líder del futuro. Para los líderes del «mundo real», preguntar y aprender tendrá que ser algo más que un ejercicio teórico. El proceso tendrá que producir un cambio significativo y positivo. Al aprender cómo averiguar más de un modo eficiente y efectivo en un mundo extremadamente atareado, a las personas clave con interés por la empresa, los líderes les permitirán ver las actuaciones positivas que resultan de la aportación de la información que se les pidió que proporcionaran.

Crezca

El líder del futuro tendrá que cambiar y crecer en el puesto de trabajo. ¿Puede suceder esto? Definitivamente, ¡sí! Los líderes que se esfuercen, pidan aportación de información, aprendan, respondan de un modo positivo, impliquen a las personas clave interesadas en la empresa y hagan seguimiento se considerará casi invariablemente que están haciéndose más eficaces y que están creciendo a lo largo del tiempo.

A medida que las demandas sobre los líderes aumenten, el crecimiento y desarrollo del liderazgo eficaz resultará más importante que nunca. Sin embargo, la metodología del desarrollo del liderazgo puede cambiar de forma radical. Históricamente, los esfuerzos de desarrollo de liderazgo han tendido a centrarse en el «lado frontal» del proceso de desarrollo: una capacitación impresionante, formularios bien diseñados, lemas inteligentes y gran cantidad de ostentación. No se han centrado en el «lado posterior» del proceso: la aplicación continua de lo que se aprende. Los estudios del seguimiento han confirmado lo obvio. Lo que los líderes hagan de regreso al trabajo será más significativo que lo que hagan en las aulas.

El desarrollo del futuro liderazgo no consistirá en *lograr estar* en forma, sino en *permanecer* en forma. Las investigaciones recientes han indicado que el enfoque del «programa del año» para el desarrollo del liderazgo ejerce el mismo efecto que el enfoque de la dieta de choque para un buen estado físico. ¡Los resultados no duran! Muchas organizaciones han gastado millones de dólares en programas y casi nada en seguimiento. En el futuro, se aplicará un mayor esfuerzo en el desarrollo de los procesos requeridos para asegurar el crecimiento positivo y continuo del liderazgo. Al promover procedimientos que aseguren la posibilidad de preguntar, así como el aprendizaje y el seguimiento continuos, los líderes crecerán de una manera que producirá un efecto positivo y mensurable.

Conclusión

El líder del futuro se enfrentará con diferentes demandas, y en muchos aspectos más arduas, que el líder del pasado. La competencia mundial aumentará rápidamente, las organizaciones continuarán reduciendo su tamaño y siendo rediseñadas, los líderes tendrán menos *staff* de apoyo, las cargas de trabajo aumentarán probablemente, y el ritmo de cambio se acelerará. La necesidad de servicios humanos continuará aumentando a un ritmo mayor que la posibilidad de que los gobiernos satisfagan las necesidades. Las jerarquías clásicas se derrumbarán y el número y fluidez de las relaciones con las personas interesadas en la empresa seguirá aumentando. El líder que trate de saberlo todo y de decirle a todo el mundo lo que tiene que hacer estará condenado al fracaso. El líder que crea que sólo existe un mejor modo de hacer las cosas e intente redactar procedimientos detallados no tendrá ninguna posibilidad de triunfar.

Casi todos los líderes del pensamiento representados en este libro creen que el líder del futuro necesitará implicar continuamente a otros y aprender de ellos. Desgraciadamente, a medida que esta necesidad aumenta, el tiempo disponible para hacerlo disminuye. A medida que la cantidad de información que se pone a disposición del líder aumenta, el tiempo para analizarla disminuye. El líder del futuro tendrá que ser capaz de centrar su atención eficazmente y de priorizar. En un período de rápido cambio, el centrar la atención y la frecuencia de las interacciones pueden ser cosas más críticas que la duración de las interacciones.

Las investigaciones recientes han demostrado que los líderes que piden aportación de información a las personas clave interesadas en la empresa, que aprenden con una actitud positiva y no defensiva y que hacen el seguimiento de un modo centrado y eficaz crecerán casi invariablemente y se perfeccionarán desde el punto de vista de una mayor eficacia. Aprender de la aportación de información y aumentar la eficacia del liderazgo es algo que se parece mucho a someterse a un examen físico y cambiar de estilo de vida. El médico, por lo general, sugiere que «se siga una dieta baja en grasas y se realicen ejercicios en días alternos». La dificultad no estriba en *comprender* este consejo sino en *hacerlo realidad*. Como Arnold Schwartzenegger dijo una vez, «nadie ha conseguido mejorar sus músculos contemplándome *a mí* levantar pesas».

Le dejo a usted, lector, con un reto final. Al leer este libro, usted ya ha demostrado una característica del líder eficaz del futuro. Usted se ha esforzado en obtener la información más reciente procedente de diversidad de fuentes. Lea los artículos sin prejuicios. Trate de ver el valor de las opiniones que quizá difieran de las suyas. Cuando termine este libro, trace el perfil del líder del futuro que *usted* quiere ser. *Pida* información a las personas clave que estén interesadas en su actuación sobre cómo su comportamiento y actividad corresponden a su visión, *aprenda* de lo que la gente le dice acerca de usted y sus oportunidades para el futuro, priorice y centre su atención en unos cuantos campos clave para el cambio, y realice el *seguimiento* para asegurar una puesta en práctica efectiva. Completar estos pasos clave pueden ayudarle a *crecer* y convertirse en el líder del futuro que usted quiere ser.

Parte IV

Los ejecutivos opinan sobre el futuro del liderazgo

Capítulo 24

El líder que es útil

C. William Pollard

*C. William Pollard es presidente de The Servi-
ceMaster Company, que ha sido reconocida por
la revista* Fortune *durante los pasados diez años
como la empresa de servicios número uno entre
las 500 de* Fortune, *y por* The Wall Street Journal
*en su número de 1989, dedicado a su centenario,
como una «estrella del futuro». Pollard es miembro del consejo de administración de Herman
Miller, de Provident Life and Accident Insurance
Company y de Trammell Crow Company. Es también fideicomisario del Wheaton College, del
Hospital Research and Educational Trust, de la
Fundación Drucker y de varias organizaciones
educacionales y no lucrativas.*

¿Quiere levantarse el líder, por favor? No el presidente, ni
la persona con el título más distinguido sino el que sea modelo
de papel que hay que desempeñar. No la persona mejor pagada
del grupo sino el que sea capaz de asumir riesgos. No la persona con el coche más grande o el hogar de mayor tamaño sino
el servidor. No la persona que se promociona a sí misma sino el
promotor de los demás. No el administrador, sino el iniciador.
No el que toma sino el que da. No el que habla sino el que escucha.

Vivimos en un mundo de cambio y elección acelerados, de dislocación y discontinuidad. Los cambios en la política y en las economías de la Unión Soviética, de la Europa Oriental y de China han afectado a millones de personas en sus vidas. Hay más libertad y posibilidad de elección en el mundo de hoy y, definitivamente, más confusión. Las restricciones que suprimían los conflictos seculares entre algunos grupos religiosos y culturales ya no están allí, y los antiguos odios han salido a la superficie. La única cosa cierta acerca del mañana es que será diferente de hoy. Y los retos del mañana exigen que sus líderes sean líderes *servidores*.

Peter Drucker se refiere a nuestra época como la de la sociedad postcapitalista. Llega a la conclusión de que la información, no el capital, será el recurso crítico del futuro. Charles Handy se refiere a ella como la Era de la Insensatez y dice que necesitamos más pensamiento «al revés». El pensador «al revés» se pregunta por qué las carreteras son gratis y los ferrocarriles tan caros, o por qué es necesario un currículum nacional cuando las personas aprenden como individuos. El pensador «al revés» trata de planear para un mundo del futuro en el que menos de la mitad de la población activa estará en puestos de trabajo a tiempo completo. Los ricos y las personas de talento tendrán que trabajar con más ahínco y tendrán menos tiempo para el ocio, y los pobres tendrán más tiempo para el ocio y menos dinero para proporcionarse satisfacciones. Las guerras y las batallas del futuro serán entre grupos de personas y no entre las naciones.

Algunas personas de nuestras universidades y centros de aprendizaje analizan nuestra época desde el punto de vista del pensamiento postmoderno y deconstruccionista, donde todo es relativo y donde no existen normas ni significación. Dicen que la universidad ya no es un lugar para la búsqueda del conocimiento. En el pensamiento postmoderno, la universidad se convierte en un lugar para buscar el placer y el deseo y debe ser más erótica que cerebral. Las palabras ya no tienen una significación común. La interpretación está en el ojo del lector o en el oído de quien escucha; pero, comoquiera que consideremos o etiquetemos esta rapidez del cambio y la elección así como la falta de predecibilidad en los acontecimientos que giran confusamente en torno a nosotros, yo creo que este crisol de incertidumbre proporciona una gran oportunidad para la dirección positiva, siempre que quienes han sido capacitados para pensar también *lideren.*

Samuel Beckett y James Joyce fueron amigos y confidentes. Aunque los escritos de Joyce alcanzaron más fama y publicidad, Beckett ganó el Premio Nobel de literatura en 1969. Sus narraciones cortas, novelas, obras dramáticas y guiones de radio y televisión son por lo general obras oscuras y esotéricas que subrayan el absurdo y la desesperación de la vida. Sus caracteres se dedican normalmente a tareas destinadas a ocupar su tiempo, pero no tienen propósito ni misión y no consiguen nada. Al hablar con resuelta sinceridad acerca del vacío de una vida sin dirección ni propósito, Beckett puede muy bien haber estado describiendo a la persona de la época moderna en un ambiente de cambio y elección acelerados sin liderazgo. No es así como tenían que ser las cosas. Un líder que está dispuesto a servir puede proporcionar esperanza en lugar de desesperación y puede ser un ejemplo para quienes necesitan dirección y propósito en su vida y desean hacer cosas y contribuir. Este líder es el líder del futuro.

Ahora bien, cuando formulo esas preguntas fundamentales acerca del liderazgo y del futuro, no lo hago como filósofo y educador sino simplemente como un hombre de negocios, como alguien que está buscando liderar, junto con mi socio Carlos Cantu, una empresa de servicios dinámica y de rápido crecimiento que llamamos ServiceMaster. Hemos experimentado un rápido crecimiento, doblando el tamaño cada tres años y medio durante los pasados veinte años, con unos ingresos que ahora superaron los 4.000 millones de dólares. Empleamos o dirigimos a más de 200.000 personas y proporcionamos servicios en los Estados Unidos y en otros veintinueve países. Somos una sociedad anónima cuyas acciones cotizan en la Bolsa de Nueva York. Vivo en uno de esos ambientes de olla a presión en los que hay que rendir cuentas de las ganancias y los beneficios cada trimestre y donde han aumentado cada trimestre durante los últimos veinticuatro años. Los accionistas ante quienes Carlos y yo somos responsables como líderes expresan su opinión a diario sobre nuestro liderazgo. Tienen la elección de comprar, mantener o vender su participación en la propiedad de la empresa.

Buena parte de nuestra actividad puede clasificarse como habitual o trivial. Con frecuencia, tratamos con personas que ocupan cargos a nivel de entrada y que carecen de destrezas, que suelen necesitar de formación y que, la mayoría de las veces, pasan inadvertidas. Hacemos cosas como limpiar retretes y suelos, mantener calderas y acondicionadores de aire, matar insectos, proporcionar servicios de camareras y mantener y reparar electrodomésticos. La tarea que tenemos ante nosotros es capacitar, motivar y perfeccionar a las personas de manera que realicen un trabajo más eficaz, sean más productivas en su trabajo y, sí, incluso mejores personas. Éste es un reto tanto de gestión como de liderazgo. Para nosotros, en ServiceMaster, es más que un trabajo o un medio de ganarnos la vida, es, en realidad, una misión, un estilo de vida. Los objetivos de nuestra empresa se expresan con sencillez: honrar a Dios en todo lo que hacemos, ayudar a las personas a perfeccionarse, buscar la excelencia y crecer provechosamente. Los dos primeros objetivos lo son de fines. Los otros dos lo son de medios. A medida que tratamos de poner en práctica estos objetivos en la explotación de nuestro negocio, nos proporcionan un punto de referencia para lo que hacemos y cómo determinamos lo que es correcto y tratamos de evitar lo que está mal. En efecto, definen nuestra misión.

En primer lugar, tratamos de reconocer la dignidad y el valor de todas las personas porque han sido creadas a imagen y semejanza de Dios. Por consiguiente, nuestro papel como líderes supone algo más que lo que simplemente tiene que hacer la gente en su puesto de trabajo. También debemos interesarnos por los que se están convirtiendo en personas completas y en la forma en que el ambiente de trabajo contribuye a ello. ¿Están creciendo estas personas como individuos que pueden contribuir en el trabajo, en el hogar y en la comunidad? y ¿ejercemos nosotros, como líderes, una influencia positiva en su crecimiento? Subrayar este valor, como cabría prever, afecta a nuestra manera de ver la importancia de la capacitación e implica algo más que enseñar a la gente a utilizar las herramientas correctas o a terminar una tarea asignada dentro de un período definido. Debemos considerar cómo se sienten acerca de su trabajo y acerca de sí mismos y cómo se relacionan con los demás en el ambiente de trabajo y en el hogar.

Los líderes servidores deben estar comprometidos. No son espectadores ni simples titulares de cargos. Su responsabilidad de liderazgo lo es de largo plazo y no para su propio beneficio a corto plazo. Ninguna empresa puede funcionar a plena capacidad a menos que su personal pueda confiar en los convenios y compromisos de sus líderes. Esto es más que algo formalizado en un contrato por escrito, y va más allá de las cláusulas que suelen estar contenidas en cualquier documento jurídico. Se extiende a las personas que confían en el líder para su futuro. Cumple nuestras promesas de campaña.

Nuestra palabra y las promesas que nos hacemos unos a otros proporcionan el marco de relaciones para crecer. Los líderes deben cumplir las promesas hechas a las personas que lideran, aunque supongan para ellos un riesgo y un sacrificio personal. Es su obligación. Para comprender el alcance de esta obligación, uno puede imaginársela como una deuda —un pasivo— del balance de cada líder. Las oportunidades, puestos de trabajo y familias de los seguidores del líder necesitan ser considerados una deuda del mismo modo que una hipoteca se considera una deuda. Es tan real y tan importante como una hipoteca.

Con gran frecuencia, los líderes se sientan en grandes oficinas con grandes *staffs* y creen que conocen y comprenden a las personas que lideran porque han alcanzado algunos éxitos en su vida y pueden leer los informes que otros les proporcionan. Los líderes servidores escuchan y aprenden de aquéllos a quienes lideran. Se esfuerzan en hacerse accesibles. Su puerta está siempre abierta. Salen de su oficina y hablan y escuchan a las personas de todos los niveles de la organización. Deben estar dispuestos a ponerse en el lugar de las demás personas. Cuando escuchan, aprenden. Se convierten en frenéticos aprendices y evitan la trampa en la que caen tantos supuestos líderes exitosos: la arrogancia de la ignorancia.

Los líderes hacen que las cosas sucedan. Son responsables de iniciar y, en algunos casos, crear desequilibrio con el fin de mantener la vitalidad de la organización que lideran. Muchas organizaciones, incluso muchos gobiernos, están menoscabados por el cáncer de la burocracia, con personas muy interesadas en las actividades y estratos de dirección, pero no en los resultados, que defienden el statu quo y preservan un cargo, pero no sirven ni

crean valor. Debido a que los líderes hacen que las cosas sucedan a través de otros, deben ser generosos en su delegación de
autoridad y responsabilidad. Es una grave equivocación y una
injusticia que un superior le hurte a un subordinado la posibilidad de tomar una decisión.

Los líderes servidores son dadores, no tomadores. Nunca se
aferran a un cargo o título. Tienen el trabajo porque pueden vivir
sin él. Esto requiere que todos los buenos líderes tengan un plan
para la sucesión y para la preparación de futuros líderes. Los líderes servidores quieren servir solamente hasta que se haya detectado un sucesor y se le haya preparado y ni un momento más.
Es la disponibilidad y preparación de la persona adecuada para
el futuro lo que debe determinar si el líder se hace o no a un lado
y no una fecha o una edad predeterminadas ni ningún otro criterio artificial.

Los líderes servidores promueven la diversidad, reconociendo que las diferencias de las personas pueden reforzar el grupo.
Aprenden a aceptar esas diferencias y tratan de proporcionar un
ambiente en el que diferentes personas contribuyan como una
parte del todo. Cuando grupos de personas diferentes trabajan
juntos bajo líderes eficaces, nos encaramos con la realidad de
que ninguna persona puede llevar a cabo la tarea por sí sola. El
individuo que está solo contribuye menos que lo que contribuye
él mismo como miembro del todo. Tal como se lee en el Eclesiastés: «Más valen dos que uno solo, pues obtienen mayor ganancia de su esfuerzo. Pues si cayere el uno el otro levantará a
su compañero; pero ¡ay del solo que cae! que no tiene quien lo
levante... Si atacan a uno, los dos harán frente. La cuerda de tres
hilos no es fácil de romper». (Eclesiastés 4: 9-12 *La Biblia viviente*). Al igual que los líderes seguidores, podemos proporcionar un ambiente en el que las personas puedan aprender y crecer
cuando trabajan y comparten juntas.

Durante un viaje a Leningrado en 1989, conocí a una empleada de la limpieza llamada Olga. Su trabajo consistía en fre-
gar el suelo del pasillo de un gran hotel. Me interesé por ella y
por su tarea y trabé con ella conversación. A Olga le habían en-
tregado por fregasuelos un aparato en forma de T, un trapo sucio
y un cubo sucio con agua para hacer su trabajo. En realidad no
estaba limpiando el suelo, no hacía más que trasladar la suciedad

de una parte a otra. La realidad de la tarea de Olga era realizar el menor número de movimientos en la mayor cantidad de tiempo hasta el final del día.

Olga no se sentía orgullosa de lo que estaba haciendo. No había dignidad en su trabajo. Estaba muy lejos de admitir el resultado. Pero Olga tenía un gran potencial desaprovechado. Estoy seguro de que se habría podido comer en el suelo de su apartamento de dos habitaciones. Pero el trabajo era algo diferente. Nadie se había tomado tiempo para enseñar o equipar a Olga o de preocuparse de ella como persona. Estaba perdida en un sistema que no le interesaba. El trabajo era sólo una tarea que había que llevar a cabo. No había ningún líder servidor para Olga.

En cambio, pocos días después, tuve una experiencia distinta mientras visitaba un hospital al que ServiceMaster sirve en Londres. Cuando me presentaron a una de las limpiadoras como presidente de ServiceMaster, me abrazó y me apretó con fuerza. Me agradeció la capacitación y las herramientas que había recibido para realizar su trabajo. Luego me enseñó todo lo que había llevado a cabo para la limpieza de las habitaciones de los pacientes, proporcionándome una detallada descripción del «antes y después» de ServiceMaster. Estaba orgullosa de su trabajo. Creía en el resultado porque alguien se había preocupado lo suficiente para mostrarle el camino y reconocer sus esfuerzos una vez terminada la tarea. Esperaba con impaciencia el próximo logro. *Estaba agradecida.*

La diferencia entre esas dos mujeres era que una de ellas se sentía orgullosa de lo que estaba haciendo. Su orgullo afectaba a su progreso personal. La otra no estaba orgullosa y tenía una visión limitada de sus posibilidades y valor. La diferencia, creo yo, tenía algo que ver con la falta de liderazgo servidor.

Los líderes servidores deben ser impulsados por los valores y estar orientados al resultado. Al cumplir sus obligaciones, deben pensar cuidadosamente lo que está bien y lo que está mal. Deben liderar a las personas para que hagan las cosas de la manera adecuada y para que hagan lo que es correcto. En ServiceMaster creemos que los líderes deben dar ejemplo mediante sus actos y su conducta, manteniendo una continua expectativa y norma para las personas de la organización. No se pueden hacer concesiones con la verdad. La verdad de lo que decimos se demuestra mediante lo que hacemos. Tal como solía decir el fundador de ServiceMaster, «si no lo vives, no crees en ello».

Pero, en un ambiente pluralista, con gran diversidad de opiniones, ¿puede haber un bien o un mal? ¿Dónde está el punto de referencia para el liderazgo? El punto de referencia en Service-Master empieza con nuestro primer objetivo: honrar a Dios en todo lo que hacemos. Tratamos de descubrir y aplicar esas normas dadas por Dios, limitaciones dadas por Dios y libertades concedidas por Dios.

Como líderes, reconocemos que todos somos prisioneros de nuestra esperanza. Nuestra esperanza nos mantiene. Nuestra visión de lo que podría ser nos inspira a nosotros y a quienes lideramos. Al poner en práctica nuestra visión, aceptamos la realidad de que no conocemos todas las respuestas. Los resultados de un líder servidor se medirán más allá del lugar de trabajo, y la historia se contará en las vidas modificadas de los demás. No hay escasez de pies que lavar. Existen toallas y agua. La limitación, si es que hay alguna, es nuestra aptitud para ponernos sobre nuestras manos y rodillas y estar preparados para hacer lo que pedimos a los demás que hagan.

Capítulo 25

Un modelo constitucional de liderazgo

Alfred C. DeCrane, Jr.

*Alfred C. Decrane, Jr. es presidente del conse-
jo de administración y director general de Texaco
Inc. Es miembro de los consejos de administración de CIGNA Corporation; Dean Witter, Disco-
ver & Co.; CPC International, Inc.; y del American Petroleum Institute. Es fideicomisario del
Committee for Economic Development y del The
Conference Board y miembro del National Petroleum Council y de The Business Roundtable. Además, DeCrane es miembro de la junta de gobierno de la Universidad de Notre Dame y director
gerente de la Metropolitan Opera Association.*

Es un reto, además de algo de presunción, afirmar que se tiene suficiente comprensión tanto del liderazgo como del futuro
para ofrecer ideas útiles sobre el líder empresarial del futuro.

Según el método socrático, deberíamos centrar la atención inicialmente en el análisis de lo que es probable que sea el futuro de
las empresas: el contexto y ambiente dentro del cual este individuo
será llamado a liderar. Una vez determinado este contexto, podríamos empezar a delinear las cualidades, características y enfoques
necesarios para el éxito del liderazgo en ese entorno muy concreto.

Los análisis orientados al futuro, como los de Herman Kahn, Alvin Toffler y Peter Drucker, ofrecen algunos conceptos convincentes acerca de las direcciones en las que este país y el mundo pueden moverse y los conjuntos de destrezas que podrían ser críticos para el éxito. Incluso los más sofisticados análisis de tendencias, técnicas de proyección y de previsión tienen límites reales, y nos quedamos con una falta intemporal de certidumbre acerca de lo que nos traerá el futuro a largo plazo.

Sin embargo, existe un modelo que puede ayudarnos a exponer algunos de los conceptos significativos en cuanto al liderazgo futuro en la empresa. Pienso en él como en el *modelo constitucional*. James Madison y los autores de la Constitución de los Estados Unidos elaboraron un documento que incorporaba ciertos principios esenciales para guiar las vidas de los norteamericanos y para establecer la estructura de gobierno. Entendieron que la Constitución tenía que ser lo suficientemente clara y concreta como para ayudar a crear el tipo de sociedad duradera que necesitaban. Pero también entendieron que la Constitución y la Declaración de Derechos tenían que ser redactadas con la suficiente amplitud y flexibilidad para ser pertinente y efectiva para una inacabable variedad de cuestiones específicas y cotidianas, de condiciones cambiantes y dificultades que no podían ni siquiera imaginar. Hoy, vemos que los principios fundamentales que guiaron la Constitución sobreviven, incluso con más de dos siglos de enmiendas y a pesar del rigor de la interpretación y la aplicación.

Análogamente, creo que podemos determinar las cualidades que son un conjunto de hecho de aptitudes esenciales del liderazgo. Aunque pueden ser modificadas y aplicadas cuando cambien las condiciones y surjan nuevas dificultades, las cualidades realmente básicas subsisten: sólidas, amplias y pertinentes. Mi experiencia en la observación y en el trato con las organizaciones comerciales mundiales de todos los tamaños y alcances, con los gobiernos y las asociaciones internacionales, ha reforzado mi creencia en un conjunto de cualidades esenciales.

A través de los años, he tratado de definir y registrar las aptitudes esenciales del liderazgo de aquellos a quienes he admirado y he tratado de detectar los individuos que poseen estas aptitudes esenciales en mis propias organizaciones. He observado numerosas variaciones en los estilos de liderazgo y modificaciones en los enfoques, pero las cualidades fundamentales han permanecido constantes en gran parte. He situado estas cualidades esenciales en cuatro campos básicos: el carácter, la visión, el comportamiento y la confianza.

El carácter

En diferentes épocas, los líderes son juzgados por lo que tratan de hacer, por el modo en que persiguen sus objetivos y por lo que logran. Estos criterios son sobre todo extensiones de la medida fundamental de un líder: el contenido de su carácter. Y aunque las personalidades y objetivos de los líderes varían mucho, he observado unas constantes en su carácter.

Los líderes, según el antiguo griego Tucídides, tienen «el conocimiento de su deber y un sentido del honor en los hechos». Los verdaderos líderes son honrados y sinceros, y no sólo a causa de las leyes y las regulaciones; se rigen por los principios de la ética, son francos e inspiran confianza. Estas raíces básicas del carácter, quizás más que ninguna otra, se ganan el respeto necesario para que un individuo sea denominado líder. He estado en los negocios el tiempo suficiente para ver que las «ganancias» de corto plazo pueden lograrse sin esas cualidades, pero también he visto que el liderazgo duradero y el éxito —en cualquier nivel— es imposible sin ellas.

Estos rasgos clave y fundamentales caen en cascada en otras características. Los líderes también:

— Están imbuidos de humor y humildad, y por naturaleza se sienten inclinados a tratar equitativamente a los individuos de sus organizaciones sin «sonreír ni derribar a la gente».
— Se conocen a sí mismos y son sinceros consigo mismos en cuanto a sus fuerzas, debilidades y esfuerzos sinceros por mejorar.
— Son inquisitivos y lo suficientemente accesibles como para que los demás se sientan seguros al ofrecer una opinión sincera y nuevas ideas.

—Carecen de prejuicios y son capaces de respetar a sus competidores o adversarios y aprender de ellos, tanto en las situaciones de liderazgo como en las condiciones generales de los negocios.

—Están orientados a la acción, lo cual se pone de manifiesto no como un deseo de mover por mover sino por avanzar directamente hacia un claro objetivo con un implacable seguimiento hasta el final.

Es importante señalar que los líderes eficaces no persiguen sus objetivos a toda costa ni sin considerar *cómo* alcanzan sus objetivos. Los líderes quedan comprometidos con unos valores esenciales que son inflexibles en un intento implacable de alcanzar los objetivos, subrayando de nuevo la importancia del carácter para los líderes de cualquier época.

Así, para un líder en una empresa o en cualquier otro campo, la integridad del carácter es primordial. Tal como un antiguo director de la Bolsa de Nueva York dijo en una ocasión, «El público puede estar dispuesto a perdonarnos por los errores de criterio, pero no nos perdonará por los errores de intención».

La visión

Los líderes que sepan desatar la imaginación con una visión convincente de un fin deseable que nos haga llegar más allá de lo que hoy se conoce y que puedan traducir eso en claros objetivos, son los que nosotros seguiremos. Los conocidos con la denominación de los The Federalist Papers* confirman que Madison y sus colegas comprendieron que los documentos y las estructuras más elegantes carecían de pertinencia si no ayudaban a los lectores a formarse una visión, un resultado, a través de unos objetivos claramente expuestos y de suma importancia.

Los buenos líderes empresariales idean objetivos para llevar a cabo su visión. Su compromiso con los objetivos y, por

---

* Serie de 85 ensayos escritos en apoyo de la Constitución por Alexander Hamilton, James Madison y John Jay en 1788. (*N. del T.*)

consiguiente, con la visión se pone de manifiesto tanto por su actuación como por su repetida comunicación de lo que debe hacerse y por qué.

Los comportamientos

Teniendo presentes unos objetivos claros, la cuestión que se plantea entonces es lo que un líder *hará*, es decir, cómo se comportará mientras trabaja con y gracias a la gente en persecución del objetivo final. Aunque los líderes tienen que adaptarse a unas circunstancias concretas y siempre cambiantes, los de mayor éxito exhiben un conjunto común de comportamientos. Esos líderes:

— Actuarán y no estarán dispuestos a buscar una explicación racional a la inacción, y harán un seguimiento concienzudo e implacable para asegurarse de que se pone en práctica la actuación.
— Crearán y configurarán el cambio en lugar de aceptarlo pasivamente, pondrán en cuestión el *statu quo*, negándose a aceptar como respuesta la expresión «nunca hemos hecho eso antes».
— Aprovecharán las oportunidades del presente sin poner en peligro la necesidad de invertir y construir para el futuro.
— Triunfarán en un ambiente de trabajo exento de límites, centrando su atención en los resultados, sabiendo que puede hacerse mucho si no importa a quién se atribuye el mérito.
— Evaluarán y desplegarán a la gente basándose exclusivamente en la fuerza, el rendimiento y las posibilidades.
— Pensarán con rigor, no abandonarán nunca, buscarán la oportunidad que se esconde en cada dificultad y comprenderán que las cosas nunca son tan malas como parecen.
— Estarán lo suficientemente orientados hacia el detalle para saber si los objetivos están siendo o no alcanzados o si el rumbo es o no correcto; pero no tan orientado al detalle «que los árboles les impidan ver el bosque».

—Buscarán el consenso sin paralizarse por la idea de cometer una equivocación ni de ser intolerantes con los que las
cometen.
—Comunicarán constantemente: influyendo, alentando, cri-
ticando y *escuchando*.

La fuerza de carácter y la previsión no importan en absoluto
si las personas no están dispuestas o no son capaces de seguir a
alguien. El simple rango no puede inspirar a otros para trabajar
hacia un fin común aportando toda su energía, ideas y compromiso al empeño. Pero la comunicación frecuente, abierta y sincera inspira a otros a seguir, incluso a aquellos que carecen de
rango.

Con la máxima claridad, los líderes transmiten:

—Expectativas claras de un alto rendimiento de cada uno y de
todos los miembros de la organización y la creencia de que
todo el mundo, incluso el líder, será evaluado en comparación con dichas expectativas basándose en los resultados.
—La comprensión de que la comunicación es un proceso de
dos direcciones en el cual los líderes escuchan, deseosos
de retroinformación y nuevas ideas y están impulsados
por la necesidad de provocar e influir, no de mandar y
controlar.
—La apreciación del principio de que los miembros del
equipo bien informados son las personas más motivadas y
fuertes de entre las que realizan su potencial, y la voluntad
de comunicarse con los equipos y continuar el esfuerzo.
—La confianza en los empleados y un deseo de proporcionar
oportunidades a cualesquiera individuos que deseen aceptar la obligación de rendir cuenta que necesariamente
acompaña a la responsabilidad.

La confianza

Los líderes comparten otro atributo que es crítico para el éxito: la confianza en sí mismos. Claramente distinta de la arrogancia o del egotismo, un saludable nivel de confianza en sí mismo

permite al líder comprender las difíciles aventuras necesarias para alcanzar sus objetivos.

Es esta confianza en sí mismos lo que hace posible que los líderes asuman de buena gana y con prudencia los riesgos de manera que animen a otros a asumir riesgos similares. Los líderes asumen los riesgos con seriedad, riesgos que están a la altura de las correspondientes recompensas potenciales. Los verdaderos líderes comprenden lo que se necesita para alcanzar sus visiones y objetivos, aunque esto signifique que deban negarse a «ir con la corriente». Cuando las empresas y otras organizaciones tropiezan o se quedan atrás en táctica o tecnología, ello quizá se deba a que los líderes son demasiado tímidos y envían señales que desalientan la asunción de riesgos.

Los reportajes que se publican en los medios de difusión suelen centrarse en los errores garrafales cometidos por los ejecutivos. Pero Thomas Watson, Jr., de IBM, adoptó el punto de vista apropiado sobre el riesgo. Una vez, cuando se debatían los retos competitivos de IBM, dijo: «No tenemos ahí bastante gente cometiendo equivocaciones». Conviene asumir riesgos con seriedad, especialmente por parte de los líderes. Ése es el motivo de que los líderes deban tener suficiente confianza en sí mismos para estar dispuestos a experimentar el fracaso... para experimentar el éxito al final. A ningún verdadero líder le sale todo bien.

La confianza en sí mismo de un líder le permite también tener confianza en el progreso de las personas de su organización y apoyarlas. Al creer en la enorme capacidad de las personas en las que han delegado facultades, los líderes liberan esa capacidad alentando a sus equipos no solamente con la alabanza sincera y el reconocimiento sino también al hacer críticas constructivas y aplaudir responsablemente los «ensayos temerarios» emprendidos, así como las verdaderas victorias.

He podido averiguar que los líderes que tienen confianza en sí mismos no se sienten amenazados por el éxito de otras personas de su organización. Elogian rápida y genuinamente a los demás por sus éxitos y no malgastan su energía preocupándose de su estatus o del de sus compañeros de la organización. Llevar a cabo la visión y alcanzar los objetivos es lo que consume su pensamiento.

¿Quiénes son nuestros líderes?

Los líderes eficaces de las empresas, si tienen que construir sus organizaciones para el largo plazo, deben ser capaces de cultivar la generación siguiente de líderes, en otro caso, no es probable que sus aportaciones duren mucho más que su presencia física dentro de la empresa. Determinar quiénes son los líderes en una organización es una labor ardua. Resulta difícil distinguir entre las actuaciones presentes y el futuro potencial del liderazgo. Con harta frecuencia, hemos comprobado que cuando a los jefes de los departamentos se les pide que suministren «listas breves» de líderes con posibilidades de progresar, y yo les pregunto quién de esa lista podría enfrentarse a una tarea ardua, me encuentro con vacilaciones y con que las personas se echan atrás, incluso las personas que confeccionaron las listas. En la mayoría de los casos, este fenómeno, al parecer extraño, puede explicarse porque no se sabe distinguir entre el director de proyecto o el miembro del equipo que lleva a cabo lo prometido y el líder que exhibe el carácter, la visión, el comportamiento y la confianza que he descrito.

Frecuentemente caemos en el hábito de asociar los líderes y las características de liderazgo solamente con la cumbre de la organización: los altos ejecutivos, las figuras políticas, los jefes militares, los capitanes de los equipos deportivos y los entrenadores. Es una tendencia natural, puesto que son los líderes más visibles y que más llaman la atención. Sin embargo, en el pasado, en el presente y por supuesto, en el futuro, el verdadero liderazgo se necesita de una parte a otra y en todas partes de todos los tipos de organizaciones. El carácter y las cualidades que se encuentran en los verdaderos líderes son esenciales en todos los niveles de responsabilidad.

Las aptitudes esenciales del liderazgo pueden madurar, ampliarse y perfeccionarse a medida que aumenta el ámbito de responsabilidad del individuo, pero los principios básicos del liderazgo que yo he detectado y advertido a lo largo de mi carrera ayudan a los individuos en todas las fases de la responsabilidad a *liderar*. Y, tal como indica el modelo constitucional, los líderes del futuro seguramente harán lo mismo: adaptarán estas aptitudes esenciales a las dificultades de su tiempo y al ámbito de sus responsabilidades.

Capítulo 26

La teoría del «uno u otro» cede el paso a la teoría del «ambos»

Alex Mandl, Deepak Sethi

Alex Mandl es director adjunto ejecutivo de AT&T. Como director general de su Grupo de Servicios de Comunicaciones, dirige los grupos de servicios básicos de larga distancia, de comunicación directa y multimedia de la empresa. También supervisa los Servicios Inalámbricos AT&T y la unidad de Tarjeta Universal de la empresa. Además, Mandl es presidente y director de explotación, nombrado, de la nueva AT&T. Asumirá su nuevo papel en el momento en que AT&T termine su reestructuración. Antes de entrar en AT&T, fue presidente y director general de Sea-Land Service, la mayor empresa del mundo de servicios de transporte y distribución transoceánicos. Mandl se licenció en economía por la Universidad de Willamette y tiene el título de máster en administración de empresas por la Universidad de California, en Berkeley. Es miembro del consejo de administración de Warner-Lambert Company así como del consejo asesor de la United States National Information Infrastructure.

Deepack (Dick) Sethi es director adjunto de formación de ejecutivos en AT&T, responsable del perfeccionamiento de los directivos con grandes posibilidades de la empresa. Antes de entrar en AT&T, trabajó para Control Data Corporation. Es miembro del consejo asesor del Institute for Management Studies y Human Resource Planners de Nueva York. Posee un máster en administración de empresas en la especialidad de márketing por la Universidad del Estado de Pensilvania y ha enseñado en la Universidad de Nueva York.

Ogden Nash dijo en una ocasión: «El progreso podría haber estado bien en otro tiempo, pero ha durado demasiado». Es una opinión compartida por muchas personas, dada la discontinuidad y ritmo implacable de los cambios que hemos presenciado sólo en este decenio. Sin embargo, es evidente que el futuro será admirado por el cambio más grande, no por uno menor.

Algunas mentes perspicaces están ya previendo sus contornos. El futurista Alvin Toffler cree que estamos inmersos en un enorme cambio de civilización que originará una producción cada vez más personalizada, micromercados e infinitos canales de comunicación. Greg Blonder, el hombre de ciencia de los Laboratorios Bell de AT&T, al advertir que cada treinta meses con un dólar de ordenador se compra doble potencia de tratamiento predice que los ordenadores igualarán a los seres humanos en destrezas e inteligencia para el año 2088. Dos años después de esa fecha, dice él, «el ordenador será el doble de inteligente y el doble de perspicaz que cualquier ser humano» («Faded Genes», *Wired*, marzo de 1995, p. 107). Mientras tanto, el redactor jefe de *Wired*, Louis Rossetto, que cree que la sociedad está organizada por un «consenso con espíritu de colmena», dice que la revolución digital de hoy puede permitirnos cumplir la profecía de Marshall McLuhan de «hacer de todo el globo, y de la familia humana, una sola conciencia» («The Digerati», *New York Times Sunday Magazine*, 21 de mayo de 1995, p. 38).

A tales visiones del futuro sin duda se les unirán una serie de predicciones de los observadores del milenio, por consiguiente, es prudente recordar lo que decía Ralph Waldo Emerson. Advertido de que el mundo terminaría en diez días, él replicó con calma: «Sin duda seguiremos muy bien sin él». Un futuro adivinado, después de todo, suele ser un mañana nunca visto. Pero cualquiera que sea la forma final del futuro, es evidente que las cosas ya no van a ser las mismas nunca más.

Por supuesto, la vanguardia del mañana está ya transformando la propia naturaleza de las comunicaciones, de la comunidad y del comercio. Y eso, a su vez, está poniendo en cuestión algunas de las suposiciones básicas que tan sólo ayer eran consideradas hechos admitidos. Entre ellos, uno de los principales es nuestra opinión del liderazgo, pues un mundo al revés exige un líder redefinido. Determinar qué destrezas se necesitarán para liderar en un futuro que no puede predecirse con seguridad es algo así como tratar de conducir gatos en manada. Sin embargo, existen hoy algunos indicios que pueden iluminar el futuro. Y eso ofrece una oportunidad no muy distinta de la descrita por una experta en factores humanos de AT&T que preguntó «¿Cómo construye usted una rana? ¿Estudia usted el croar, el salto prodigioso, los ojos hiperbólicos?» «No —concluyó— usted estudia la charca.»

El ambiente o la charca que los líderes del futuro esperarán superar está ya siendo reconfigurado por tres cataclismos convergentes: (1) la mundialización, (2) el cambio constante y a menudo discontinuo, (3) una revolución en la tecnología de la organización. Cada uno de ellos está alterando no sólo la esencia de la empresa sino también las destrezas necesarias para liderarla.

La visión de una aldea mundial, por ejemplo, está muy cerca de la realidad. Los mercados financieros ya mueven electrónicamente un billón de dólares al día, cruzando las fronteras a su gusto. Y el trabajo ahora sigue al sol, en un pase mundial del testigo que se desplaza de un huso horario a otro. Entre tanto, el juego de los jugadores cambia. La actividad económica mundial de hoy, después de todo, está abierta a todos los contendientes, no solamente a las empresas más grandes o a las naciones más avanzadas. John Naisbitt estima que la mitad de las exportaciones norteamericanas las producen empresas con 19 o menos empleados.

Mientras, las 16 naciones más grandes en vías de desarrollo fijan el ritmo para la expansión mundial. Sus economías están creciendo a un ritmo superior al doble de las economías maduras de América del Norte, Europa y el Japón, que tradicionalmente dictaban las maniobras mundiales. A su vez, la competencia mundial se está acelerando. Según el Departamento de Comercio de los Estados Unidos, entre 1990 y 1994, el coste histórico de la inversión norteamericana directa en otras naciones ascendió a 612.000 millones de dólares, lo que supuso un aumento del 42 %. El coste de la inversión directa extranjera en Estados Unidos, entre tanto, aumentó más del 27 % al situarse en 504.000 millones de dólares.

Pero las cifras no describen la totalidad de la situación. «Hot money» (dinero errante), por ejemplo, es la expresión técnica utilizada recientemente en Wall Street para ayudar a definir el cambio masivo experimentado por los mercados financieros mundiales. Se refiere a los miles de millones de dólares que los inversores pueden introducir y sacar de un país en un momento y por un capricho; los miles de millones de dólares que, de un teclazo, pueden socavar la economía de una nación; el dinero instantáneamente movible que puede dar a los inversores, más que a los que determinan la política exterior, el poder de controlar la vitalidad económica de una nación. El «dinero errante» es también revelador de la cascada de acontecimientos que han acelerado las cosas, oscurecido unos cuantos detalles pertinentes y enviado como de costumbre a las empresas a hacer las maletas. Un bromista se lamentaba una vez de que él prefería hacer frente a la monotonía durante algún tiempo. Pero las únicas constantes actuales son lo desconocido, lo incierto y lo impredecible.

Estamos ya desdibujando toda clase de líneas, desde las que separan las tecnologías y las industrias hasta las que dividen los mercados y los productos. Entre tanto, los socios en una actividad son al mismo tiempo competidores en otras. En un mundo que se ha hecho económicamente interdependiente, el destino de una empresa suele estar más ligado a un competidor situado a varios continentes de distancia que a la empresa con la que comparte el mismo bloque y a la economía nacional. En ese mundo, la clásica necesidad de puertos profundos y autopistas anchas está cediendo ante la necesidad de puertos de acceso a los datos y autopistas electrónicas. La tecnología de la información es servicial.

Las tecnologías de las comunicaciones y los ordenadores son ya inseparables. Ahora tienen puestas las esperanzas en fusionarse con la electrónica de consumo y entretenimiento para crear toda una nueva industria denominada multimedios interactivos. Esta combinación híbrida de medios está mezclando la tradición y las suposiciones desde hace largo tiempo mantenidas y puede todavía tenernos mirando el teléfono y respondiendo a la televisión. Comprende los 500 canales de televisión de los que continuamos obteniendo información y vídeo a petición, teléfonos como relojes de pulsera y números de teléfono que nos siguen a todas partes, videófonos y la posibilidad de ver a alguien en la pantalla de nuestro ordenador mientras colaboramos en documentos compartidos, y mayordomos electrónicos en comunicadores portátiles que encontrarán direcciones, harán reservas para cenas y plazas de avión y recordarán los números del banco, de la Seguridad Social y de identificación personal.

Los multimedios interactivos son también la clave de los progresos de la tecnología de la información que arrebatan el poder a las grandes burocracias centralizadas y lo ponen en manos de los individuos. Mientras se distribuye la información y el talento por todas las partes de una organización, la tecnología de la información —especialmente la conexión con redes— socava los sistemas jerárquicos de dirección. La jerarquía habitualmente servía como canal oficial de organización, aunque se le unían las redes informales de «viejos muchachos», fábricas de rumores y contactos subterráneos que podían hacer las cosas a pesar de la burocracia. Hoy, la tecnología de la información está dando a esas redes de informadores un nuevo reino, creando, si se quiere, un medio secreto de recibir información, pero con prestigio.

De los buzones electrónicos a las videoconferencias, la tecnología de la información está redirigiendo el flujo de información y creando una organización fungible no restringida por las trabas del tiempo, la distancia, o la persuasión departamental. Esta libertad proporciona la velocidad, la agilidad y la flexibilidad exigidas en un mercado mundial altamente competitivo. Altera también la propia naturaleza del trabajo y de la autoridad de la dirección. Después de todo, si la jerarquía se subsume, lo mismo ocurre con sus funcionarios. El ejercicio del mando y control, por ejemplo, está dando paso a unos nuevos vínculos de confianza y apoyo. Las estructuras verticales no se esfuerzan en la labor de admitir la esencia lateral, informal e inherentemente horizontal de la organización interconectada.

La democratización de la información está sustituyendo al concepto acaparador de poder de la «necesidad de conocer». El trabajo compartido está desplazando a la estricta autonomía funcional, incluso cuando la actuación se valora más por los resultados globales que por la supervisión directa del trabajo. Y los directivos, en otro tiempo alineados en una estructura jerárquica, están conduciendo, en cambio, una red de personas interdependientes y de partes entretejidas. Si se la perturba en cualquier parte, vibrará toda ella.

Tal vez estas tendencias no harán más que acelerarse en el futuro, y los directivos están seguros de estar unidos por una escasez de tiempo aún mayor, y una infusión aún mayor de ambigüedad. Eso, a su vez, exige una nueva casta de líderes que no sean simplemente gestores. Desgraciadamente, las destrezas de liderazgo tal como habitualmente se practican no están a la altura de la tarea. Dirigir según las reglas, por ejemplo, sería infructuoso. Los innovadores arrollarán con regularidad a quienes están obligados al *statu quo*. Y los líderes que centren su atención en los sistemas y estructuras no caerán en la cuenta de que el capital más importante del futuro será el intelectual.

Con ello no queremos decir que el pasado no contenga lecciones de liderazgo. En efecto, el futuro exigirá una lente más ancha y más completa. Dicho con brevedad, hablaremos no en términos de uno u otro/o sino de ambos. Después de todo, el futuro no está ni en las comunicaciones ni en los ordenadores sino en ambas cosas. No será conformado por las tendencias nacionales ni mundiales sino por ambas. No será estimulado por los líderes mundiales consagrados ni por los emprendedores advenedizos sino por unos y otros.

En este contexto, los líderes pueden adaptarse a un futuro cambiante y utilizarlo en su provecho cultivando la tensión creativa que procede de equilibrar los extremos: examinar el mundo ahora desde ambos lados. La teoría del ambos, combina el arte de remediar los inconvenientes de corto plazo con el de no perder de vista las recompensas y consecuencias de largo plazo. Fusiona las destrezas estratégicas y tácticas habitualmente separadas porque al líder del futuro se le exigirán ambas. Una perspectiva nacional y mundial, ya apreciada, aceptará un componente local, y el lado arduo del negocio se combinará con el lado suave, reconociendo la interdependencia no sólo en el lugar de trabajo sino también de los intereses financieros, y los de los empleados, los clientes y los accionistas. Los papeles de liderazgo estarán también a horcajadas de los extremos, pues incorporarán las destrezas del generalista y del especialista; del idealista y del as operativo.

El líder del futuro será a la vez maestro y estudiante, tecnólogo y emprendedor, estará «con el programa» en términos del objetivo global de la empresa y sin embargo definido también por la herejía genial. El miembro del equipo, que demuestre ser crítico en los grupos de trabajo abiertos, instantáneamente reconfigurables, será también una persona llena de resolución e iniciativa. Y el líder que ha de estar verdaderamente interconectado tendrá también que «dirigir pisando el terreno», pues a pesar de su riqueza, la tecnología de la información aumenta, pero no sustituye, la dimensión humana y las posibilidades de compartir la vulnerabilidad y la confianza.

Hay, sin embargo, un aspecto singular de la teoría del «ambos»: un conjunto esencial de cosas dadas que deberán guiar toda actuación y servir también de puntos decisivos para la actuación equilibradora continua del líder. El líder del futuro tendrá que ser experto en el arte de expresar con claridad una visión y de inspirar a los demás con un futuro imaginado. En los valores y creencias compartidos, encontrará el fundamento para el compromiso, el contexto y la creatividad. Y por último, el líder delegará verdadera responsabilidad... y esperará que los empleados la utilicen.

Estas cosas dadas dicen más al espíritu que las destrezas y, como tales, quizá definen mejor los retos con que se enfrentarán los líderes del futuro. Simples en teoría, son los duendes de lo cotidiano. En efecto, vivir con ellos se parece mucho a la descripción que hizo H.L. Mencken de la vida con un perro o con un idealista: es un desorden. Sin embargo, son también la amarra que en el mar del cambio del futuro puede asegurar la posibilidad de una organización para hacer frente a ese cambio e incluso de triunfar.

Capítulo 27

Las principales dificultades del liderazgo para los ejecutivos actuales y futuros
William C. Steere, Jr.

William C. Steere, Jr. es presidente del consejo de administración y director general de Pfizer Inc. Empezó su carrera en Pfizer en 1959 como representante del servicio médico y ocupó una serie de diversos cargos en márketing y gestión hasta su nombramiento como director del Grupo de Productos Farmacéuticos Pfizer en 1986. Fue elegido presidente y director general de Pfizer Inc. en 1991 y presidente del consejo de administración en 1992. Steere es miembro del consejo de administración y del comité ejecutivo de Pharmaceutical Research and Manufacturers of America. Es miembro del consejo de supervisores del Memorial Sloan-Kettering Cancer Center y de la Business Roundtable así como de las juntas del Council on Competitiveness, del New York University Medical Center, del Banco de la Reserva Federal de Nueva York, de WNET-Thirteen, del Business Council, de la Business Roundtable, Texaco Inc., de Minerals Technologies, Inc., y del Jardín Botánico de Nueva York.

Dentro de unos cuantos años, Pfizer cumplirá 150 años de antigüedad. La cultura y la dirección de nuestra empresa en la actualidad comparten muchos de los rasgos con sus contrapartes de hace años, incluso un compromiso con la innovación, la calidad, la salud humana, la comunidad y nuestros empleados. Sin embargo, como en otras muchas empresas, nuestros productos y la tecnología han llegado a formar parte de un ciclo constante y cada vez más rápido de descubrimiento, renovación y obsolescencia. El ámbito de nuestras actividades ha cambiado también espectacularmente, y los medios en que tienen lugar han experimentado muchas transformaciones.

Las fuerzas que requieren que las grandes empresas sigan cambiando y mejorando constantemente aumentan espectacularmente. Entre ellas figuran: (1) la creciente mundialización de la economía mundial; (2) las arenas movedizas de la desregulación y la vuelta a la regulación de las principales industrias; (3) el reto competitivo de las empresas que surgen, ya sea en biotecnología, electrónica, software, comercio minorista u otros campos; y (4) el ritmo acelerado de progreso tecnológico, que está reconfigurando los límites de los mercados. Ocasionalmente, estas fuerzas alcanzan un estatus de crisis, como ha ocurrido recientemente con la industria de la atención sanitaria en los Estados Unidos, resultante de la confluencia y los rápidos e interdependientes cambios evolutivos y los cambios de política en la industria. Me gustaría analizar las dificultades del liderazgo durante estos tiempos en lo que respecta a tres campos clave: (1) el papel del liderazgo y la cultura empresarial en una gran empresa actual, (2) la importancia de la ejecución invariable de un enfoque del liderazgo, y (3) el papel del líder en el futuro.

El papel del liderazgo y la cultura empresarial

El liderazgo eficaz de cualquier empresa puede ser moldeado y medido de tres modos por lo menos: a través de los resultados económicos de la empresa, de su estructura organizacional y de su cultura. Sé por mi experiencia que los líderes dedican una cantidad considerable de tiempo a intentar influir en los resultados económicos, a menudo a través de un cambio en la estructura organizacional. Menos frecuentemente, los líderes centran su atención en la influencia que ejercen en la cultura de las empresas que lideran, lo intenten o no. A menudo subestiman el papel que la cultura desempeña en los resultados económicos de una empresa y no se dan cuenta de que una parte crítica de la labor del líder es la definición y el desarrollo de una cultura. De hecho, a medida que una organización crece en tamaño, crece también la importancia del ejecutivo como representación visible de una estructura empresarial cada vez más eliminada o impersonal. Para los líderes de las organizaciones de ámbito mundial, los retos del pluralismo cultural y la visibilidad se multiplican exponencialmente. En esencia, el líder es responsable y algunas veces arquitecto de los siguientes elementos clave de la cultura organizacional:

— Determinar y comunicar los valores y principios esenciales que orientan el comportamiento organizacional y la toma de decisiones.
— Especificar los comportamientos que ejemplifican los valores o principios de la empresa (y, por deducción, los que no lo hacen) y liderar mediante el ejemplo.
— Elaborar un método mediante el cual los individuos puedan recibir retroinformación sobre su actuación, tanto desde el punto de vista económico-financiero como desde el punto de vista del comportamiento.
— Asegurar que los sistemas de recompensa o de refuerzo, ya sean monetarios (como la retribución) o menos tangibles (como la inclusión y el acceso) sean coherentes con los valores y principios organizacionales, y que reconozcan y promuevan los comportamientos deseables y castiguen los comportamientos no deseables.
— Asumir personalmente la responsabilidad de defender la cultura deseada y reconocer la necesidad de la redundancia y el refuerzo concernientes a lo que se espera y a lo que no es negociable.

Para promover estos elementos de un modo efectivo, el líder debe concebir una idea común de lo que la empresa está tratando de alcanzar. Esta idea implica el establecimiento de objetivos compartidos y con los que se está de acuerdo, la puesta en práctica de un enfoque coherente de la gestión así como la incorporación de una fuerte orientación a los resultados en toda la organización. Los cambios espectaculares en la cultura pueden ser necesarios cuando la cultura actual está significativamente fuera de alineación con los objetivos comerciales de la empresa o cuando existen incoherencias importantes entre los elementos clave (por ejemplo, la organización dice que valora X, pero recompensa Y). Estas crisis culturales surgen normalmente de una serie de cambios incrementales que, tomados por separado, parecen relativamente poco trascendentes y que suelen producirse en un ambiente de benigna negligencia por parte de un liderazgo que opta por centrar su atención en las cuestiones que considera más apremiantes. Una fase crítica del liderazgo de las organizaciones es reconocer que la cultura organizacional *es* una cuestión económica apremiante y que su configuración es una de las principales responsabilidades del liderazgo y no una responsabilidad que pueda delegarse en la función de recursos humanos o en cualquier otra. La historia ha demostrado que las organizaciones que no consiguen solucionar y responder proactivamente a estos cambios climáticos corren el riesgo de que les ocurra lo que a los dinosaurios, sólo que con mucha mayor rapidez.

Otro reto continuo para el líder de una gran empresa es crear y mantener un nivel apropiado de tensión creativa positiva. Evidentemente, la creación de consenso es una destreza de liderazgo cada vez más crítica porque el liderazgo a través de la influencia es manifiestamente más efectivo para la creación de compromiso y para la obtención de un rendimiento sostenido que el liderazgo a través de la autoridad del cargo o del temor y la intimidación. Sin embargo, el consenso sin una tensión constructiva creativa es extremadamente peligroso y se manifiesta de varios modos:

—La disensión se producirá fuera de las reuniones y no dentro de ellas.
—Se ensanchará la disparidad entre el consenso (acuerdo sobre las decisiones) y el consenso percibido (la creencia de que las personas están de acuerdo en lo que respecta a las decisiones).

—Se exacerbarán las dificultades cuando se pongan en práctica las decisiones debido a una sostenida resistencia pasiva.
—El conflicto directo se percibirá como disfuncional, y la aptitud para detectar los matices se convertirá en la clave de la supervivencia y el progreso individuales.

La tensión positiva creativa es también el contexto en el que la mejora continua se convierte en un enfoque natural del trabajo cotidiano y en una parte fundamental de la cultura de una organización. Normaliza el cambio en períodos en que no hay crisis, mantiene centrada la atención en lo que se hace y en el modo en que se hace, y asegura la apertura y la capacidad de respuesta a la retroinformación procedente de los empleados y los clientes externos.

La importancia de la ejecución constante

Evidentemente, un tema inherente al papel del líder como arquitecto cultural es la atención y el enfoque constantes. Los líderes son arquitectos y contratistas generales, y deben ser juzgados no solamente por la elegancia de sus planos sino también por la calidad de la puesta en práctica y el mantenimiento del diseño. Fundamentalmente, creo que los líderes pueden y deben potenciar la fuerza del «efecto Hawthorne» para asegurar que el cambio constructivo, a un ritmo apropiado, se produce tanto en épocas de estabilidad relativa como de cambio rápido.

La serie de estudios realizados hace más de sesenta años en la instalación que Western Electric tiene en Hawthorne, Illinois, todavía es bastante pertinente para los ejecutivos. Aunque inicialmente la investigación trataba de determinar el efecto de la iluminación sobre la productividad, en el fondo nos enseñó mucho acerca de la importancia del compromiso y de la ejecución constante. Los investigadores observaron significativas ganancias de productividad, pero la iluminación no era la causa. En cambio, las mejoras del rendimiento las produjeron tres factores que operaban conjuntamente:

1. El cambio (varió el nivel de iluminación).
2. La atención (los empleados sabían que su rendimiento estaba siendo observado).
3. La medición (los parámetros para medir la productividad se utilizaron claramente y de manera visible para los empleados).

Cuando nosotros, como ejecutivos, intentamos realizar cambios que tienen razón de ser, enseguida reconocemos la necesidad del cambio observable (no debe ser meramente teórico), de la atención (para demostrar nuestro interés en el resultado deseado y la atención centrada en él) y de la medición (los resultados del cambio, que confiamos en que será positivo). Pero la clave consiste en *continuar* la ganancia de productividad una vez que se ha conseguido. Para mí, una comprensión clave de los estudios de Hawthorne fue lo que sucedió una vez terminada la investigación. Cuando se marcharon los investigadores, cesó la mejora; ya no se prestó una atención rigurosa a la ejecución, y la productividad volvió a sus niveles originales. Dicho de otro modo, el crecimiento bastante notable exhibido durante el período de investigación fue decididamente de corto plazo. Sospecho que la regresión no fue un fenómeno que ocurriera de la noche a la mañana sino gradual, probablemente tan sutil que casi nadie lo advirtió, y el que menos el director de la instalación.

Este fenómeno, creo yo, se repite con harta frecuencia en todas las grandes empresas a través de multitud de esfuerzos de cambio bien intencionados. En mi opinión, la ausencia de un seguimiento frecuente y constante (es decir, la atención y el enfoque continuos) inhibe la continuidad de la mejora de la ejecución o del cambio cultural constructivo. Una parte clave del papel del líder consiste en asegurar que están instalados los apropiados sistemas de vigilancia y seguimiento para recordar a la organización sus prioridades principales. Cuando los empleados pueden ver y sentir que la dirección está centrada, que presta atención y se preocupa, según lo demuestra la persistencia del seguimiento, se dispone de la clase de tensión constructiva que tiene como consecuencia el cambio a largo plazo y la mejora continua.

El papel del líder en el futuro

Creo que el líder del futuro en las grandes empresas descubrirá que su papel ha cambiado notablemente. Por consiguiente, el comportamiento del líder debe cambiar también. En mi opinión, esto tiene por lo menos tres consecuencias para el liderazgo.

En primer lugar, el líder del futuro debe ser más flexible y contar con una variedad más amplia de experiencias. La época en que un individuo se elevaba a través de una sola disciplina funcional hasta la cumbre de una gran empresa, particularmente una de ámbito mundial, ha pasado prácticamente. Para abordar las complejidades del cambio, cada vez será más necesaria una formación multidisciplinaria desde una perspectiva sistémica.

En segundo lugar, el líder del futuro considerará sus responsabilidades «ceremoniales» o «espirituales» como una función necesaria y crítica del jefe de la organización, no como una función trivial que debe soportarla o delegarla en alguna otra persona. Los líderes culturales que no reconozcan o manejen efectivamente las cuestiones de visibilidad y accesibilidad inherentes al liderazgo superior limitarán la apertura de la cultura y restringirán su aptitud para liderar a través del conocimiento y de la influencia personal, forzando al liderazgo a ser ejercido a través del cargo o la jerarquía. Curiosamente, en una época en que la tecnología parece estar acortando las distancias entre las personas, parecen aumentar las demandas de visibilidad y de contacto cara a cara con el director general. Mi hipótesis personal es que está resultando más fácil *no* viajar. Así, esforzarse en hacerlo es afirmar la importancia del personal de campo. A medida que nuestra organización continúa creciendo internacionalmente, mi deseo de estar sobre el terreno —escuchar, absorber y aprender así como de comunicar la visión y la orientación de la empresa— está realmente aumentando de un modo espectacular. La inviolabilidad de la torre empresarial nunca ha sido más tentadora ni más peligrosa.

En tercer lugar, de un modo conexo, las cuestiones comerciales mundiales concomitantes se han hecho tan complejas que la toma de decisiones no puede centrarse con eficacia en la cumbre de la empresa. Para mí o para cualquier tipo superior de dirección ser *el* organismo que toma las decisiones de todas las cuestiones importantes de la empresa sería abrumador en el mejor de los casos, y podría fomentar malas prácticas comerciales. La tendencia hacia organizaciones cada vez más facultadas satisface la necesidad de trasladar la toma de decisiones a niveles inferiores, genera las necesarias oportunidades de perfeccionamiento para los futuros líderes y simultáneamente crea una base de experiencia de la que hacer uso en tiempos de crisis. Aunque este movimiento puede ser aterrador para algunos que se han desenvuelto en un ambiente en el que los directores generales eran los que tomaban las decisiones finales para casi todos los asuntos y se enorgullecían de su aptitud para controlar los acontecimientos y los resultados, los que desempeñamos papeles de liderazgo ya no podemos hacer eso. Debemos confiar cada vez más en los otros para compartir estas responsabilidades y podemos facilitar su éxito ejerciendo nuestro liderazgo a través de la cultura de la organización.

Nosotros controlamos la organización e influimos en ella estableciendo el marco cultural en el que se toman las decisiones: defendiendo y demostrando valores y fines nobles, expresando con claridad un sentido de propósito y de orientación comercial y asumiendo las responsabilidades simbólicas del cargo además de las financieras. En definitiva, debemos superar los riesgos del aislamiento y crear un clima global que nos ayude a ver y escuchar. Lo que nosotros vemos y oímos nos advierte de los peligros que nos amenazan en tiempos de calma y se convierte en nuestro fundamento para proporcionar estabilidad y enfoque en las épocas de crisis.

Capítulo 28

Energía y liderazgo

William N. Plamondon

William N. Plamondon es director general de Budget Rent a Car Corporation. Es miembro del consejo de administración de la American Car Rental Association (ACRA), de la junta de gobierno del Northern Central College de Naperville, Illinois, y de «Give Kids the World», asociación radicada en Florida, para las cuales se ofrece asiduamente como voluntario. Plamondon colabora activamente en la International Franchise Association, la White House Council on Travel and Tourism Issues Task Force y en el World Travel and Tourism Council.

Desde sus primeros tiempos como directivo, Plamondon se dirigió a sus empleados de primera línea para aprender el funcionamiento interno de la organización. En la actualidad, continúa buscando y confiando en la perspicacia de los trabajadores de servicios de la empresa. Quiere que todos los empleados «apunten alto, lo hagan honradamente y de un modo divertido».

Cuando pienso en los gurús de la dirección, no me viene a la imaginación el nombre de Albert Einstein, aunque el admirado físico teórico puede enseñarnos gran cantidad de cosas acerca de cómo liderar una organización en el siglo XXI. Pero lo mismo que Einstein, los líderes del futuro han de conocer los elementos con los que están trabajando, tener grandes aspiraciones e ideales y comprender la dinámica del movimiento y de qué modo crea energía.

La energía es la capacidad de una organización para la acción y la realización. Impulsa la organización hacia adelante, sostiene su equilibrio y la mantiene centrada durante los cambios desfavorables de coyuntura, las transiciones y las crisis. No basta con que los líderes posean energía: su trabajo consiste en ayudar a los demás miembros de la empresa a generar su propia energía y a transmitirla. Si aplicamos a una organización la famosa afirmación de Einstein de la relación entre masa y energía, $E = mc^2$ (la energía es igual a la masa por la velocidad de la luz al cuadrado), podremos decir que la energía (E) la crean los líderes que inspiran a los miembros de sus organizaciones (m) a prever y responder a gran velocidad (c^2).

Aplicada a la física, la teoría de la relatividad especial de Einstein refleja una correlación positiva entre masa y energía. Aplicada a las organizaciones, lo contrario suele ser verdad. Las grandes organizaciones pueden empantanarse en la burocracia y en las reglas que frustran y desmotivan a sus miembros. Los procesos que pueden haber instituido para ayudar a los empleados a tomar decisiones responsables pueden convertirse en fines en sí mismos... hasta que la manera en que se hacen las cosas reemplace a su consecución. Los líderes de estas organizaciones suelen creer que si crean una protección procedimental suficiente, no se cometerán equivocaciones y se asegurarán las decisiones correctas. Pero consiguen lo contrario. Las decisiones, si es que se toman, se toman por defecto. Y nadie es responsable porque ningún individuo o grupo asume la responsabilidad.

El no asumir la responsabilidad se institucionaliza en estratos de reglas, formularios y reuniones improductivas. La burocracia y un temor a cometer equivocaciones indican que la estructura de gestión de la organización y los procesos comerciales han dejado de ser efectivos. Es hora de rediseñarlos para sustentar un ambiente que cree energía. ¿Qué aspecto tiene ese ambiente? Es aquel en que:

—La organización está abierta a la información ambiental procedente de los clientes, los empleados, los competidores y el mercado.

—El equipo es consciente de su fuerza y debilidad en comparación con la fuerza y debilidad de la competencia, y actúa en consonancia.

—Los empleados tienen un sentido de la finalidad, más allá de ganar simplemente dinero, que está orientado por una ideología fundamental así como por unos objetivos de actuación convincentes y estimulantes.

—La autoridad y la responsabilidad se descentralizan de manera que la organización se convierte en una serie de pequeñas unidades intercambiables que trabajan hacia un objetivo común.

—Hay muchos líderes.

Permanecer abiertos a la información ambiental

Una organización es más que la suma de sus personas, productos y capital. Es orgánica. Tiene vida propia. Para que permanezca saludable y crezca, sus líderes tienen que mantenerla abierta al ambiente y sintonizada con las señales del mercado. Con ello se asegura que la empresa y sus sistemas se mantengan flexibles y organizados en torno a las necesidades de los clientes. La comunicación constante y frecuente con los clientes y empleados es crítica para esa apertura. Los clientes y los empleados son la mejor indicación de cómo le va a la empresa frente a los competidores y han de intervenir en el proceso de desarrollo de nuevos productos y servicios para ayudar a protegerse contra el aislamiento.

Cuando se trata de comunicar con los empleados, nunca he considerado la comunicación como un mero compartir la información sino como compartir la responsabilidad. En lugar de decir a la gente lo que tiene que hacer, les pregunto qué se necesita hacer y luego hago todo lo que puedo para eliminar cualquier obstáculo que se halle en su camino. Esto no solamente genera las mejores ideas sino que también le da a las personas una participación en el éxito del esfuerzo. Una de nuestras representantes del servicio al cliente lo expresó muy bien cuando dijo: «Si quiere usted que esté allí para el aterrizaje con daños, ¡más vale que me invite al lanzamiento!»

Invitar a esta clase de participación significa abandonar algo de lo que habitualmente consideramos como mando; pero el resultado final es un valor duradero porque las personas reciben energía para lograr más cuando se les concede autoridad y responsabilidad.

Conocer los lados fuertes y débiles del equipo y actuar en consonancia

Además de escuchar a los clientes y a los empleados y estar al corriente de las tendencias actuales de la industria y del mercado, el líder debe conocer la historia: la historia del mundo, la historia del país, la historia de la empresa y su propia historia. Si no se conoce la historia, no se será capaz de entender el futuro.

El sentido de la historia nos da una mayor perspectiva de nuestra organización y de los lados fuertes y débiles de nuestro equipo. Nos permite considerar una cuestión desde cierta distancia y ver sus consecuencias más amplias. Empezaremos a ver los ciclos inevitables de nuestro negocio y a reconocer las cosas que podemos hacer para prolongar el movimiento ascendente del ciclo así como la manera de sacar el mayor provecho de las épocas de recesión sin volver la organización contra sí misma ni agotar a los empleados.

El conocimiento de la historia nos permite también reconocer las oportunidades cuando se presentan. El líder del futuro será capaz de ver estas oportunidades incluso cuando parezcan ser obstáculos. Uno de nuestros precursores de la empresa, Bick Bickson, tenía esta aptitud para triunfar sin que le detuviera lo que otros consideraban una adversidad. Bickson dirigía nuestra actividad de alquiler de coches en Hawai cuando una línea aérea que transportaba el 54 % de los visitantes de la isla se declaró en huelga. Mientras cada uno de sus competidores redujo sus flotas de automóviles y despidió empleados, él fue en dirección contraria. Puso anuncios a toda página en los principales periódicos y redujo los precios de su flota de automóviles en alquiler. Sus empleados se solidarizaron con él y se ofrecieron voluntarios para tomarse un día libre a la semana sin retribución y utilizar los períodos de escasa actividad para ofrecer servicios adicionales gratuitamente. La huelga duró 63 días y las actividades hawaianas de Bickson batieron todos los récords de cuota de mercado y produjeron más ingresos de los que se habían obtenido durante los dos años anteriores.

Los líderes que son flexibles cuando se enfrentan con obstáculos renuevan la energía de sus empleados en lugar de consumirla y mantienen el progreso de la organización.

Tener un sentido de la finalidad y un objetivo más alto

El buen líder comprende que una organización se une gracias a los valores, creencias y compromisos compartidos. Esto es lo que le permite alzarse por encima de las dificultades cíclicas y le proporciona su tono, valor, integridad y capacidad para perdurar. El primer paso para asegurarnos de que nuestra organización está comprometida con sus valores fundamentales es encontrar las personas adecuadas. Esto empieza con el proceso de reclutamiento. A la gente no se la puede capacitar para que acepte el sistema de valores de nuestra empresa. Al seleccionar nuevos empleados —especialmente para los puestos en que se está en contacto con los clientes— lo más prudente es contratar en vista de la actitud y capacitar para las destrezas.

Una vez que los empleados se adhieren a los valores fundamentales de la organización y los comprenden, el modo más eficaz de unificar la empresa y crear impulso es comprometerse con un objetivo claro y convincente en el que se prevean las necesidades del mercado y esté en armonía con lo que se propone la organización, un objetivo que estimule la energía porque sea tangible, rico y muy centrado y sea tan convincente que no se necesite un forjador profesional de frases para que parezca así. Las teorías de Einstein poseen una sencillez y elegancia que él consideró adecuadas para la interpretación del universo. Si pudo explicar la gravedad, el electromagnetismo y los fenómenos subatómicos con sencillez, sin duda nosotros podremos expresar los objetivos de nuestra organización con brevedad y claridad y de tal manera que la masa empiece a moverse a mayor velocidad, creando cada vez más energía.

Los líderes tienen que ayudar a establecer las normas a las que aspire la organización, estimulando a sus miembros con un objetivo elevado y para asegurarse de que cada uno comprende el objetivo y lo que tiene que hacer para alcanzarlo. Corresponde a los líderes comunicar este objetivo de un modo claro y convincente que inspire a la organización para llegar a nuevas alturas y a mayores velocidades que las que ordinariamente alcanzaría por sí misma.

Descentralizar la autoridad y la responsabilidad

Antes me he referido a la inercia que resulta cuando las reglas sustituyen al pensamiento, las reuniones sustituyen a la acción y los procedimientos sustituyen a la responsabilidad. En el actual ambiente de rápido movimiento, las organizaciones han de aprender a convertirse en pequeñas entidades dentro de las más grandes, combinando los recursos y las economías de escala de una empresa grande con la rapidez y agilidad de una empresa que empieza. Ambas tienen la misma masa, pero el grupo de pequeñas entidades es infinitamente más rápido y más fácil de dirigir.

Contratemos y recompensemos a las personas adecuadas; inculquemos en ellas los valores esenciales de la organización; démosles un claro objetivo y responsabilidad; y luego apartémonos de su camino. Ellas no pueden obtener energía si no se les concede libertad para tomar decisiones y actuar sin tener que obtener antes una docena de aprobaciones. Tal como observó el antiguo secretario de trabajo Arthur Goldberg en una historia apócrifa, «Si Colón hubiera tenido un comité asesor, probablemente todavía estaría en el muelle». Traslademos la toma de decisiones a quienes están más cerca de los clientes o de la actividad y que conozcan el mercado de primera mano. Descentralicemos la autoridad. La rápida toma de decisiones es decisiva para competir y triunfar.

¿Se cometerán equivocaciones? Por supuesto, cuanto más rápidamente vayamos, más posibilidades habrá de que tropecemos. Pero también tendremos más posibilidades de llegar a alguna parte. Vale la pena arriesgarse a cometer unas cuantas equivocaciones en la búsqueda de una organización energizada porque en una organización energizada los empleados suelen equivocarse hacia adelante.

Crear muchos líderes

El último y más importante elemento de un ambiente que genera energía es la presencia de muchos líderes. La capa del liderazgo es pesada y requiere ser compartida. Una sola persona no puede liderar o impartir energía a una organización. Cuando un mayor número de personas se conviertan en líderes, la organización será capaz de crecer, responder y moverse cada vez con mayor rapidez, creando de ese modo energía: $E = mc^2$.

La relación entre los directivos y los trabajadores se ha modificado continuamente y las líneas seguirán desdibujándose. Los cambios revolucionarios continúan extendiéndose completamente por la empresa norteamericana, y las organizaciones han de adaptarse para sobrevivir. El líder del futuro necesitará conducir la organización a través de estos cambios. Y tanto si el líder está en la sala del consejo de administración como si está en las naves de la fábrica, las destrezas que se le exigirá que aporte se cruzarán a menudo con las cualidades einstenianas de prudencia, visión, aptitud para crear energía y la comprensión de que la primera responsabilidad del líder es servir.

Entre las muchas lecciones que podemos aprender de Einstein está la de que toda energía debe dirigirse hacia el bien de la organización y su gente. Todos los líderes pueden encontrar inspiración en sus palabras:

> Cada uno de nosotros viene para una corta visita, sin saber por qué y sin embargo algunas veces pareciendo adivinar un propósito. Desde el punto de vista de la vida cotidiana, sin embargo, hay una cosa que sabemos: ese hombre está aquí a causa de otros hom-

bres, sobre todo por aquéllos de cuya sonrisa y bienestar depende nuestra felicidad, y también por las innumerables almas desconocidas con cuyo destino estamos unidos por un vínculo de simpatía. Muchas veces al día me doy cuenta de que mi propia vida exterior e interior está construida en gran parte sobre los trabajos de mis prójimos, tanto de los vivos como de los muertos, y cuán intensamente debo esforzarme para devolver otro tanto como lo que he recibido [Albert Einstein, *The World as I See It: Ideas and Opinions*, 1954, p. 8].

Capítulo 29

Los rompecabezas del liderazgo
Steven M. Bornstein, Anthony F. Smith

Steven M. Bornstein es director general de ESPN y ha dirigido la empresa desde el principio al fin de su período más activo de crecimiento en sus catorce años de historia. En marzo de 1993, fue nombrado director adjunto de la casa matriz de ESPN: Capital Cities/ABC. Es miembro de los consejos de administración de varias organizaciones, entre las que figuran la National Cable Television Association, la National Academy of Cable Programming, la Cabletelevisión Advertising Bureau, Eurosport, Cable in the Classroom, The V Foundation, la Fundación Walter Kaitz de la Universidad de Hampton (Virginia) y de ESPN.

Anthony F. Smith es director de Keilty, Goldsmith & Company, una firma de asesoramiento internacional radicada en San Diego, California. Ha sido miembro del profesorado de enseñanza e investigación de varias universidades, incluso de la Universidad de California, en San Diego, y de la Escuela Europea de Dirección de la Universidad de Oxford. También ha sido asesor activo durante diez años especializado en cambio organizacional y perfeccionamiento del liderazgo. Entre sus clientes figuran American Express Company, McKinsey & Co., General Electric y la National Geographical Society. Además, ha trabajado con ESPN desde 1988.

La investigación y los escritos sobre el liderazgo durante los últimos veinte años han elevado el nivel de comprensión y la práctica hasta un nuevo nivel. Además, las organizaciones de todo el mundo han gastado miles de millones en formar a los empleados para el liderazgo centrándose en temas tales como la influencia, el cambio organizacional, la delegación de facultades, la motivación y el trabajo en equipo, adhiriéndose evidentemente al concepto de que el liderazgo es mucho más que unos simples actos de grandeza llevados a cabo por un director general imaginativo. Muchas personas entienden ahora que el liderazgo implica actuación *colectiva,* orquestada de tal modo que genere cambios significativos al tiempo que aumenta las aptitudes y la motivación de todos los que intervienen, es decir, actuación donde más de un individuo influye en el proceso.

Dados los cambios fundamentales que se han producido en el mundo, especialmente en nuestras instituciones y organizaciones, era obligado que el pensamiento del liderazgo trascendiera las antiguas teorías. Sin embargo, los líderes deben tener el cuidado de no olvidar el hecho de que aunque el liderazgo es un proceso que implica a muchas personas en varios niveles, lo más frecuente es que empiece en una sola persona. Por consiguiente, en este capítulo, no solamente revisaremos los principios fundamentales del liderazgo desde el punto de vista del *proceso* sino que centraremos nuestra atención en la *persona* principal del proceso: el líder. Por último, intentaremos describir los estimulantes *rompecabezas* que debe resolver el líder del futuro.

El proceso

Tradicionalmente se ha considerado el liderazgo como el resultado de unas personas talentosas con rasgos preferidos que influyen en los seguidores para hacer lo que es necesario con el fin de alcanzar los objetivos organizacionales y societales. Esta opinión, creemos nosotros, refleja el liderazgo del pasado o, como Joseph Rost lo denomina, el «paradigma industrial del liderazgo». Aunque del paradigma industrial pueden obtenerse verdades y comprensiones, se queda significativamente corto para explicar y predecir el liderazgo del futuro. Nosotros aducimos que el liderazgo del futuro reflejará más fielmente un proceso en el que un líder procede de acuerdo con su visión buscando intencionadamente influir en los otros y en las condiciones en las que ellos trabajan, permitiéndoles realizar todas sus posibilidades y de ese modo aumentar la probabilidad de realizar la visión y de maximizar el desarrollo organizacional y personal de todas las partes implicadas.

Aunque, a primera vista, esta definición puede no parecer ser una desviación importante del paradigma industrial, tiene algunas diferencias muy significativas. Para empezar, el liderazgo es *un proceso continuo*, no es un acontecimiento, no es la puesta en práctica de un programa y no es simplemente la expresión o inspiración de una gran idea. Y dado el hecho de que ello sólo ocurre cuando las personas buscan intencionadamente influir en otras, debe entenderse como *un proceso episódico*. Además, el proceso está *impulsado por una visión*: normalmente, la visión del líder.

Los que intentan comprender y practicar el liderazgo dentro del ambiente cambiante actual deben tener presente que el proceso de liderazgo es a la vez deliberado y basado en la influencia, un proceso muy distinto del poder del cargo, de la manipulación o la coerción. Más bien, con la influencia deliberada, los individuos se basan en el poder personal y en la credibilidad para cambiar y aceptar a las personas y a sus ambientes. El liderazgo real se produce cuando los seguidores *eligen* seguir a sus líderes a causa de una creencia en ellos y en su visión claramente expresada. La investigación de la credibilidad indica que cuando un individuo intenta influir en otro, el posible seguidor inicia una evaluación a la vez consciente e inconsciente del líder potencial y sólo le seguirá, esforzándose en realizar todas sus posibilidades, si estima que el líder es creíble. La credibilidad se basa en los seis criterios siguientes:

1. La *convicción:* el entusiasmo y el compromiso que la persona demuestra hacia su visión.
2. El *carácter*: la demostración constante de integridad, honradez, respeto y confianza.
3. La *atención*: la demostración de la preocupación por el bienestar personal y profesional de los demás.

4. La *valentía*: la voluntad de defender las creencias propias y poner en cuestión otras, admitir las equivocaciones y cambiar el comportamiento cuando es necesario.

5. La *serenidad*: la manifestación constante de las apropiadas reacciones emocionales, especialmente en situaciones difíciles o de crisis.

6. La *aptitud*: la competencia en destrezas duras, tales como las destrezas técnicas, funcionales y con contenido pericial y las destrezas blandas tales como las interpersonales, de comunicación, de equipo y organizacionales.

El grado en el que los líderes son considerados creíbles es el grado en el que los seguidores potenciales permiten ser influidos. Aunque los criterios no se ponderan por igual (uno o más criterios seleccionados pueden ser más importantes que otros en una situación dada) es evidente que si uno de los seis componentes es notablemente deficiente, la credibilidad global del líder se verá seriamente disminuida. El factor que complica las cosas es que para que un individuo ejerza el liderazgo, debe primero ser percibido como creíble, lo cual suele quedar claro con el ejercicio del liderazgo eficaz. Éste es uno de los muchos dilemas y rompecabezas circulares con que los líderes tienen que enfrentarse cuando intenten liderar en el futuro.

La persona

Aunque es verdad que el liderazgo es un proceso que implica el que muchas personas tienen que trabajar hacia una visión común, creemos que una buena parte del enfoque del *proceso* del liderazgo ha oscurecido, cuando no descartado, la importancia y la posición central del líder. El proceso de liderazgo no sucede o emerge simplemente de los grupos de personas que simultáneamente reconocen su necesidad de seguir una visión. En la mayoría de los casos, un individuo crea o reconoce una necesidad e influye en los demás para trabajar juntos con el fin de perseguir esa visión. No queremos simplificar excesivamente los aspectos múltiples del liderazgo, docenas, cuando no cente-

nares, de factores convergen para crear sus oportunidades y realidades. Pero hemos encontrado varias estructuras que son útiles
para tratar de ejercer el proceso de liderazgo, así como para ayudar a otros a ejercerlo.

En la actualidad, los líderes se están enfrentando a muchos
rompecabezas y dificultades y sin duda tendrán que enfrentarse
en el futuro a otros todavía mayores. El rompecabezas dominante
que los líderes tendrán que resolver en el futuro es el de la *duda
frente al poder*. El dominio de este rompecabezas proporcionará
una gran comprensión de los demás rompecabezas: el de la *pregunta frente a la respuesta* y el del *equilibrio frente a la realidad.*

El rompecabezas de la duda frente al poder

El futuro se presenta incierto para los líderes tanto actuales
como potenciales, y para los seguidores esta incertidumbre es varias veces mayor. Nunca en la historia se ha producido tanto cambio ni con tanta rapidez en nuestras organizaciones. No es sorprendente que los empleados de la mayoría de las organizaciones,
incluso los de ESPN, deseen más dirección y orientación global
de sus líderes. Combinado con la incertidumbre del cambio, está
el hecho de que a los empleados ya no se les garantiza un empleo
para toda la vida. Debido a los niveles de actuación más exigentes y más altos provocados por el crecimiento o la reducción del
tamaño, los seguidores tienen más dudas que nunca. Además, los
líderes están aprendiendo que sus organizaciones necesitan hacerse más planas, más rápidas y menos jerárquicas con el fin de
conceder a las personas la confianza y las facultades necesarias
para tomar decisiones por sí mismas: en resumen, para convertirse en líderes. Como consecuencia, los líderes están tratando de
escuchar a sus empleados con más atención, y el mensaje que los
empleados envían es que necesitan más estructura, dirección, instrucción y orientación. Por consiguiente, no sólo los seguidores
están llenos de dudas, los propios líderes de quienes ellos esperan
dirección están preocupados tratando de resolver las dudas en sus
propias vidas mientras simultáneamente atienden a la multiplici-
dad de necesidades de sus seguidores. Se trata pues de un rompe-

cabezas de muy difícil solución. Nosotros creemos que la solución empieza con la comprensión de los distintos niveles de duda con que se enfrentan los líderes y los seguidores. Efectivamente, todo ser humano abriga cierto grado de duda. Y cuanto mayor es la duda, más provisional se siente uno. Pero los líderes y los seguidores no pueden permitirse ser demasiado provisionales cuando compiten en un ambiente mundial. Los líderes que están claramente luchando con la duda personal o profesional acabarán por perder credibilidad ante sus seguidores y electores. Los seguidores que están llenos de dudas no pueden actuar a su más alto potencial. Charles Garfield autor de *Peak Performance*, y otros que han estudiado este tema, han indicado claramente que la duda es uno de los mayores impedimentos para la actuación humana. Además, si los seguidores están constantemente luchando con sus dudas, no están pensando en la visión del líder ni actuando de acuerdo con ella. La figura 29.1 ilustra las distintas fases de duda con las que se enfrentan los individuos en las organizaciones.

FIGURA 29.1. **La jerarquía de la duda**

Hay que advertir que el situar el nivel de realización y satisfacción personal en la base de la pirámide pretende implicar que los seres humanos son ante todo personas. Si están preocupados con dudas en sus vidas personales, limitan su capacidad para centrar su atención en sus tareas o proyectos en el trabajo. Ejecutarán su trabajo por obligación profesional y por conservar el empleo, pero no hasta su pleno potencial. Por consiguiente, suponiendo que los líderes organizacionales pueden hacer poco para intervenir en el mundo personal de nadie, nosotros centraremos nuestra atención en los ocho niveles de duda organizacional.

Los líderes eficaces están constantemente reduciendo dudas en sí mismos y en sus seguidores. Si los seguidores abrigan dudas sobre si pueden actuar al nivel de la *tarea*, un líder eficaz tratará de proporcionar la capacitación y apoyo necesarios para asegurar que en sus tareas se conviertan en maestros. Una vez que los seguidores resuelven todas sus dudas a nivel de tarea empiezan a poner en cuestión y a dudar de la competencia de su equipo, especialmente de su líder. Llegarán a darse cuenta de que, aunque *sus* responsabilidades en un proyecto pueden cumplirse y realizarse competentemente, el éxito no estará garantizado a menos que los demás miembros del equipo actúen también con competencia. Esto se convierte en la fuente de un nuevo nivel de duda. El proceso es análogo al de escalar una montaña. Los escaladores se preocupan y se sienten indecisos en cuanto al nivel que está ante ellos, y sólo cuando han dominado ese nivel, tanto si es intelectual como si es estratégico, empiezan a resolver sus dudas concernientes al nivel que tienen por delante. Es verdad que algunas personas siempre se preocuparán y se sentirán indecisas acerca del pico más alto antes de haber dominado la primera etapa. Los líderes tienen que educar y animar a tales seguidores a centrarse en la tarea inmediata y esperar que los líderes de la organización se preocupen del pico más alto: ejercer un efecto sobre el mundo.

Si cada ser humano tiene un nivel de duda, la clave para el liderazgo consiste en influir en las personas para que trabajen en la resolución de sus dudas, elevándose de ese modo a niveles más altos de pensamiento y comportamiento. Los líderes deben intentar también hacer lo mismo en sus propias vidas, pero a un nivel más alto que el de sus seguidores. Esto puede explicar por qué algunos seguidores creen que sus líderes carecen de dudas. Las tienen, pero a un nivel que puede ser desconocido o no reconocible por los seguidores. Esto explica también por qué los líderes a menudo se sienten tan indecisos como cualquier otra persona de su organización. La diferencia es que las dudas de un director general acerca de perderse una llamada reflejan el hecho de que a nivel de líder, esto puede significar la pérdida de millares de empleos, mientras que para el seguidor, perder una llamada puede simplemente tener como resultado una deficiente revisión de su actuación. Las dudas del líder tienden a ser de mucho más largo plazo y de naturaleza estratégica, a menudo dando la impresión a los seguidores de que los líderes no tienen dudas urgentes en tiempo real en comparación con las dudas a nivel de tarea inmediata o de equipo propias de los seguidores.

Tal como indica la jerarquía de la duda, inicialmente las personas se preocupan de sí mismas y, por consiguiente, dudan de sí mismas, centrando su atención en cuestiones tales como: «¿Puedo yo realizar mi trabajo?» «¿Puedo confiar en mis líderes de equipo, de división o de la organización?» «Si opto por permanecer en esta organización, ¿cómo afectará ello a mi vida y carrera laboral?». Sostenemos que, una vez que los individuos hayan resuelto estas cuestiones, se preocuparán menos de su realización y satisfacción personal y mucho más de lo que afecta a los demás, a la organización y al mundo.

Ahora cabría preguntarse «si cada empleado o miembro de una organización estuviera trabajando para resolver el nivel más alto de duda, ¿sería más productiva y competitiva la organización?» Creemos que la respuesta es evidente: las organizaciones productivas y competitivas se distinguen por contar con personas seguras de sí mismas que actúan como líderes en varios niveles por toda la organización. Por eso es por lo que nosotros sugerimos que los líderes eficaces tienen que trabajar constantemente en la disipación de las dudas dentro de sí mismos y proporcionar un ambiente en el que sus seguidores cuenten con el apoyo y los recursos necesarios para resolver sus propias dudas. El resultado final es que el poder y la actuación están inversamente correlacionados con el grado de duda que uno experimente.

El rompecabezas de la pregunta frente a la respuesta

La jerarquía de la duda implica que los líderes necesitan ayudar a sus seguidores a resolver sus dudas en una serie de niveles. Esto es posible cuando el líder dispone a la vez de tiempo y de los conocimientos para hacerlo. Como todos sabemos, los líderes nunca tienen bastante tiempo para hacer todo lo que deben, pero más problemático es el hecho de que los líderes no conocen todas las respuestas a las preguntas que los seguidores formulan. En esto reside el segundo rompecabezas que los líderes tienen que resolver en el futuro: sabiendo que los seguidores formulan preguntas, que esas preguntas reflejan dudas, y que las dudas obstaculizan la actuación, los líderes se sienten obligados a responder a las preguntas para las que quizá no conozcan las respuestas.

Creemos que la solución entraña dos dimensiones: *sinceridad* y *delegación de facultades*. La sinceridad es fundamental para la credibilidad del líder, puesto que impulsa las percepciones del carácter, uno de los seis criterios que vimos antes. Los líderes deben comunicar a sus seguidores y formarlos en lo que saben y en lo que no saben. En muchos casos, los seguidores no creerán a los líderes que afirman que no conocen la respuesta o no tienen la información sobre alguna cuestión dada. Normalmente esto sucede porque el líder carece de credibilidad; quizá en el pasado, él no reveló la verdad y los seguidores no olvidaron su falta de sinceridad. Por consiguiente, los líderes deben utilizar algunas veces la respuesta «no puedo revelar esa información ahora a causa de las siguientes razones», y luego exponer esas razones; esto quizá todavía no sea fácil para que lo oigan algunos seguidores. Los líderes necesitan saber si sus seguidores están o no lo suficientemente informados para comprender la razón fundamental en que se basan tales decisiones. Si no lo están, los líderes deben formarles en dichas materias. Es importante tener presente que los grandes líderes no siempre buscan complacer a sus seguidores sino que más bien tratan de crear su propia credibilidad y ganarse la confianza y el respeto. Tal confianza exige *valentía,* otro de los seis criterios estudiados antes. Los líderes que no creen que al final tales métodos les servirán asumen un enorme riesgo si intentan en cambio utilizar la manipulación y el engaño para influir en sus seguidores.

Relacionado con la valentía y la sinceridad está el concepto muy difundido de la *delegación de facultades*. Ésta, en su forma más simple, consiste en compartir con otros el poder de la toma de decisiones, lo cual es mucho más fácil cuando quienes están siendo facultados son a la vez competentes y están bien dispuestos, y comprenden plenamente la visión del líder. Cuando no es así, el líder debe crear las condiciones en las que los seguidores pueden recibir la capacitación, instrucciones y retroinformación necesarias para actuar responsablemente con su poder recientemente encontrado. La misión y los valores de la organización son también guías críticas cuando el poder está distribuido por toda una organización. Cuando alguien delega verdaderamente facultades en otra persona, en esencia ha transferido el poder de la toma de decisiones para una tarea particular a ese individuo. Aunque el líder puede optar a veces por continuar un diálogo concerniente a la tarea y puede incluso intentar influir en la persona, no ejerce ningún poder de toma de decisiones. Hay que advertir, sin embargo, que esta restricción justificable termina cuando las decisiones o actuaciones del seguidor son incoherentes con la misión y los valores de la organización.

Como puede verse, los líderes del futuro tendrán que sentirse más cómodos invitando a sus seguidores a formular preguntas, preguntas serias y dirigidas, cabe esperar, en lugar de estar siempre suministrando respuestas. Deben también estar dispuestos a ser abiertos y sinceros, a evitar incluso la apariencia del líder que «todo lo sabe». El peligro potencial para la credibilidad del líder es mucho menor, aunque todavía sigue siendo un peligro, cuando admite que comete equivocaciones y que no conoce todas las respuestas en lugar de mantener la apariencia de saberlo todo y de arriesgarse a que los seguidores descubran por sí mismos que el líder no está dispuesto a exponer su lado humano. Creemos que el líder del futuro será mucho más diestro en el arte de preguntar que en el de responder. Para practicar este arte, son necesarios unos niveles de sinceridad y de delegación de poder desconocidos en las organizaciones actuales. A través de este arte, los líderes pueden empezar a compartir la carga del liderazgo con sus seguidores, así como aumentar la capacidad y el rendimiento de la organización, pero creando también el último rompecabezas que ha de resolverse: el del equilibrio frente a la realidad.

El rompecabezas del equilibrio frente a la calidad

Cabe esperar que la imagen del líder del futuro que empieza a surgir es la de una persona que trata de influir en los demás resolviendo dudas y delegando facultades en los seguidores para que actúen a su más alto potencial, no solamente para perseguir la realización de una visión sino también para convertirse ellos mismos en líderes. Esto puede parecer interesante e incluso atractivo para muchos posibles líderes. Sin embargo, influir en los demás para que se conviertan en líderes plantea un difícil rompecabezas. ¿Cómo comparten los líderes su carga de liderazgo al tiempo que intentan ayudar a sus seguidores a alcanzar un equilibrio razonable en la vida, sabiendo que el liderazgo no se presta normalmente a un estilo de vida equilibrado? Es evidente que hoy las personas dan un valor mucho mayor a mantener un estilo de vida equilibrado. Como consecuencia, se han hecho mucho más exigentes al pedir a sus líderes que les proporcionen un ambiente en el que puedan alcanzar dicho equilibrio. Creemos que dadas las complejidades cada vez mayores de las organizaciones actuales, el liderazgo compartido es necesario para la supervivencia.

Este rompecabezas es quizá el de más difícil resolución. Es posible que un estilo equilibrado de vida (una semana de trabajo de cuarenta a cincuenta horas, una tensión mínima y una realización máxima) y el liderazgo sean mutuamente excluyentes. Nosotros aducimos que parte de la solución de este rompecabezas reside en la redefinición de un estilo de vida equilibrado. Nos parece que la razón de que exista una falta de satisfacción (o de convicción) entre las personas que han elegido no intentar el liderazgo es que son poco realistas acerca de las exigencias y las recompensas de las personas que lideran. Es posible que cuando los individuos evalúan las exigencias y recompensas potenciales del liderazgo estén incluyendo en la ecuación como elemento esencial su actual satisfacción y realización en el trabajo. Por consiguiente, el tiempo adicional, la responsabilidad y la presión parecen anular cualesquiera recompensas adicionales que pueden recibir en dinero, poder y estatus. El resultado final es que si los líderes son verdaderamente creíbles y tienen una gran convicción, ellos ¡simplemente lo hacen! Los líderes lideran porque no ven ninguna otra opción para llevar a cabo su visión y para provocar lo que ellos consideran que son cambios significativos y necesarios. Reconocemos que ese líder equilibrado es probablemente más eficaz que uno desequilibrado: la cautela concierne al patrón de medida y a la definición que se utilicen. Aunque no somos lo suficientemente presuntuosos como para definir *el* patrón, creemos que el equilibrio es diferente para los líderes que para los seguidores. En realidad, para un líder con convicción, la cuestión del equilibrio palidece en comparación con la importancia de llevar a cabo posiblemente una visión significativa e influir en el propio destino de uno mismo. La dura realidad es que el *liderazgo es extremadamente exigente.* Si fuera fácil, estaría liderando mucha más gente capaz. Esto es análogo a estar a régimen. Algunas personas que están a régimen siguen buscando un modo fácil de perder peso, pero como la mayoría de los que están a dieta nos dirán, perder peso es extremadamente difícil, pues requiere disciplina, conocimientos, energía, deseo y compromiso: exactamente lo mismo que el liderazgo.

Algunas reflexiones finales sobre el liderazgo

Es posible que hayamos suscitado algunas preguntas en la mente del lector acerca de la incomodidad, o incluso el desequilibrio inherente al liderazgo. Aunque nosotros estamos comprometidos a alentar a todas las personas a que ejerzan el liderazgo, desde la recepcionista hasta el director general, de ningún modo queremos hacer más atractivas las verdaderas realidades de este arduo proceso. El liderazgo es exigente y complejo. Con la tendencia actual hacia la diversidad en el lugar de trabajo, los progresos tecnológicos que suponen saltos cuánticos y la feroz competencia mundial, resultan todavía más amedrentadoras las exigencias y la complejidad del liderazgo. Los líderes del futuro liderarán simplemente porque necesitarán hacerlo. Su *convicción*, su *carácter*, su *atención* y su *valentía* les impulsarán por lo menos a intentarlo. Las personas que lideren con éxito serán aquellas que puedan mantener su *serenidad* al tiempo que desarrollen constantemente su *aptitud* en todo el proceso. El líder *creíble* será el líder del futuro.

Capítulo 30

Lo que opina del liderazgo alguien ajeno al asunto
Sara E. Meléndez

*Sara E. Meléndez es presidenta del Independent
Sector y antigua presidenta del Centro para la Lin-
güística Aplicada de Washington, D.C. Ha trabajado y ha escrito extensamente sobre cuestiones multiculturales y sobre la diversidad, la educación
bilingüe y las mayores oportunidades educativas y
de liderazgo para las minorías de Estados Unidos.
Meléndez es fideicomisaria del Educational Testing
Service y pertenece a las juntas directivas de Qua-
lity Education for Minorities y del National Puerto
Rican Forum.*

Se ha escrito tanto acerca del liderazgo que es difícil hablar o
escribir acerca de él con originalidad o evitar completamente los
tópicos. Lo que sí tengo es la sensación de que la mayoría de nosotros diríamos «lo conozco cuando lo veo». Cuando lo veo,
también pienso: «ésa es la clase de líder que me gustaría ser».
Los líderes suelen ser personas de visión, comunicadores eficaces, eficaces en la toma de decisiones e inteligentes. Respetan y
valoran a los individuos y su dignidad, están comprometidos con
el servicio y con la obediencia hasta lo que no puede hacerse
cumplir, son completamente sinceros e íntegros, son amables y a

menudo se consideran a sí mismos maestros. Estudiaré algunas de estas cualidades más adelante.

El liderazgo, que se observa fundamentalmente como un conjunto de comportamientos, está influido, cuando no determinado, por la cultura y por las experiencias de la vida de uno. Todo lo que soy y hago está coloreado o informado por el hecho de que soy una mujer portorriqueña en una sociedad donde siempre he estado en la minoría. Todas mis experiencias y observaciones se filtran a través de las lentes de la cultura étnica, del sexo, de la situación de las minoría y de la pobreza. Para muchas personas de color, las experiencias vitales no proporcionan oportunidades para ejercer o perfeccionar destrezas de liderazgo ni siquiera cuando pueden tener las cualidades necesarias de carácter y talento.

Estoy todavía algo sorprendida cuando se dice de mí que soy una líder. No se trata de falsa modestia ni de timidez. No es demasiado diferente de la reacción que tuve cuando alguien por primera vez me llamó «señora», la primera vez que fui a un médico que era más joven que yo o, más recientemente, la primera vez que fue elegido presidente de los Estados Unidos alguien que era más joven que yo. En una y otra ocasión quedé sorprendida. Aunque no tenía dominio alguno sobre esos acontecimientos, conseguí ciertas cosas que hicieron que la gente empezara a pensar en mí y a citarme como una líder.

Una pregunta que suelen hacerme estos días, especialmente las personas que se consideran a sí mismas como nuevos líderes, es «¿Qué hizo usted para prepararse para asumir cargos de liderazgo?». Volviendo a considerar el pasado, parece que mi preparación para el liderazgo consistió en estar en una serie de situaciones sobre las que yo tenía una fuerte convicción, que la expresé, y que alguien me pidió que hiciera algo acerca de la situación, una versión de «Pon tu dinero donde esté tu boca». Supongo que me entusiasmé y no sabía lo suficiente para decir que no.

Mi primera experiencia de liderazgo sucedió en la iglesia. El cura, que nunca había leído ningún artículo o libro sobre liderazgo, y probablemente ninguna otra cosa (se rumoreaba que sólo leía la Biblia), pensó que si yo podría ganar concursos sobre versículos de la Biblia y ser la alumna destacada en la escuela dominical, podía probablemente predicar. Así que me pidió que predicara, y lo hice.

En nuestra iglesia, como en muchas de las iglesias informales de los barrios portorriqueños que no son filiales de ningún gran grupo confesional, todo el que había tenido la tendencia al liderazgo y, supongo yo, alguna aptitud, podía llegar a ser un líder. Las mujeres, los jóvenes e incluso los niños, eran alentados y respetados por sus aportaciones. Desde entonces me he encontrado con muchos líderes portorriqueños y otros líderes latinoamericanos que han tenido experiencias similares en iglesias fundamentalistas. Estas iglesias tenían muy poca jerarquía y fomentaban el talento y el entusiasmo. En la investigación de la dirección, se ha comprobado a menudo que las jerarquías planas que fomentan el talento y el entusiasmo son organizaciones eficaces.

Tuve otras oportunidades para ejercer el liderazgo en la escuela, aunque nunca pensé en ello desde el punto de vista del liderazgo hasta muchos años después. Fui a las escuelas públicas de la ciudad de Nueva York en una época en que las escuelas estaban en una transición demográfica, con un número pequeño, pero creciente, de estudiantes portorriqueños que no hablaban inglés. Yo fui seleccionada como intérprete para ellos y para sus padres y me encontré, por necesidad, siendo también su defensora. El prejuicio, la discriminación y la negligencia eran corrientes. Mi apoyo me ganó partidarios entre los estudiantes y algunos profesores, pero algunas veces me creó dificultades con la Administración. Más tarde supe que todos los líderes corren el riesgo de incurrir en el desagrado de aquellos que tienen intereses creados en el *statu quo*.

Muchos años después, con el título de máster en educación recién acuñado, se me ofreció un trabajo para administrar un programa financiado con fondos generales para los estudiantes del casco antiguo de la ciudad, alrededor del 75 % de los cuales eran afroamericanos y latinoamericanos. Todos los administradores del distrito escolar eran blancos, y yo pensé que no sabían lo suficiente acerca de los niños para los cuales ellos tomaban decisiones a diario. Creyendo que necesitábamos más afroamericanos y latinoamericanos en esos cargos de toma de decisiones, decidí volver a la escuela para proseguir un programa doctoral de manera que pudiera convertirme en una persona que tomara decisiones en educación.

Desde entonces, me he encontrado con muchos líderes educacionales y líderes de organizaciones no lucrativas que comprenden la necesidad de tener una representación mediante grupos minoritarios entre quienes toman decisiones y diseñan programas. Ellos saben que para ser sensibles a las necesidades de los estudiantes, los clientes y otros usuarios finales, los proveedores y servidores necesitan conocer íntimamente la experiencia y la realidad de los clientes, o por lo menos estar familiarizados con ambas cosas.

Frances Hesselbein lideró las Girl Scouts de los Estados Unidos en una campaña para llevar la diversidad y la inclusividad a todos los programas y consejos, a todos los niveles de la organización. Hoy, las Girl Scouts sirven a una población sorprendentemente diversa y proporcionan una experiencia más rica a todos sus clientes.

Visión

Los líderes que admiro tienen una clara visión de cómo deben ser las cosas. Son capaces de comunicar esa visión a otros que pueden compartirla y luego conseguir que esos otros colaboren como una unidad, aportando cada uno lo mejor de sí para la consecución de esa visión. Con el fin de tener una visión clara, es necesario ver también claramente el presente. Max DePree, en *Leadership Is an Art* (1989), subraya que «la primera responsabilidad de un líder es definir la realidad» (p. 11). Mi condición de mujer y mis antecedentes culturales pueden hacer que yo defina la realidad de un modo distinto de los individuos que pertenecen a los grupos mayoritarios. Y debido a que mi realidad es diferente de la de la mayoría, mi visión del futuro será probablemente también diferente. No hay ningún juicio de valor en estas afirmaciones. Creo que la economía y la cultura mundial en la que viviremos tienen cabida para muchas realidades y visiones. La tarea consiste en forjar una visión compartida.

Warren Bennis, en *On Becoming a Leader* (1989), basó sus ideas sobre el liderazgo «en la suposición de que los líderes son personas capaces de expresarse plenamente... Saben también lo que quieren, por qué lo quieren y cómo comunicar a los demás lo que quieren con el fin de conseguir su cooperación y apoyo» (p.3). Además, el tener una definición clara de la realidad actual y una visión clara acerca del futuro no deben impedir escuchar a los demás y ser receptivo para negociar el lenguaje y los razonamientos sutiles tanto de la definición del presente como de la visión del futuro. Y debiera ser posible hacer esto sin perder la centralidad de la visión. Por supuesto, ello puede ser necesario para conseguir la aceptación del cuadro global por quienes uno trataría de liderar.

La visión es la primera característica importante del liderazgo, y puede presentar un obstáculo para las personas de color, las mujeres, los individuos con incapacidades y otros que no han sido vaciados en el molde tradicional. Su aptitud para comunicar su visión diferente será su primer reto importante. Las mujeres y las personas de color necesitan tener el usual conjunto de características y destrezas que todos los líderes deben tener en cierta medida, y deben ser capaces de cruzar las barreras de la cultura y la experiencia para ejercer el liderazgo y hacer que otros participen en su visión. Esto requiere unas excepcionales destrezas de comunicación que trascienden los estilos de comunicación influidos por la cultura.

Liderazgo y diversidad

En la sociedad norteamericana al borde del siglo XXI, los buenos líderes deben ser capaces de ver el talento y las destrezas en los diversos individuos y grupos que comprenden la actual población activa y que serán aún más diversos en la población activa del futuro. Stephen R. Covey, en *Principle-Centered Leadership* (1990), dice que una de las ocho características de los líderes centrados en los principios es la de que creen en otras personas (p. 35). Yo modificaría eso añadiendo que creen en otras personas incluso cuando no encajan en categorías claras.

En mi carrera profesional, a menudo me he encontrado en situaciones en las que la dirección o el liderazgo no conseguían verme en nada que no fuera el papel de una minoría. Era difícil llegar a intervenir en las cuestiones de la corriente principal porque se me consideraba como experta en las cuestiones de las mujeres o de las minorías o como que sólo tenía interés en ellas. Por último, un líder imaginativo con buen ojo para el talento, que se dio cuenta de que mis destrezas y conocimientos eran adaptables y transferibles a muchas otras cuestiones, me concedió una oportunidad. No permitir a todos los individuos, cualesquiera que sean sus antecedentes, aportar lo mejor de sí mismos empobrece la empresa y nos limita en el logro de nuestro pleno potencial como organización, como individuos y como sociedad. Max DePree entendió esto y lo expresó bien en *Leadership Is an Art* (1989): «El simple hecho de reconocer la diversidad en la vida empresarial nos ayuda a conectar la gran variedad de dones que las personas aportan al trabajo y al servicio de la organización. La diversidad nos permite a cada uno de nosotros aportar de un modo especial, hacer de nuestro don especial una parte del esfuerzo empresarial» (p. 9).

Cuando los Estados Unidos avanzan con rapidez, y manifiestamente de un modo inexorable, hacia una población en la que un tercio de las personas son de diversas razas y colores, los líderes del futuro necesitarán sentirse cómodos con la diversidad. Tendrán que comprender la dinámica de la diversidad en el lugar de trabajo, incluso los fundamentos de las diferencias culturales en la visión del mundo, la motivación, las técnicas de resolución de problemas, los estilos de trabajo y los estilos de comunicación. La necesidad de que los líderes proporcionen igualdad de oportunidades a las personas de color y mejoren el clima cultural del lugar de trabajo es sólo parte del motivo de que deban adquirir estas comprensiones.

La participación de los individuos de diversos grupos en la población activa aumentará aún con mayor rapidez que el crecimiento de la población, porque estos individuos suelen ser más jóvenes que la población de la mayoría. Por ejemplo, los hispanos tienen el porcentaje más alto de participación en la población activa que cualquier grupo de los Estados Unidos. Los líderes y los directores se enfrentarán con empleados de antecedentes cada vez más diversos, independientemente de si el país da un paso atrás en la cuestión de las medidas en favor de las minorías. En los grupos minoritarios del país es donde se encontrarán los trabajadores.

Cada vez más los clientes del sector no lucrativo procederán también de diversos orígenes, las organizaciones del sector no lucrativo, voluntario, tendrán que diseñar programas y estrategias cultural y lingüísticamente apropiados destinados a las necesidades particulares de esta población heterogénea. Esto no es posible sin las aportaciones de los miembros de estas comunidades. Los proveedores de servicios humanos han estado aprendiendo esta lección en los servicios sanitarios, en la rehabilitación de drogadictos y alcohólicos, en la planificación familiar y en la prevención del sida.

Entusiasmo

Los líderes eficaces se entusiasman por la causa que promueven y por su compromiso con el bien mayor o público. Uno de los valores adoptados por Independent Sector, una organización de fundaciones y organizaciones no lucrativas establecida para promover la filantropía y la acción voluntaria, es el de «comprometerse más allá del yo». Los líderes que fundaron la organización se comprometieron y se han comprometido a trabajar para un cambio positivo y están entusiasmados con su trabajo.

Las mujeres y la gente de color a menudo han de tener cuidado sobre la forma en que transmiten su entusiasmo y convicción, particularmente con las cuestiones que se consideran de manera estereotípica femeninas o de minorías. Con frecuencia, las expresiones de entusiasmo en los hombres blancos son elogiadas, mientras que un entusiasmo similar suele considerarse como «emocionalismo» cuando lo expresan las mujeres, o confrontación cuando lo expresan los hombres de color. En una ocasión, mi personal me dijo que creían que yo ya había tomado partido acerca de un punto del orden del día en una reunión con el personal en la que yo buscaba que aportaran información. Cuando le pregunté a uno de ellos por qué pensaba que yo ya había tomado partido, me dijo que parecía muy entusiasmada con el asunto. Le expliqué que yo era una persona entusiasta y que mi estilo de comunicación era congruente con mis opiniones. No significaba que ya hubiera tomado una decisión. Estaba todavía abierta a una retroinformación sincera e incluso a opiniones diferentes.

Los líderes para el futuro deben comprender que en los estilos de comunicación hay diferencias influidas por la cultura y que todos los individuos deben ser capaces de ser ellos mismos: otra de las cualidades que yo he observado en los líderes eficaces. Los individuos que tienen que desempeñar un papel y tratar de ser algo distintos de lo que ellos son gastarán también mucha energía en desempeñar el papel y les quedará muy poco para liderar.

Claridad de los objetivos

Junto con la visión y el entusiasmo, la claridad de los objetivos es importante para un líder. Los buenos líderes suelen explicar con claridad y sencillez lo que están tratando de conseguir y pueden presentar un argumento convincente en cuanto a su importancia. Sin embargo, el expresarse con claridad no tiene que ser sinónimo de ser categórico e intransigente. Los buenos líderes son buenos negociadores y contemporizadores.

Perseverancia

Para que el liderazgo sea eficaz, se requiere perseverancia. Los buenos líderes aprenden del fracaso: prueban de nuevo, algunas veces de un modo distinto. Son también aprendices de por vida. El arte consiste en utilizar el aprendizaje y saber cuándo abandonar e intentar alguna otra cosa. Los buenos líderes también comprenden que las personas a las que ellos lideran pueden fracasar algunas veces y no penalizan el fracaso. Ayudan a sus subordinados y a la organización a aprender del fracaso. La penalización del fracaso desalienta la iniciativa y la asunción de riesgos, cosas ambas necesarias para la eficacia de las organizaciones y del liderazgo.

Amabilidad

Los buenos líderes tratan con amabilidad, respeto y sinceridad a todo el que les rodea, del mismo modo que a ellos les gustaría ser tratados. En la cultura latinoamericana, es esencial que preservemos la dignidad de los individuos. Esto tiene consecuencias para la forma en que comunicamos, proporcionamos retroinformación e instrucciones y establecemos sistemas de recompensa e incentivos. Aunque es posible triunfar liderando a las personas hacia un objetivo particular a través del miedo y la intimidación, eso no es liderazgo. Los buenos líderes prestan atención a las necesidades humanas de sus colegas y subordinados.

Sinceridad e integridad

Los buenos líderes son personas íntegras. Esto es probablemente todavía más importante en el sector no lucrativo. Nuestra sociedad todavía considera al sector no lucrativo como un sector en el que se hace el bien y del que se esperan niveles más altos de integridad de sus líderes que de los de otros sectores. Recientemente ha aumentado la observación minuciosa de este sector como consecuencia de unos cuantos incidentes, a los que se les ha dado mucha publicidad, de líderes que se apartaron de la tradición de obediencia a lo que no puede hacerse cumplir. La exención de impuestos de los fideicomisos benéficos y las aportaciones de los norteamericanos de todos los niveles de renta requieren que los líderes de este sector se atengan a los más altos niveles de integridad y ética en el funcionamiento de sus organizaciones. Su sinceridad puede aplicarse a su trato con el público, los donantes, el gobierno y los medios de difusión así como con los colegas.

Renovación continua

John W. Gardner, en *Self-Renewal* (1981), exhorta a los líderes a prestar atención a la renovación, tanto a la autorrenovación como a la renovación organizacional. Dice que el no emprender una autorrenovación constante y continua hace posible que sobrevenga la decadencia. Los líderes del sector no lucrativo deben trabajar diligentemente para ayudar a sus organizaciones a renovarse constante y continuamente. Los individuos que realizan el mismo trabajo año tras año pueden quedarse anticuados. Las organizaciones necesitan redefinir constantemente sus cuestiones y objetivos y rediseñar sus estrategias para resolver los nuevos problemas. Las soluciones actuales pueden muy bien convertirse en problemas futuros, y los líderes y las organizaciones eficaces están continuamente ocupados en la reflexión y la autoevaluación.

Los líderes como maestros

Los buenos líderes son buenos maestros. Buena parte de lo que hace el sector no lucrativo lleva aparejada la enseñanza: enseñar al público las cuestiones particulares de una organización, enseñar a los clientes, al gobierno, a los medios de difusión, a los donantes y al personal de la organización. La buena enseñanza es en esencia buena comunicación, una de las destrezas más importantes de un buen líder. Max DePree, en *Leadership Is an Art*, dice: «La comunicación lleva a cabo dos funciones, que se describen con dos "palabras propensas a la acción": educar y liberar» (p. 106). Los líderes eficaces comunican con sus subordinados de manera que liberan a éstos y obtienen de ellos sus mejores aportaciones.

Sentido del humor

Finalmente, para los líderes son esenciales el sentido del humor y la posibilidad de echar la cabeza hacia atrás y reírse de sí mismos. Recientemente, algunas empresas han contratado asesores para ayudar a su personal a divertirse y utilizar el humor. Con tristeza hemos de comentar que necesitamos ayudar a ser capaces de hacer esto.

Conocimiento de sí mismos

Aunque todos los buenos líderes necesitan conocerse a sí mismos, las mujeres y las personas de color necesitan además saber mucho acerca de la cultura y estilos de los hombres y de las mayorías. Las personas ajenas al asunto, o los miembros de los grupos minoritarios que buscan la entrada al dominio de la cultura de la mayoría y la aceptación por ésta, necesitan estar muy informados de quienes conceden el poder y de la cultura en la que trabajarán para realizar el cambio.

El próximo siglo ofrecerá nuevos e interesantes retos a los líderes. Más que nunca, necesitarán ser capaces de convivir con la ambigüedad y el cambio continuos. Para los líderes del sector no lucrativo, su propia brújula moral y su compromiso más allá del yo con el bien público o con el bien superior debe ser una constante.

Capítulo 31

El cultivo de los líderes del mañana
George B. Weber

> *George B. Weber es secretario general de la Federación Internacional de sociedades de Cruz Roja y de Luna Roja, la organización humanitaria más grande del mundo. Actualmente, la Federación Internacional tiene 163 sociedades nacionales miembros en todo el mundo, lo que supone 128 millones entre miembros y voluntarios. Un personal retribuido de 274.000 personas y un presupuesto de gastos de 23.000 millones de francos suizos, con otras 29 sociedades nacionales en formación. La ayuda coordinada de la Federación Internacional llega a casi veinte millones de personas al año, mientras que las Sociedades Nacionales sirven a centenares de millones más a través de sus actividades de servicios interiores. A Weber le han sido concedidas una serie de condecoraciones internacionales, entre las que figuran la condecoración de primera clase de la Defensa Civil del gobierno venezolano, la medalla conmemorativa del 125 aniversario del gobierno canadiense, la condición de miembro vitalicio de la sociedad de la Luna Roja de Bangladesh, la Cruz del Mérito de la Cruz Roja holandesa, la Orden de Oro del Mérito de la Cruz Roja japonesa, el Premio al Servicio Humanitario Excepcional de la Cruz Roja portuguesa, la Medalla de la Amistad de la Luna Roja turca y la Vanier Award como uno de los «cinco jóvenes canadienses más destacados».*

La mayoría de nuestros sucesores en el liderazgo están ya entre nosotros: son todavía niños o estudiantes, quizá, pero ya se están formando. Y ya existe una buena parte de la forma del futuro del que ellos tomarán de nosotros el relevo; pero ¿cómo encontraremos y cultivaremos los mejores entre ellos para continuar la obra humanitaria que sabemos será tan trascendental en su tiempo como lo es en el nuestro?

Las tendencias mundiales están conformando los retos con que los líderes futuros tendrán que enfrentarse y vencerlos. Aunque las empresas, las comunicaciones y la política crean sistemas únicos de ámbito mundial, el hábito humano histórico de estar más cómodo en las agrupaciones relativamente homogéneas está creando una plétora de nuevas naciones. Este proceso es violento en muchos lugares y profundamente desarraigador de las personas. En la actualidad, millones de personas van a la deriva: algunos, desplazados por los conflictos civiles en sus propios países; otros, refugiados internacionales; un gran número de obreros, expatriados en otras tierras. La emigración que ahora cumple un siglo desde las áreas rurales a las ciudades en todo el mundo añade decenas de millones más a las personas desarraigadas y vulnerables del mundo. Estos millones se ganan la vida a duras penas hasta que un desastre de alguna clase —un conflicto civil, un accidente nuclear, una inundación, un terremoto— origina la tragedia.

Al mismo tiempo, las naciones prósperas del mundo se encuentran demasiado presionadas en sus obligaciones sociales y económicas y están echándose atrás. De ese modo, la atención a los que están en apuros y su salvamento recaen en las organizaciones humanitarias en una época en que los recursos disponibles para dichas organizaciones están siendo cada vez más restringidos. El encontrar modos de proporcionar servicios a esas personas retará a nuestros sucesores con una intensidad todavía mayor: probablemente tendrán que elegir entre definir más estrechamente la compasión o aprender el modo de aumentar muchísimo los recursos para que puedan encontrarse y aplicarse soluciones genuinas a los problemas profundos con que se encuentran las personas vulnerables del mundo.

No hay dudas sobre lo que los futuros líderes de las organizaciones compasivas *necesitarán hacer*. Pero ¿qué atributos les permitirán buscar con éxito las soluciones? Yo veo dos categorías principales de destrezas como esenciales para hacer frente a las dificultades inevitables, y luego efectuar el cambio continuo y las mejoras que serán necesarias en los años futuros. En primer lugar, incluso para ser considerado para un puesto de liderazgo en una organización internacional importante, un líder necesitará un nivel superior de educación y además la aptitud para utilizar múltiples idiomas en su trabajo. Lo último es esencial, aunque el inglés sea cada vez más una lengua internacional en las reuniones y actividades internacionales. El líder de la organización internacional del futuro necesitará tener experiencia para trabajar en un amplio espectro de culturas. Aunque muchos líderes salen adelante hoy con un dominio efectivo del inglés y quizá de algún otro idioma importante, no existe ningún sustituto para poder trabajar en profundidad —ya sea directamente o en colaboración con un buen intérprete— utilizando las lenguas que hablan los clientes de los servicios. Evidentemente, el líder del futuro de una organización internacional no podrá utilizar todas las lenguas en su labor, pero necesitará profundizar suficientemente en varias para cualificarse como un estudiante del lenguaje.

El líder de una organización internacional del futuro necesitará también una amplia experiencia en liderar y gestionar una amplia gama de funciones con crecientes niveles de responsabilidad en campos tales como servir a gran número de personas, desplegar grandes y diversas plantillas de personal y administrar presupuestos complejos. En esos campos, se exigirá un rendimiento y una entrega demostrados.

Igualmente importante será la prueba evidente de que el líder no sólo puede prestar el producto servicio de la organización con eficacia sino que también ve con claridad las situaciones y perspectivas, puede tomar decisiones impopulares que sacrifiquen las consideraciones de corto plazo que sean necesarias para los intereses y objetivos de largo plazo de la organización y aceptar la responsabilidad por sus decisiones.

Además de estas aptitudes demostrables, el líder del futuro tendrá que sobresalir en los campos «más blandos», menos mensurables, tales como el de la personalidad y los valores personalmente mantenidos. En este caso, lo mínimo es, evidentemente, poseer una integridad completa, sinceridad, lealtad a los principios, confianza en sí mismo, y autoestima, tenacidad, altos niveles de energía, una flexibilidad que permita al líder mantener una tranquilidad espiritual en medio de un clima de presiones centrado en una gran urgencia y de cambio rápido, y la aptitud para aceptar y valorar la diversidad y aprovechar su potencial liberando la creatividad de la gente para servir a los objetivos compartidos.

Las dificultades del futuro exigirán que los líderes señalen, promuevan, refuercen y vivan como modelos de misión de los valores clave esenciales, inspiren a diversos grupos a una acción común y compartida en la que cambien parte de su autonomía por un mayor bien común a largo plazo, y aporten sus mejores esfuerzos en la búsqueda de ese bien común. Estas cualidades y atributos esenciales no son simplemente valores y destrezas que han de *buscarse* en los candidatos al liderazgo. La organización futura no nos permitirá encontrar a nuestros sucesores, ni a nuestros sucesores encontrar a los *suyos*, a través de elecciones críticas hechas muy de cerca. Nosotros, los líderes de hoy, y los líderes de nuestras organizaciones que nos sigan, tendrán que ser cultivadores expertos y comprometidos de líderes, de plantillas de personal y de personas que ejerzan el poder, con eficacia. No tenemos ninguna tarea más importante.

«Cultivar las personas» es, por supuesto, en la actualidad, algo así como una expresión que suena mucho y dice poco. Muchos interpretan su significado como el descubrimiento de los sucesores, que puede ser meramente la búsqueda de un individuo. Para mí, «cultivar personas» es un concepto mucho más amplio: es la creación y cultivo de un clima en toda la organización en el que a las personas se les conceda activamente la oportunidad de poner a prueba sus talentos y destrezas, estén deliberadamente expuestas a dificultades progresivas, se les imparta capacitación, se les ofrezcan oportunidades de estudio que amplíen sus perspectivas y aptitudes, y, lo que es quizá lo más importante de todo, se les asignen tareas de gestión y liderazgo que les permitan, a ellos y a la organización, saber quién y qué son en relación con la misión de la organización.

Cultivar personas es algo que todo gestor, desde el director general hasta los supervisores de línea y los especialistas profesionales, debieran hacer y sobre lo cual debieran ser evaluados.

Cuando se piensa en cultivar personas en el sentido de ampliar las oportunidades para que ellas se pongan a prueba en un clima de aprendizaje positivo, las posibilidades de que ellas lleven a cabo tales oportunidades pueden ser casi ilimitadas. En la organización activa, surgen constantemente oportunidades para aumentar, expandir y comprobar los valores que las personas pueden añadir a la organización y a su propia experiencia.

Muchas de estas oportunidades son muy pequeñas en el esquema organizacional. ¿Se concede a los miembros prometedores de la plantilla de personal la oportunidad de servir en equipos especiales y comités donde sus ideas y criterio puedan encontrar alguna expresión? ¿Levantan actas en las reuniones o en las conferencias de gestión? ¿Se les asignan tareas que los expongan a toda la organización? ¿Se toman los ejecutivos tiempo para cambiar seriamente impresiones con los miembros del personal sobre sus ideas y sentimientos acerca de su trabajo, sobre qué clase de experiencias les gustaría tener y sobre sus planes de carrera?

¿Existe un procedimiento para alternar los cometidos fuera de la empresa y en la sede central? ¿Hay procedimientos para que los especialistas profesionales consigan una experiencia general en las actividades, y para que el personal de las actividades de campo esté expuesto a las áreas especializadas con las que el ejecutivo actual ha de familiarizarse, tales como las finanzas, las comunicaciones y los sistemas de información? En una organización como la Federación Internacional de Sociedades de Cruz Roja y de Media Luna Roja, un elemento crítico será la aptitud para persuadir e inspirar a las sociedades miembros para que cultiven personas. La Federación Internacional depende de las Sociedades Nacionales para la mayoría de los delegados a través de los cuales lleva a cabo su labor internacional de ayuda y desarrollo, así como para sus estructuras de gobierno: los grupos a nivel de normas que fijan sus direcciones y toman la mayoría de las decisiones fundamentales de misión y programa.

El líder del futuro debe equilibrar prudentemente y bien muchas cosas. Debe ser capaz de considerar a la vez lo inmediato y lo de largo plazo en lo que se refiere a visión, objetivos y toma de decisiones y de ponderar el asunto circunstancial inmediato frente a la visión holística y la tendencia de las cosas. Este líder tendrá que ser capaz de reconocer y buscar el equilibrio en sus esfuerzos y en los esfuerzos de los demás, lo agresivo y lo aceptable, el momento de avanzar y el momento de mantener la posición, y el mejor modo de conseguir resultados a corto plazo sin comprometer los objetivos y valores de largo plazo.

La intuición y la aptitud para entender los signos no verbales de la comunicación serán también destrezas críticas para el líder del futuro con el fin de servir a diversas poblaciones activas, públicos y poblaciones. Otros atributos clave serán el pensamiento crítico y las destrezas analíticas. La capacidad para hacer frente al presente mientras mantiene un enfoque claro de la estrategia y visión para el futuro será importante, como lo será la aptitud para manejar las intensas presiones que surgen tanto interna como externamente en una organización que sirve al público. Será también crítica la serenidad para mantener el propio equilibrio en un trabajo que puede implicar el tener que viajar por todo el mundo durante el 50 % del tiempo, teniendo una vida hogareña que puede a veces quedar como última prioridad, y hacer frente a acontecimientos que habitualmente perturban los calendarios y plantean cuestiones acerca de las cuales el líder debe estar informado de la noche a la mañana, mostrar prudencia y estar públicamente seguro de sí mismo.

En un amplio resumen, pues, el líder exitoso de una empresa diversa de ámbito mundial en el mañana que está tomando hoy rápidamente forma se abrirá paso a través de propósitos y objetivos claramente definidos, será un modelo de misión tanto públicamente como para la organización y será un equilibrista y un malabarista a quien le guste la gente y su diversidad, que despliegue una confianza y un equilibrio interior, y que no vacile en tomar las necesarias decisiones difíciles. Este líder es apreciado por el valor que aporta a la organización y a su gente, y la cultura de la organización le sigue voluntariamente, no meramente porque sea el jefe.

Esto último puede parecer muy deseable. En realidad, es decisivo. Debemos darnos cuenta de que la organización histórica con estructura de mando está muerta. Incluso las mejores organizaciones militares reconocen esto hoy. Estamos en una época en que pedimos a nuestros colegas que emprendan misiones y tareas y que, cuando las lleven a cabo, actúen no como jefes o comandantes sino como mentores, guías y animadores. Esto no equivale a decir que la responsabilidad sea menos importante que nunca. Lo que ha cambiado es que sabemos que las personas a las que se les concede poder pueden conseguir mucho más para la organización que lo que nunca pudieron las que recibían órdenes de ir de acá para allá.

¿Puede algún individuo tener y practicar efectivamente todos los atributos que he enumerado aquí como necesarios para un futuro líder de una organización como la Federación Internacional a la que sirvo? La respuesta va a tener que ser afirmativa: habrá dechados porque tiene que haberlos. Pero ¿estoy exponiendo un planteamiento hipotético de expectativas que puede ofrecer al líder del futuro solamente la perspectiva de una mezcla de éxitos y fracasos? No, porque el líder que tendrá éxito en el futuro deberá tener un atributo más que pese quizá tanto como los otros en la escala de la efectividad: debe ser infatigable, tener inventiva, ser observador, saber asumir riesgos y ser un creador y capacitador siempre optimista de equipos de gestión y de liderazgo dentro y entre las partes que constituyen la organización. Bien construidos, estos equipos sostendrán y llenarán los atributos que deben marcar el liderazgo máximo de la organización además de llevar a cabo los detalles e impulsar la visión, los objetivos y los propósitos de la organización. Al trabajar juntos, los miembros de los equipos conseguirán más que lo que podrían hacerlo nunca como individuos, lo mismo que la Federación, cuando sus miembros trabajan juntos, logra más que la suma de las capacidades y esfuerzos de cada uno de sus miembros.

La receta que yo doy aquí no es fácil de despachar. Hace falta un trabajo arduo y sensibilidad para ser un líder eficaz de una organización internacional como la mía, y todos los indicios son de que las dificultades aumentarán exponencialmente en los próximos años. Yo le digo a cualquiera que quiera liderar en una organización de servicio humanitario internacional del mañana: realice todas las posibilidades que encuentre usted en sí mismo como líder y como gestor de acontecimientos, perfeccione a las personas y el trabajo y cultívese a sí mismo como oyente, observador, estudiante de la aspiración y logros humanos, y como creyente en el valor humano. Sobre todo, estudie constantemente el modo de añadir valor a su organización, a su gente y a todos aquéllos a quienes trata de servir.